Art Education for Early Childhood

제3판

영유아를 위한 미술교육

김희진·김혜경 지음

도서출판 파란마음

머리말

preface

어린이들은 저마다 고유한 생각을 품고 있으며, 그 생각을 다양한 방식으로 표현합니다. 언어가 발달하기 이전, 영유아들은 그림을 통해 자신의 내면을 가장 먼저 드러냅니다. 누구에게 배운 것도 아닌데, 8개월 된 아기가 겨우 움켜쥔 펜으로 종이에 첫 끄적거림을 만들기 위해 몰입하는 모습은 실로 경이롭습니다. 집 안의 벽마다 펼쳐진 형형색색의 그림에 나름의 의미를 부여하는 아이들의 모습은, 마치 알타미라 동굴 벽화를 그리던 고대인을 떠올리게 합니다.

어린이들은 세상의 모든 것으로부터 아름다움을 배우고, 이를 자신만의 방식으로 표현합니다. 특이한 형태의 건물, 화려한 스웨터 장식, 사고 싶게 만드는 과자 포장지까지도 색과 형태의 아름다움을 전해주는 훌륭한 시각적 자극이 됩니다. 자연의 모든 요소는 아이들의 심미적 감각을 자극하며, 미술적 감상의 근원이 됩니다. 봄이면 아이들은 활짝 핀 꽃을 관찰하며 나뭇잎을 그려보고, 여름에는 야외로 나가 햇빛에 물감이 말라가며 자연스레 번지는 색의 변화를 지켜보기도 합니다. 가을이 되면 낙엽과 도토리로 콜라주 작품을 만들고, 겨울에는 눈송이로 고요한 풍경을 완성합니다.

이처럼 영유아기 미술은 아이의 마음을 담아내는 그릇입니다. 어린이들이 느끼고 떠올린 모든 것, 그리고 타인과 나누고 싶은 이야기를 자신만의 방식으로 표현할 수 있도록 하는 매개체입니다. 어른들이 해야 할 일은 영유아들과 함께 세상을 바라보는 낮은 자세와, 유아들이 그리고, 오리고, 찢고, 붙이는 모든 표현을 열린 마음으로 존중하며 지원하는 것입니다.

이 책은 기존의『개정 영유아를 위한 미술활동』을 바탕으로, 가장 최근에 개정된 교육과정의 기본 원리와 다양화된 미술 매체를 반영하여 대폭 개정하였습니다. 본서는 크게 영유아 미술의 이론적 기초, 지도 방법, 그리고 실제 활동으로 구성되어 있습니다. 제1장 '영유아 미술의 이론적 기초'에서는 영유아 미술의 개관, 이론 및 발달에 관한 내용을 구성하여, 독자가 영유아 미술에 대한 올바른 이해와 주요 개념을 익힐 수 있도록 하였습니다. 제2장 '영유아 미술의 지도'에서는 영유아 미술과 국가수준교육(보육)과정, 영유아 미술을 위한 환경, 내용, 요소 및 원리, 운영과 교사의 역할, 감상 지도 등을 다루었습니다. 이를 통해 교사가 영유아 미술을 체계적으로 이해하고 지도할 수 있는 기초를 마련하고자 하였습니다. 제3장 '영유아 미술의 실제'에서는 평면 미술, 입체 미술, 놀이에 필요한 그리기와 만들기, 감상 활동 등 실제 유아들이 참여할 수 있는 다양한 활동과 구체적인 지도 방법을 제시하였습니다. 또한, 연령별로 난이도를 조절할 수 있는 방법을 안내하고, 각 활동의 예시 사진을 수록하여 현장에서 쉽게 적용할 수 있도록 하였습니다.

끝으로 이 책은 고(故) 이정환 교수님께서 초고를 작성하신 이후 김희진과 공동으로 두 번의 개정 작업을 했습니다. 이정환 교수님 사후 유아 예술 교육을 연구한 신진 학자와의 작업을 통해 학계와 현장에 지속적으로 기여하고자 하신 유고를 받들어 김혜경 교수님을 공동 저자로 모셨습니다. 또한 이 책에는 생전에 어린이를 사랑하고 유아 미술교육에 많은 관심을 가졌던 고(故) 김현주 교수의 생각과 글이 반영되어 있습니다. 어린이와 미술을 사랑했던 두 분의 기여가 오래 기억되길 희망합니다. 본서가 예비 교사 및 현장의 교사에게 영유아의 미술을 이해하고, 계획하며, 실천하는 데 실질적인 도움이 되기를 바랍니다.

2025년 겨울에

저자 일동

차례
contents

Chapter 3 영유아 미술의 실제

Chapter 1

영유아 미술의 이론적 기초

1. 영유아 미술의 개관
2. 영유아 미술의 이론
3. 영유아 미술의 발달

1 영유아 미술의 개관

1) 영유아 미술의 정의와 목표

인간은 태어날 때부터 오감을 활용하여 주변 환경을 끊임없이 탐색하고 조작하며, 이러한 상호작용을 통해 자신과 외부 세계의 관계를 형성해 나간다. 영유아 또한 인간으로서 주변 사물과 환경을 보고, 듣고, 만지고, 느끼는 경험을 통해 자발적이고 창의적으로 표현하고자 하는 욕구를 지닌다. 이러한 창조적 욕구는 미술 활동을 통해 충족되고 만족감으로 이어진다.

유아를 위한 미술의 목적과 의의는 특정한 기술을 습득하거나 완성된 작품을 평가받는 데 있지 않다. 오히려 영유아가 주변 환경과 상호작용하는 과정에서 형성된 생각과 느낌을 다양한 매체와 방법을 통해 표현하도록 돕는 것이 주된 목표이다. 따라서 영유아가 창의적이고 자유롭게 자신을 표현할 수 있도록 하는 것이 무엇보다 중요하다. 미술은 영유아가 각자의 경험과 감정을 자신만의 방식으로 드러내는 수단이며, 이러한 창의적 표현은 발달 과정에서 매우 중요한 의미를 가진다. 아울러 창의적 표현에 필요한 기초 기술은 영유아의 발달 수준에 따라 점차적으로 익히도록 지도하는 것이 바람직하다.

영유아 미술의 목표는 탐색, 표현, 감상의 세 가지로 나누어 설명할 수 있다. 첫째, 탐색의 목표는 미술 활동을 통해 영유아가 다양한 재료와 기법을 접하며 아름다움과 예술적 요소를 탐구하는 데 있다. 이를 통해 형태, 색상, 질감 등 시각적 요소를 발견하고, 예술적 감각을 키울 수 있다. 둘째, 표현의 목표는 영유아가 자신의 생각, 감정, 경험을 창의적으로 표현하도록 돕는 데 있다. 미술 활동은 자유로운 상상력과 창의성을 발휘할 기회를 제공하며, 작품을 만드는 과정에서 내면 세계를 드러내고 성취감과 즐거움을 경험할 수 있다. 셋째, 감상의 목표는 다양한 작품을 접하며 심미적 태도를 기르는 데 있다. 다른 사람의 작품을 보고 느끼는 과정을 통해 미적 가치와 아름다움에 대한 이해를 넓히고, 예술에 대한 긍정적인 태도와 감수성을 발전시킬 수 있다.

탐색	아름다움과 예술적 요소 찾아보기
표현	생각, 감정, 경험을 창의적으로 표현하고 즐기기
감상	심미적 태도 기르기

| 영유아를 위한 미술의 목표

『우리말큰사전』에서는 미술을 "물질적 재료를 사용하여 사물을 유형적으로 표현하고 시각에 호소하는 활동, 즉 평면적인 회화뿐만 아니라 입체적인 조각, 장식품, 건축 등을 총칭하는 것"으로 정의하고 있다. 미술은 형식에 따라 회화, 조소, 영화, 해프닝, 소묘, 판화, 콜라주, 건축, 사진, 도예, 보석 세공, 공업디자인, 광고디자인, 실내디자인, 직조, 만화 등으로 나뉜다. 이 외에도 공예, 설치 미술, 영상 미술, 행위 미술 등 새로운 예술 형식들이 등장하면서 미술의 범위는 점차 확장되고 있다. 이 가운데 영유아기의 발달 및 교육과 직접적으로 관련 있는 분야로는 회화, 조소, 소묘, 판화, 콜라주, 직조, 공예, 설치 미술 등을 들 수 있다. 이러한 영역은 영유아가 다양한 재료와 기법을 탐색하고, 자유롭게 표현하며, 미적 감수성을 기르는 데 중요한 역할을 한다.

2) 영유아 미술의 의의

(1) 심미성 발달

영유아 미술에서 심미성의 발달은 중요한 의미를 지닌다. 미술 활동은 영유아가 자연과 주변 세계 속에서 아름다움을 발견하고, 이를 표현하며, 감상하는 능력을 기르는 과정이다. 심미성이란 아름다움을 감상할 수 있는 능력, 다시 말해 무엇이 자신을 즐겁게 하는지 알고 느끼는 힘을 말한다. 이는 단순히 눈에 보이는 아름다움을 인식하는 데 그치지 않고, 다양한 감각적 경험을 통해 감동과 기쁨을 느끼는 과정을 포함한다. 심미적 경험은 그 자체로 순수한 즐거움과 만족을 제공한다. 영유아는 그림을 그리거나 다양한 재료와 환경, 자연을 탐색하면서 자신이 경험한 아름다움을 표현하고, 그 과정에서 만족감을 얻는다. 따라서 영유아기의 미술 경험은 미적 감각을 발달시키고, 아름다움을 추구하며 즐기는 태도를 기르는 중요한 기회가 된다.

Schiller의 이론에 따르면, 미적 인간이란 "세상의 아름답고 선한 가치를 예술가와 같은 시선으로 느끼고 체험하는 인간"을 의미한다. 미적 인간은 풍부한 미적 심상을 지니며, 예술을 통해 세상에 대한 가치 있는 시각을 획득하고, 이를 바탕으로 삶을 더욱 풍요롭고 의미 있게 살아간다. 다시 말해, 미적 인간은 예술적 감수성이 뛰어나며, 예술을 매개로 감성적이고도 깊이 있는 체험을 하면서 세상과 연결되는 존재라 할 수 있다.

영유아의 심미적 사고는 다양한 미적 경험을 통해 발달한다. 이를 지원하기 위해서는 아름다움을 자극하는 환경과 다양한 질감의 재료를 제공하는 것이 중요하다. 색상과 재료, 형태가 조화를 이루는 공간은 영유아의 미적 인식 형성에 큰 영향을 미친다. 특히 미술에서 빛은 색의 변화를 이끄는 핵심 요소로, 영유아가 시각적으로 세계를 탐색하는 과정에서 중요한 역할을 한다. 또한 영유아는 자연을 관찰하며 자연의 아름다움을 표현하는 방법을 배우고, 이를 통해 환경에 대한 감수성을 기른다. 나아가 미술 활동에 참여하는 과정에서 감각적 경험을 쌓으며, 자신만의 아름다움에 대한 개념을 확립하게 된다. 따라서 영유아 미술은 단순한 활동을 넘어, 영유아에게 감각적 인식을 증진시키고 심미성을 발달시키는 중요한 경험을 제공한다.

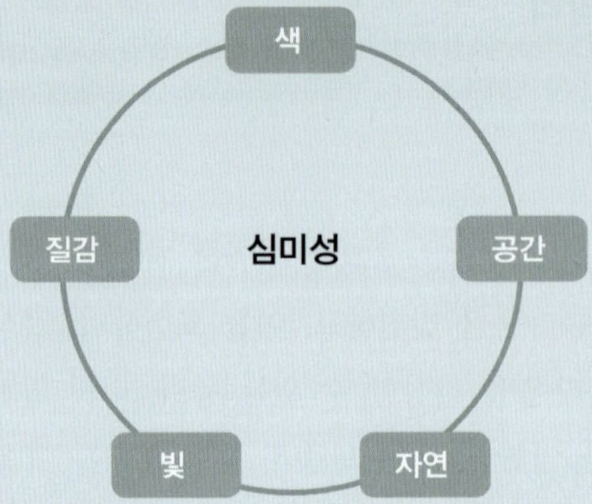

심미성와 연관된 미술적 요소

영유아의 심미성을 길러주기 위해서는 무엇보다 환경의 구성이 중요하다. 교실과 생활 공간은 색, 가구, 자연 요소, 전시물 등 여러 요소에 세심한 관심을 기울여 조성되어야 한다. 특히 색은 공간의 분위기를 형성하는 핵심 요소일 뿐만 아니라, 영유아의 정서와 창의성 발달에도 직접적인 영향을 미친다. 따라서 환경을 꾸밀 때는 다양한 색상을 활용하고, 명도와 채도를 조화롭게 배치하여 풍부한 시각적 경험을 제공하는 것이 필요하다.

다양한 색상, 명도, 채도가 드러나는 전시

심미성을 기르기 위해 가구는 편안하고 자유로운 탐색이 가능하도록 배치하는 것이 중요하다. 특히 가구의 형태와 색을 고려하여 조화롭게 배치하면 영유아가 안정감을 느끼면서도 심미적 자극을 받을 수 있다. 또한 자연 요소는 영유아의 심미적 경험을 풍부하게 하는 중요한 자원이다. 교실 안으로 자연이 주는 요소를 들여오고, 자연물을 활용한 놀이를 제공하면 영유아의 감각이 자극되고 조화로운 미적 경험이 가능해진다. 더불어 자연물을 포함한 다양한 작품과 재료를 전시함으로써 영유아가 미적 표현에 흥미를 느끼도록 돕고, 동시에 감상 능력을 기를 수 있다. 전시는 단순한 장식이 아니라, 영유아에게 새로운 미적 자극을 제공하고 창의적 사고를 유도하는 학습의 장이 된다.

심미적인 가구 배치와 실내로 들어온 자연적 요소

(2) 창의성 증진

미술은 단순히 미적 능력을 향상시키는 활동을 넘어서, 창의성을 증진시키는 중요한 역할을 한다. 창의성이란 영유아가 새로운 아이디어를 탐색하고, 독창적인 해결책을 찾아내는 능력을 의미하며, 미술은 이러한 창의적 사고를 기를 수 있는 이상적인 수단이다.

첫째, 판화, 공예, 조각과 같은 다양한 미술 형식은 영유아 사고의 폭을 넓혀준다. 그림을 그리고 색을 칠하며 형태를 구성하는 과정 속에서 사고가 발달하고, 자신만의 독특한 표현 방법을 창조할 기회를 얻게 된다. 또한 여러 시도를 반복하는 경험을 통해 창의력이 점차 확장된다. 둘째, 미술은 영유아가 자기 자신을 표현할 수 있는 기회를 제공한다. 예술은 감정을 드러내는 중요한 도구로서, 미술 활동을 통해 영유아는 색, 형태, 선 등을 활용하여 자신의 느낌과 생각을 자유롭게 표현할 수 있다. 이러한 과정은 자신감을 높여주며, 창의적 문제 해결 능력을 향상시키는 데 도움을 준다. 셋째, 미술은 비판적 사고와 창의성을 동시에 발전시킬 수 있다. 영유아는 미술 활동 중 새로운 해결 방법을 탐색하고, 도전적 시도를 통해 실패를 두려워하지 않는 태도를 기르게 된다. 이러한 경험은 영유아가 다양한 상황에서 창의적 사고를 발휘하고 독창적인 해결책을 찾아내는 데 중요한 자산이 된다.

창의성과 관련된 사고방식은 크게 두 가지로 나눌 수 있다. 바로 다양한 사고(divergent thinking)와 종합적·통합적 사고(convergent thinking)이다. 첫째, 다양한 사고란 문제를 정의하거나 파악할 때, 여러 방향으로 사고를 확장해 보는 방식이다. 이는 다양한 가능성을 탐색하고 여러 해답을 만들어 내는 과정으로, 미술 활동 속에서 영유아는 자유롭게 상상하고 자신만의 아이디어를 활용하여 다양한 해결책을 시도하게 된다. 둘째, 종합적·통합적 사고는 다양한 해답을 탐색한 후 그중에서 가장 적절하고 수용 가능한 해결 방안을 선택하는 사고 방식이다. 영유아는 미술 활동을 하면서 여러 아이디어 중에서 가장 적합한 것을 선택하고, 이를 구체화하여 실제 작품으로 완성하는 과정에서 종합적 사고를 발휘한다. 이처럼 다양한 사고와 종합적 사고는 상호 보완적으로 작용하여 영유아가 창의적으로 문제를 해결하고, 새로운 가치를 만들어 내는 데 기여한다.

(3) 몰입 경험 제공

미술은 영유아에게 몰입(flow) 경험을 제공한다. 몰입은 칙센트미하일리(Csikszentmihalyi)가 정의한 개념으로, 외부로부터 주어지는 것이 아니라 내면적인 충만함과 행복을 느끼는 상태를 의미하며, 최상의 심리적 경험으로 이해된다. 영유아가 미술 활동에 몰입할 때, 그들은 결과에 얽매이지 않고 활동 그 자체에 온전히 집중한다. 이 과정에서 자기 보상적인 만족을 느끼며, 사물과 타인과의 조화로운 상호작용 속에서 창조적인 활동을 이어 간다. 또한 몰입 경험은 영유아로 하여금 결과보다 과정에 더 집중하도록 하고, 외적인 보상이나 목적을 넘어 활동 자체에서 즐거움을 발견하게 한다. 이러한 경험은 영유아가 창조적으로 사고하고, 자신을 자유롭게 표현할 수 있는 기회를 제공한다는 점에서 중요한 교육적 의미를 지닌다.

(4) 전인적 발달 증진

영유아 미술은 신체, 인지, 언어, 사회, 정서 발달을 촉진하여 전인 발달에 중요한 영향을 미친다. 첫째, 신체 발달 측면에서 미술 활동은 영유아의 대근육과 소근육 발달을 촉진하며, 눈과 손의 협응력을 향상시킨다. 예를 들어, 다양한 크기의 종이에 그림을 그리거나, 가위로 종이나 점토를 자르고, 작은 재료를 집어 붙이는 과정에서 대·소근육 조절 능력이 발달한다. 또한 점토를 만지거나 색을 섞는 활동은 시각, 촉각, 후각, 청각 등 오감을 활용하게 하여 감각 발달에도 기여한다.

둘째, 인지 발달 측면에서 미술은 영유아가 자신의 생각과 느낌을 표상하는 과정으로, 경험한 것을 개념화하고 주변 세계를 더 예리하게 지각하도록 돕는다. 또한 문제 해결 능력 발달에도 기여하는데, 다양한 재료와 도구를 효과적으로 사용하는 방법을 배우면서 과학적·수학적 개념을 익히게 된다. 예컨대, 마블링 활동에서는 물, 기름, 유화 물감 등 재료의 성질을 탐구하며 기초 과학 개념을 경험할 수 있다.

셋째, 언어 발달 측면에서 미술 활동을 하면서 영유아는 다양한 재료와 도구에 대한 어휘를 습득하고, 또래나 교사와의 대화를 통해 자신의 생각을 언어로 표현하는 능력을 기른다. 이는 자연스럽게 의사소통 능력 향상으로 이어진다.

넷째, 사회 발달 측면에서 미술은 성취감을 통해 긍정적인 자아 개념을 형성하도록 돕고, 또래의 작품을 감상하며 소속감과 공동의식을 기르게 한다. 함께 미술 활동을 하는 과정에서 영유아는 서로 의견을 나누고 협력하는 방법을 배우며, 집단 속에서 공동의 목표를 이루는 경험을 한다.

다섯째, 정서 발달 측면에서 미술 활동은 영유아에게 정서적 해방과 만족을 제공한다. 손으로 만들고 주무르고 그리는 과정은 부정적인 감정을 해소하는 데 도움이 되며, 동시에 긍정적인 정서 조절 능력을 키운다. 또한 자연물을 탐색하거나 다양한 색을 활용하고 다른 사람의 작품을 감상하는 경험을 통해 심미감과 감성이 발달한다.

3) 영유아 미술의 특성

유아기 미술의 특성은 크게 네 가지 측면에서 살펴볼 수 있다. 첫째, 모든 유아를 위한 활동으로 미술은 특정한 소질이나 재능을 가진 소수의 유아만을 위한 것이 아니라. 모든 유아가 자신과 타인, 그리고 주변의 사물이나 환경과의 관계를 이해하고 이를 창의적으로 표현할 수 있는 수단으로 활용되어야 한다. 둘째, 과정 중심의 활동으로 유아기 미술은 완성된 작품의 결과보다는 진행 과정이 더 중시되어야 한다. 미술의 주요 목표는 성인이 결과물을 평가하는 데 있지 않고, 유아가 작업 과정에서 즐거움을 느끼고 자신의 생각과 감정을 표현하는 데 있다. 작품을 단순히 평가나 심리 분석의 수단으로 활용하는 것은 부차적인 의미일 뿐이다. 결과물 중심의 접근은 유아의 자유로운 탐색 기회를 제한하므로, 교사는 성인의 기준에 따라 작품을 평가하거나 '잘된 것만' 전시해서는 안 된다. 셋째, 복사와 모방을 지양하는 것으로 유아기 미술은 유아에게 똑같이 따라 하도록 요구하는 활동이 아니다. 교사가 색의 사용법이나 그림 그리는 기술을 일방적으로 가르치거나, 순서를 정해놓고 모두가 동일한 결과물을 만들게 하는 것은 창의성과 독창성을 저해한다. 따라서 색칠 공부나 순서대로 만드는 활동은 단순히 창의성에 도움이 되지 않을 뿐 아니라 오히려 해가 될 수 있음을 인식해야 한다. 넷째, 생활과 경험 중심의 내용으로 유아기 미술의 주제는 유아의 일상생활과 직접적으로 연결되어야 한다. 미술 전공자가 특정 조각상을 반복적으로 스케치하며 명암 표현을 연습하는 것은 의미가 있지만, 유아에게는 자신의 실제 경험과 관련 없는 대상을 반복적으로 그리게 하는 것은 무의미하다. 교사는 유아가 일상에서 경험하고, 느끼고, 생각한 것을 자유롭게 표현할 수 있도록 지원해야 한다.

2 영유아 미술의 이론

영유아 미술에 관하여 많은 학자는 영유아가 만든 미술의 결과를 분석하여 여러 가지 이론을 정리하였다. 영유아 미술에 관한 대표적인 이론으로는 발달 이론, 정신 분석 이론, 인지 이론, 지각 이론 등이 있다.

1) 발달 이론

발달 이론적 관점에서 영유아 미술에 가장 먼저 관심을 보인 학자는 로웬펠드(Lowenfeld)와 켈로그(Kellogg)이다. 이들은 영유아의 발달 수준에 따라 미술 표현 역시 단계적으로 발달한다고 보고, 이러한 발달 단계를 체계적으로 연구하였다(참고 p. 24). 영유아는 스스로 그리고 싶은 것을 표현하는 과정에서 경험을 통합적으로 발달시키며, 자기 주도적인 학습 과정을 통해 미술적 성숙에 도달할 수 있다고 보았다. 따라서 성인이 지시적이거나 직접적인 교수법으로 개입하는 것은 오히려 영유아의 창의적 표현을 방해한다고 주장하였다. 이러한 관점은 1960년대까지 유아교육 분야에서 널리 수용되었다.

그러나 1960년대 후반부터 인지 이론이 대두되면서, 정상적이고 예정된 패턴에 따라 영유아의 발달을 기다리는 방식은 더 이상 유지될 수 없게 되었다. 이는 발달 단계를 지나치게 강조하는 발달적 관점의 미술 이론에 대한 비판이 제기되었기 때문이다. 이러한 비판을 수용하여 발달 이론가들은 관점을 수정하고, 영유아의 발달 단계에 적합한 교수 내용을 중심으로 한 여러 미술교육 과정을 개발하였다. 이들은 미술교육의 방향을 개인적 목표뿐 아니라 사회적 목표에도 관심을 두는 방향으로 조정함으로써, 미술을 과도한 인지적·학문적 목표와 분리하려고 시도하였다.

발달 이론은 영유아 미술을 보편적 발달의 측면에서 이해하려는 시도를 통해 오늘날에도 여전히 중요한 시사점을 제공하고 있다. 그러나 발달 개념은 일반화된 특징을 다루기 때문에, 교사가 개별 영유아의 발달을 획일적인 단계에 억지로 맞추거나, 다음 단계로의 발달을 수동적으로 기다리는 방식으로 교수하는 것은 적절하지 않다. 오히려 교사는 발달 이론을 바탕으로 각 영유아의 미술 표현과 발달을 이해하고, 이를 토대로 좀 더 창의적이고 개별화된 발달을 지원하기 위한 참고 자료로 활용할 필요가 있다.

2) 정신 분석 이론

정신 분석 이론가들은 영유아의 다양한 표현 양식과 주제가 발달 이론보다는 정신 분석 이론에 의해 더 잘 설명될 수 있다고 보았다. "어린이는 자신이 느낀 것을 그리고, 그 그림은 내면 깊숙한 곳으로부터 표출된 것이다."라는 말은 이 이론의 핵심을 잘 나타낸다. 정신 분석 이론은 영유아의 정서적·심리적 발달이 미술 표현과 밀접한 관련이 있다고 가정하며, 영유아의 작품을 일반적인 발달 단계나 인지적 개념의 반영이라기보다 무의식적 감정의 표현으로 본다.

예를 들어, 동생이 태어난 후 영유아가 아기를 크게 그리고 가족을 작게 묘사하거나, 꾸중을 들은 뒤 엄마의 입을 과장되게 그리고 자신을 아주 작게 표현하는 경우가 있다. 이러한 표현은 영유아가 객관적 사실을 재현하기보다 자신의 내면적 감정과 심리 상태를 시각적으로 드러낸 것으로 이해할 수 있다. 특히 이러한 감정은 형태뿐 아니라 색채나 선의 강도, 방향과 같은 조형 요소에도 반영된다.

정신 분석 이론은 영유아 미술 활동을 감정의 표현과 정서적 안정의 수단으로 이해하도록 하는 데 중요한 영향을 주었다. 교사는 영유아의 그림을 단순한 발달 수준의 산물이 아니라, 내면의 정서와 심리적 상태를 반영하는 표현물로 바라볼 필요가 있다. 이를 통해 교사는 영유아의 감정 변화를 민감하게 인식하고, 정서적 어려움이나 긴장을 완화할 수 있는 환경을 조성할 수 있다.

또한 미술 활동은 영유아가 언어로 표현하기 어려운 감정을 안전하게 드러내는 통로가 되므로, 교사는 결과물의 완성도보다 표현 과정에서의 정서적 해소와 자율성 보장에 초점을 두어야 한다. 손가락 그림, 점토, 자유화 그리기와 같은 활동은 영유아가 자신만의 감정을 표현하고 해소할 수 있는 기회를 제공한다.

따라서 정신 분석 이론은 교사에게 미술 활동을 단순한 기술 습득의 과정이 아니라, 정서적 성장과 자기 이해를 돕는 심리적 지원의 장으로 인식하도록 시사한다. 교사는 영유아가 미술을 통해 내면의 감정을 탐색하고, 긍정적인 자아 개념과 안정된 정서를 형성할 수 있도록 지원해야 한다.

그러나 영유아의 그림이 성격이나 행동 유형을 이해하는 데 유용한 자료가 될 수 있으며, 심리 분석을 위한 검사 도구로 활용될 수도 있지만, 일반 교사가 이를 근거로 치료적 접근을 시도하는 것은 매우 신중해야 한다. 이는 미술 표현이 개인의 행동이나 성격을 확정적으로 예언해 주는 절대적인 지표가 아니며, 다양한 상황적·개인적 변수가 작용하기 때문이다.

예를 들어, 영유아가 사용한 색채를 통해 성격을 판단하려는 자료가 있다고 하더라도, 이를 맹목적으로 적용하는 것은 위험하다. 일부 영유아는 아직 색채에 특별한 관심이 없어 단순히 손에 잡히는 색을 선택했을 수 있으며, 일시적인 경험(예를 들어, 그날 아침 부모가 입은 옷의 색깔)이 색 선택에 영향을 미쳤을 가능성도 있다. 따라서 교사는 영유아의 미술 표현을 해석할 때, 그 결과만으로 성격이나 정서를 단정하지 말고, 상황적 맥락과 개인의 발달적 특성을 함께 고려해야 한다.

3) 인지 이론

"영유아는 자신이 본 것을 그리는 것이 아니라, 알고 있는 것을 그린다."라는 말은 인지 이론의 입장을 가장 잘 보여주는 대표적인 예시이다. 예를 들어, 영유아는 실제로 책상의 네 다리를 한눈에 모두 볼 수 없지만, 자신이 '책상에는 네 개의 다리가 있다.'는 사실을 알고 있기 때문에 네 다리가 모두 보이도록 그리는 경우가 많다. 인지 이론에 따르면 이러한 표현은 영유아가 시각적 사실을 단순히 재현하는 것이 아니라, 자신이 이해하고 있는 개념적 지식을 그림으로 나타내는 과정이다.

따라서 영유아의 그림에서 나타나는 부정확한 형태나 왜곡된 비율, 혼란스러운 구성이 반드시 미숙함을 의미하는 것은 아니다. 이는 오히려 영유아가 주변 세계를 인지적으로 구성해 가는 과정에서 나타나는 자연스러운 표현 양상이다. 시간이 지나 영유아의 인지적 이해가 깊어지고 경험이 확장되면, 그림에서도 세부 묘사, 구성의 복잡성, 정확성 등이 점차 향상된다.

| 나무에는 열매들이 열려 있고 열매에는 꼭지가 달려 있다.

| 밤하늘에는 별과 여러 개의 달이 반짝거리고 있다.

인지 이론의 당위성을 입증한다고 볼 수 있는 그림 표현

굿이너프(Goodenough)는 영유아가 그림을 그리는 목적은 심미적 표현이 아니라 인지적 이해의 표현에 있다고 보았다. 그는 해리스(Harris)와 함께 인물화 검사(Draw-A-Man Test)를 개발하였는데, 이 검사는 영유아가 자신이 알고 있는 것을 그림으로 나타낸다는 인지 이론의 관점을 지지하는 대표적인 비언어적 지능 검사 도구로 널리 활용되고 있다.

한편, 레지오 에밀리아 접근법(Reggio Emilia Approach)에서는 영유아가 또래 및 교사와의 협의를 통해 탐구한 내용을 시각적 표상(visual representation)으로 표현한다고 본다. 영유아는 자신이 알고 있는 것, 느낀 것, 상상한 것, 관찰한 것을 그림을 통해 구체화하며, 이는 언어적 표현을 보완하거나 대체하는 또 하나의 사고와 의사소통의 방식으로 이해된다. 이러한 관점은 그림이 단순한 미적 산물이 아니라, 사고를 외현화하고 학습을 구성하는 인지적 도구임을 보여 준다.

"영유아는 자신이 알고 있는 것을 그린다."라는 주장은 영유아 미술의 특성을 설명해 줄 뿐 아니라, 미술이 영유아에게 자신의 생각과 지식을 표상하는 또 하나의 언어로 기능함을 보여 준다. 즉, 미술은 영유아가 경험하고 이해한 세계를 시각적으로 재구성하는 인지적 과정의 표현이기도 하다.

그러나 영유아는 미술을 단지 지식을 나타내는 수단으로만 사용하는 것이 아니라, 자신의 감정을 표현하고 심미적 만족을 추구하는 활동으로도 활용한다. 따라서 교사가 미술 활동을 계획할 때 인지적 목표에만 치중한다면, 미술이 지닌 정서적·심미적 가치와 자발적 표현의 본질을 간과하게 될 위험이 있다. 미술은 영유아에게 사고와 감정, 인지와 미적 경험이 통합적으로 작용하는 총체적 표현의 장으로 이해되어야 한다.

4) 지각 이론

아른하임(Arnheim)은 저서 『미술과 시지각(Art and visual perception)』에서 영유아는 자신이 알고 있거나 느낀 것을 그린다기보다, 지각을 통해 본 것을 표현한다고 주장하였다. 지각 이론가들은 형태 심리학자들의 견해를 수용하여, 지각적 구별 능력이 전체에서 부분으로 발달한다고 보았다. 즉, 지각 능력이 발달함에 따라 영유아가 사물을 시각적으로 분석하고 세부적으로 표현하는 능력도 점차 향상된다는 것이다.

아른하임은 이러한 지각적 능력이 학습을 통해 향상될 수 있다고 보았으며, 시각적 구별 훈련을 통해 영유아의 지각 능력을 발전시킬 수 있다고 강조하였다. 따라서 교사는 영유아가 자신이 지각한 사물을 2차원적인 종이 위에서 재창조할 때, 개인의 독창성과 시각적 탐구 능력이 발휘될 수 있도록 지원해야 한다고 보았다.

지각 이론을 지지한 또 한 사람의 학자는 맥피(McFee)이다. 그는 자신의 지각-기술 이론(perception-delineation theory)에서 영유아의 미술 발달은 개인의 발달 수준, 심리적 환경, 외부 자극을 지각하고 처리하는 능력, 그리고 매체를 다루며 창의적으로 표현하는 능력 등에 의해 영향을 받는다고 보았다. 맥피에 따르면 미술 활동은 영유아의 시각적 분별력과 관찰력을 향상시키며, 이를 통해 사물을 인식하고 탐구하는 민감성을 기르는 데 도움을 준다.

따라서 교사는 영유아가 자신이 지각한 대로 다소 미분화된 표현을 보일 때, 같은 대상을 다양한 방법으로 재표현할 수 있는 기회를 제공할 필요가 있다. 예를 들어, 동일한 대상을 다른 도구로 그려보기, 다른 각도에서 관찰하여 표현하기, 또래의 작품과 비교하기, 점토를 활용하여 입체로 재구성하기 등의 활동을 통해 시각적 지각 능력을 확장시킬 수 있다.

그러나 이러한 교수 방법이 영유아의 흥미를 배제한 채 교사의 지시나 반복 학습 중심으로 이루어진다면, 오히려 미술에 대한 흥미를 잃게 될 수 있다. 따라서 교사는 영유아가 주도성을 유지하면서도 적절한 도전과 지원(비계 설정)을 경험할 수 있도록 환경을 조성해야 하며, 이를 통해 영유아의 자발적 탐색과 지각 능력의 발달을 균형 있게 이끌어야 한다.

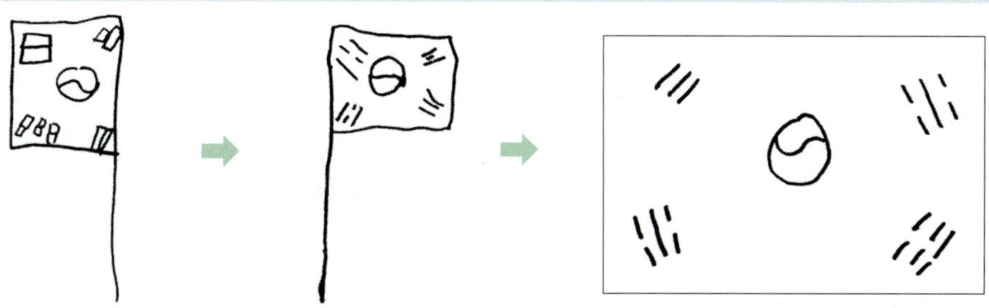

지각 이론의 당위성을 입증한다고 볼 수 있는 그림 표현의 변화 과정

지금까지 살펴본 여러 이론들은 미술 활동을 통해 영유아를 이해할 수 있으며, 교사는 이를 바탕으로 영유아의 발달이 조화롭게 이루어지도록 지원해야 함을 시사한다. 공통적으로 이러한 이론들은 직접적인 교수나 지시적 지도보다는 미술 그 자체의 자율적 가치를 강조하고 있다.

따라서 각 이론은 성인이 영유아에게 세부적인 형식이나 완성도를 요구하기보다, 자연스럽고 자발적인 미술 활동을 장려할 것을 제안한다. 교사는 영유아의 미술 표현이 그들의 경험을 반영하는 의미 있는 활동임을 이해하고, 존중과 세심한 배려, 격려와 표현의 자유 보장을 통해 영유아가 자신만의 방식으로 표현할 수 있도록 지원해야 한다.

결국 이러한 관점은 미술에서 결과보다 과정이 더 중요하다는 점을 강조하며, 영유아가 미술을 통해 사고·감정·경험을 통합적으로 표현하도록 돕는 것이 교사의 핵심 역할임을 보여 준다.

3 영유아 미술의 발달

영유아 미술의 발달은 크게 평면 그림의 발달과 색채 표현의 특징으로 구분할 수 있다. 평면 그림의 발달에서는 난화기, 전도식기, 도식기 등의 단계와 그에 따른 표현의 특징 및 예시를 중심으로, 영유아가 그림을 통해 표현 능력을 어떻게 확장해 가는지를 살펴본다. 색채 표현의 특징에서는 연령에 따른 색채 사용의 변화와 함께, 그 속에 반영된 심리적·인지적 발달 특성을 중점적으로 논의한다.

1) 평면 그림의 발달 – 로웬펠드(Lowenfeld)의 발달 단계

(1) 난화기(scribbling stage: 2~4세)

이 시기는 자기표현의 첫 번째 단계로 제멋대로 그려대는 전기 단계로부터 조절된 난필에 이르는 후기 단계까지 나누어진다. 난화기 그림에는 피아제(Piaget)가 말하는 감각운동기 행동의 특징이 잘 나타난다.

① **난화기 전기**(무분별한 긁적거리기: 1세경)

영아는 감각적 자극과 신체 움직임에서 오는 감각운동적 즐거움 때문에 그림을 그리며, 이 시기의 그림은 마치 낙서처럼 보이는 비조직적 형태를 띤다. 이 시기의 영아는 아직 근육의 조절력이 미숙하고, 움직임이 분화되지 않아 불규칙한 선이나 원, 점 등의 흔적이 무작위로 나타난다. 이러한 표현에는 '무엇을 그리겠다'는 구체적인 목적이 존재하지 않으며, 손의 움직임이 남긴 자취를 시각적으로 확인하는 과정 그 자체에서 즐거움을 느낀다.

무분별한 긁적거리기

이 시기의 영아는 소근육 조절 능력이 충분히 발달되지 않아 손가락보다는 팔과 어깨의 대근육을 주로 사용하므로, 크레용을 자주 놓치거나 선이 종이 밖으로 벗어나는 경우도 많다. 웨드(Wadde)는 이러한 시기의 그림을 '난화기 전기'라 명명하고, 이를 목적 없는 자발적 행위로 보았다.

교사의 Tip

이 시기의 영아는 근육의 움직임을 조절하는 능력이 미숙하여, 손과 팔이 움직이는 대로 선을 긋거나 흔적을 남기는 수준의 그림을 그리기 시작한다. 따라서 교사는 영아가 충분히 신체를 움직이며 표현할 수 있도록 넓은 작업 공간을 마련하는 것이 바람직하다. 예를 들어, 전지나 신문지와 같이 큰 종이를 바닥에 펼쳐 두고, 영아가 자유롭게 대근육을 사용하여 선을 긋고 흔적을 남기도록 지원할 수 있다.

또한 이 시기의 영아는 사물을 입으로 탐색하는 경향이 강하므로, 크레파스보다는 무독성 재질의 그리기 도구(예 무독성 크레용, 천연색 물감 등)를 제공하는 것이 안전하다. 이러한 환경적 배려는 영아가 신체적 안전을 보장받으며 감각적 탐색과 표현 활동을 자연스럽게 이어가도록 돕는 기초가 된다.

② 난화기 중기(조절된 긁적거리기: 1~2세경)

근육의 조절 능력이 점차 발달함에 따라 영아는 좀 더 통제된 선을 그리기 시작한다. 이에 따라 난화기 전기에 나타나던 의미 없는 무질서한 선은 점차 일정한 방향성을 띠게 되며, 수평선 → 수직선 → 파형선 → 혼합형 → 회전형 → 원형의 순으로 변화하면서 조절된 난필로 발전한다. 후기 단계로 갈수록 선의 움직임이 점차 정돈된 회전 형태를 이루며, 완성된 원형에 근접하는 모습을 보인다.

또한 이 시기에는 근육의 미세한 조절력이 전기보다 발달하여 소근육의 사용이 원활해지고, 크레용을 잡는 힘이 증가함에 따라 손에서 놓치는 빈도가 현저히 줄어든다. 이러한 변화는 영아가 시각적 인식과 운동 감각을 점차 통합해 가는 과정을 반영한다.

| 조절된 긁적거리기

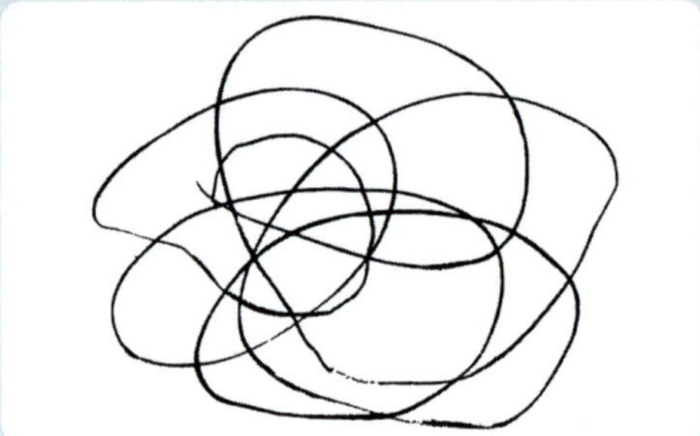

| 원의 반복

교사의 Tip

영아는 점차 원을 그리려는 시도를 보이지만, 손의 회전 운동이 아직 미숙하기 때문에 종이가 구겨지거나 찢어지는 경우가 자주 발생한다. 이때 교사는 종이의 한쪽 끝을 잡아 주어, 영아가 좀 더 안정적으로 원을 그릴 수 있도록 도와줄 수 있다.

또한 이 시기의 영아는 완전히 닫힌 원보다는 달팽이 모양과 같은 회전 형태로 표현하는 경우가 많다. 따라서 교사는 닫힌 형태의 원을 그리도록 강요하기보다는, 영아가 자연스럽게 손의 움직임을 탐색하고 조절할 수 있도록 격려하는 것이 바람직하다.

그림 도구의 경우, 크레용이 여전히 가장 적절하지만, 손의 근육 발달과 잡는 힘이 향상됨에 따라 색연필 등 좀 더 세밀한 도구를 함께 제시하는 것도 좋다. 이러한 경험은 영아의 소근육 조절 능력과 조형 표현의 다양성을 증진하는 데 도움이 된다.

③ **난화기 후기**(의도된 긁적거리기, 명명하기: 2~3세경)

영유아가 원의 형태를 의식적으로 그리기 시작하면서, 점차 근육의 움직임 그 자체보다 그림의 결과물에 더 큰 관심을 보이게 된다. 이 시기부터 영유아는 자신이 그린 선이나 형태에 이름을 붙이기(명명) 시작하며, 단순한 신체적 활동이 상상과 결합된 의미 있는 표현 행위로 전환된다. 즉, 이전에는 팔의 움직임과 흔적을 즐기던 영유아가 이제 그 움직임을 자신의 내적 이미지나 상상의 세계와 연결하여, 선과 형태를 하나의 '그림'으로 인식하기 시작한다.

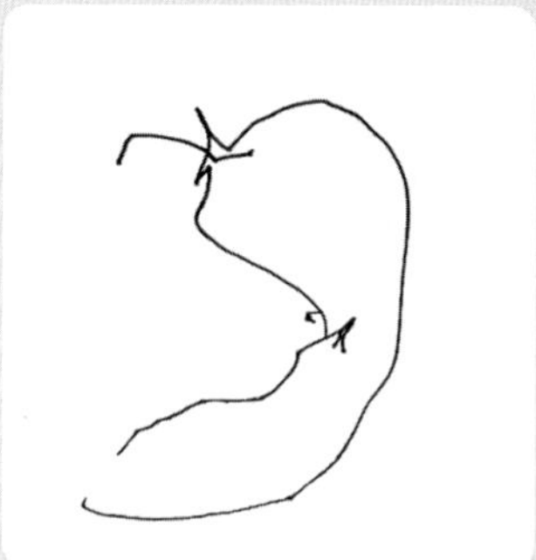

| 붕붕이 자동차

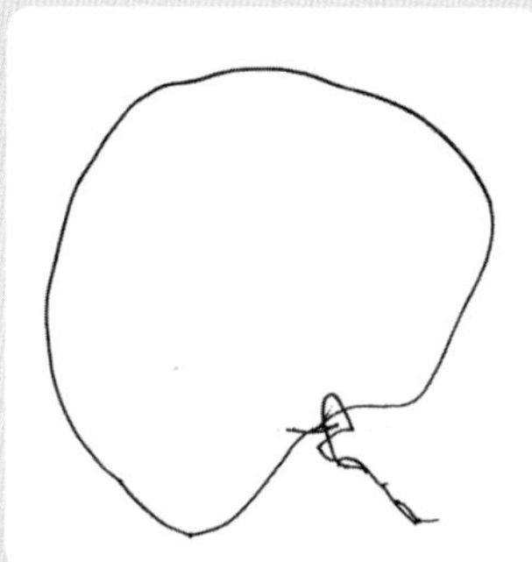

| 고래 꼬리

| 구름에서 비가 와요

의도된 긁적거리기(명명 단계)

교사의 Tip

이 시기의 영유아가 그린 그림은 난화기 중기의 그림과 유사하다. 겉보기에는 단순히 원의 반복이나 회전 형태처럼 보이지만, 영유아에게는 그것이 분명한 의미를 지닌 표현이다. 영유아는 자신이 그린 선과 형태에 이름을 붙이며 의미를 부여한다. 따라서 교사는 영유아가 그림에 붙인 이름이나 설명을 존중하고, 그 이야기를 그림 옆에 함께 기록해 주는 것이 바람직하다.

비록 영유아는 아직 글자를 쓸 수 없지만, 자신이 생각하고 명명한 내용을 교사가 존중해 준다는 경험을 통해 표현하려는 의욕과 자신감을 갖게 된다. 이러한 경험은 영유아가 상징적 표상과 문자 언어로 나아가는 기초가 되며, 자발적 표현과 창의적 사고의 발달을 촉진한다.

(2) 전도식기(preschematic stage: 3~5세)

전도식기는 난화기의 무의식적 표현에서 벗어나, 처음으로 의도적 표현이 나타나는 시기이다. 난화기 후기부터 영유아는 표현하고자 하는 대상을 표상하려는 시도를 보이지만, 전도식기 초반의 그림은 아직 형태를 알아보기 어려운 경우가 많다. 그러나 시기가 중기와 후기로 진행될수록 형태가 점차 뚜렷해지고, 영유아는 자신이 표현하고자 하는 대상을 구체적인 그림으로 나타낼 수 있게 된다.

이 시기의 유아는 감정적 충동과 본능적 욕구에 따라 목적을 가지고 그림을 그리지만, 아직은 연필이나 크레용 등 재료를 다루는 능력이 충분히 발달하지 않아, 타인이 그 의도를 명확히 인식하기는 어렵다. 그럼에도 불구하고, 유아가 의식적으로 목적을 가지고 주변 세계와 관계된 대상을 표현한다는 점에서 중요한 발달적 의미를 지닌다. 즉, 이 시기부터 그림은 단순한 움직임의 결과가 아니라 자신과 타인 간의 의사소통 수단으로 기능하기 시작한다.

전도식기의 그림에서는 유아의 사고 과정을 엿볼 수 있다. 예를 들어, 가족, 집, 나무, 자동차 등 자신과 직접 관련된 대상을 중심으로 그리는 경향을 보이는데, 이는 유아가 자신이 속한 환경과의 관계를 인식하고 의미를 부여하기 시작했음을 보여주는 특징이라 할 수 있다.

| 확실한 형태가 나타나는 그림

전도식기에는 이전 시기의 단순한 근육운동 중심의 표현이 사라지고, 자신이 나타내고자 하는 대상을 의도적으로 표현할 수 있게 됨으로써 유아는 큰 만족감을 느낀다. 대체

로 3세경이 되면 형태를 완전히 식별하기는 어렵지만 그림 속에서 일정한 형태가 드러나며, 4세가 되면 사람, 집, 나무 등 일상에서 자주 접한 사물을 뚜렷한 형태로 표현할 수 있게 된다. 그러나 이 시기의 그림에는 사물 간의 관계를 나타내는 주제가 아직 부족하며, 대상을 병렬적으로 나열하는 경향이 나타난다. 5세 무렵에는 사물의 윤곽이 분명해지고, 하나의 주제에 따라 구성된 그림을 그릴 수 있게 된다.

유아는 표현하려는 욕구와 목적을 실현하기 위해 원, 수평선, 수직선, 사선 등 다양한 선을 사용하여 식별 가능한 형태의 그림을 그린다. 전도식기 초기에 그려지는 인물화는 머리에서 곧바로 팔과 다리가 뻗어 있는 '머리다리형(Head-feet figure)'이 대표적이다. 또한 이 시기 유아는 아직 자신과 환경 간의 관계를 통합적으로 이해하기 어려워, 관련이 없는 사물을 나열한 '카탈로그식 그림'을 자주 그린다.

두 개의 해와 사람들을 자기중심적인 배열로 그린 그림

이런 특징을 좀 더 자세히 살펴보면 다음과 같다.

① 인물화 표현

유아가 전도식기에 처음 사람을 표현할 때, 보통 머리에서 직접 다리가 나오는 형태로 그리기 시작한다. 이러한 것을 두족인(頭足人) 또는 인물의 두족 표현이라고 부른다. 유아가 성인에게 그리는 방법을 배우지 않고서도 자연스럽게 이러한 형을 그린다는 것은 인간이 기어가다가 서고 걷기를 하게 되는 것과 같은 발달의 보편적 형태라고 볼 수 있다.

두족인을 그리려면 먼저 유아는 원을 정확히 그릴 수 있어야 한다. 유아는 처음부터 원을 그릴 수 있는 것이 아니라 난화기 단계에서 부정형(不定形)의 그림을 그리다가 원형을 그리게 된다. 난화기 전기에 유아가 그리는 원은 처음부터 원을 의도하고 그리는 것이 아니라 팔의 운동에 따른 자연스러운 회전에서 생긴 우연한 원이다. 점차 팔의 근육을 의도적으로 통제하게 되면서 단순하고 뚜렷한 원으로 변하게 된다. 유아가 그리는 원은 단순히 원이 아니라 네모, 세모를 포함한 모든 도형과 사물을 대표하는 것일 수도 있다.

특히 난화기 후기에 유아가 그린 원에는 뜻이 있으며, 유아는 스스로 그린 원에 명명을 하게 된다. 이는 입체로서 존재하는 사물을 도화지라는 평면에 그려, 그 기호를 상징으로 읽는 것이 가능해졌다는 의미에서 중요하다. 유아는 원을 그리면서 기본형과 기본형, 또는 기본형과 선을 조합하는 것을 계속 반복한다. 최초의 원의 조립은 포위하는 것인데, 유아는 이 포위하는 경험을 통하여 간단한 공간 관계를 배우게 된다. 즉, 원의 조합이란 원 도형 속에 작은 원 몇 개를 그려서 얼굴 혹은 과자 등 자신과 친숙한 것을 표현한다. 유아가 그리는 최초의 얼굴도 이러한 포위하는 도형 익히기가 발달된 표현이라고 할 수 있다.

유아는 원형, 네모, 세모 등의 기본 도형과 직선을 조합하며 그림을 그리는 방법을 익힌다. 이 시기의 유아가 즐겨 그리는 태양, 집, 나무, 꽃 그리고 탈것 등은 모두 기하학적인 기본 도형과 선의 조합으로 이루어진다. 유아는 여러 형태를 조합하는 방법을 학습한 후로는 차례차례로 새로운 도형을 만들어 낸다. 예를 들면, 사람에게 몸을 붙이고 그것을 뉘어서 다리는 아래로 나란히 놓고 귀를 붙이면 짐승이 되고, 세모에 네모를 그리면 집이 된다는 식이다. 유아가 원형(회전 원 및 단독 원)으로 얼굴을 표시하면 원형 아래로 두 개의 직선이 나타난다. 이 두 개의 선이 다리가 되며 횡선으로 표현할 때는 손이 된다. 따라서 유아 그림의 기본형이란 종선과 횡선, 다시 말해 십자 형태(+)로 조합되는 것이다. 원형을 향한 두 종선은 그림으로 표현된 후 유아에 의해 다리로 의식된다. 이와 같은 경험을 가졌던 유아는 다리, 손이라는 새로운 의식으로 도형을 그리게 되고 의도적인 두족 표현이 사람으로 탄생하게 된다.

전도식기에는 자기중심적인 사고를 하기 때문에 눈에 띄는 것만 그리거나 자기가 중요하다고 생각하는 것을 표현한다. 따라서 유아는 사람의 신체 중 머리–팔다리 중심의 두족인을 그리게 되는 것이다. 아른하임(Arnheim)은 두족 표현을 두 가지 형태로 분류했다.

첫째는 일반적인 형, 즉 원형에서 손발이 나오는 형태이다. 유아가 그린 원형은 실제 인물 전체를 나타내고 있으며, 이러한 유아의 표현은 머리와 동체의 미분화 상태에서 오는 표현의 방법이다. 또한 유아는 원을 상하로 늘려 타원형으로 만들어 윗부분에 눈과 코를 그리는 방법도 사용한다.

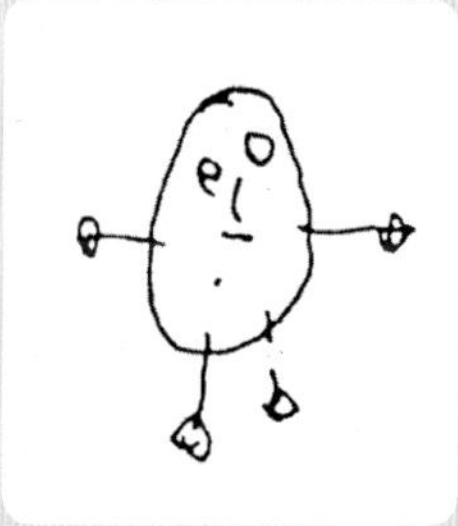

분명한 타원형에 얼굴과 동체가 포함되어 있다.

둘째는 머리 부분에서 두 개의 평행선이 아래로 뻗은 구조로, 이 평행선은 동체와 다리를 함께 나타내는 표현이다. 이러한 그림은 머리와 몸통, 다리가 아직 구분되지 않은 신체의 미분화 상태를 반영하며, 이때의 원은 머리만을 상징한다.

아른하임은 이와 같은 두 가지 형태 외에도 다양한 변형된 두족인 표현이 존재한다고 보았다. 그러나 그 발달 순서는 일정하게 고정되어 있지 않으며, 각 유아가 주변에서 관찰한 인물의 이미지가 어떻게 내면에 각인되고 재구성되었는가에 따라 개별적으로 다르게 나타난다. 즉, 두족인의 표현은 발달의 일반적 경향을 보여주면서도, 동시에 유아의 지각 경험과 인지적 해석, 정서적 반응이 결합된 개인적 표현 양식이라 할 수 있다.

종선이 다리와 동체를 겸하고 있고 원형은 머리 부분만을 나타내었으므로 이것은 다리와 몸의 미분화 상태의 표현이라고 할 수 있다.

유아가 표현하는 두족인의 여러 종류를 소개하면 다음과 같다.

아주 단순한 형으로 머리와 단 한 개의 종선, 또 그것을 균형 잡기 위한 횡선, 즉 손이라고 할 만한 것으로 두족인의 그림을 그리는데, 대단히 암시적이다.

위의 그림을 그린 유아가 1개월 후에 그린 것으로 머리 부분을 표현하는 나사형 밑에 십자형의 선을 그림으로써 몸통과 다리를 나타내고 있다.

흔히 볼 수 있는 두족 표현이며 원과 십자의 조립이라고 할 수 있다. 아른하임은 이 그림의 얼굴은 사람의 동체도 포함한 원이며 앞서 말한 바와 같이 얼굴과 동체의 미분화 상태라고 설명하고 있다. 그러나 두족인에게는 처음부터 분명하게 된 원형이 얼굴만을 나타낸 것도 있기 때문에 이 양자 간의 차이는 유아의 발달 순서보다는 유아의 심리적인 틀에 의해 결정되므로 항상 동체를 포함한 것이라고 단정하기에는 무리가 있다고 본다.

태양형의 두족인이다.

여러 개의 종선을 유아가 다리라고 설명한 것을 보면 움직임에 대한 이미지를 강하게 느낀 것 같다.

종선이 다리와 동체를 포함한 형이며 횡선은 손을 나타낸 것으로 손의 좌우의 움직임에 대한 이미지를 표현한 것 같다.

대단히 재미있는 모양이다. 이 유아는 머리 부분을 원형으로 표현하지 않고 어느 그림이든지 귀 부분에서 위로 반원, 아래로 반원을 그려 원을 표현하고 때로는 아래의 반원을 그리지 않을 때가 있다고 한다. 무수히 많은 점은 다리라고 하였는데, 다리로 땅을 밟는 동작적 이미지를 나타내고 있는 것 같다.

다양한 형태의 두족인

② 카탈로그식 표현

카탈로그식 표현은 원근법, 공간 관계, 깊이 등의 개념이 무시된 채 여러 사물이 서로 연관 없이 나란히 배열된 그림을 말한다. 이러한 표현은 전도식기 후반에서 도식기 초반에 걸쳐 자주 나타나며, 각 사물이 유기적 관계를 맺지 못한 채 마치 목록처럼 병렬적으로 나열되는 것이 특징이다. 때로는 하나의 개체조차 부분적으로 분리되어 해체된 형태로 표현되기도 한다.

이 시기의 유아는 자신이 주변 환경의 일부라는 개념을 아직 충분히 이해하지 못하므로, 사물 간의 관계를 종합적으로 구성하기보다 각 대상을 독립적으로 인식하고 표현한다. 예를 들어, '버스를 탄 사람'을 그릴 때 버스와 사람을 별개의 그림으로 따로 그리고, '공을 차는 장면'을 그릴 때도 사람과 공을 공간적 관계와 상관없이 위나 아래에 배치하거나 공을 여러 개 그리는 경우가 있다.

이와 같은 표현은 유아가 실제로 본 장면을 재현하기보다, 자신이 알고 있는 개념적 지식을 시각적으로 나열하는 과정으로 이해할 수 있으며, 이는 인지 이론에서 말하는 지적 리얼리즘(intellectual realism)의 한 예에 해당한다.

카탈로그식 표현이 나타난 그림의 예

교사의 Tip

전도식기는 유아가 자신이 생각하고, 보고, 느낀 것을 그림으로 옮겨 표상하기 시작하는 시기이다. 따라서 교사는 유아의 그림을 단순한 산출물로 보기보다, 그 안에 담긴 유아의 생각과 의도를 이해하려는 노력이 필요하다. 유아가 그림을 완성한 후 교사는 "이건 무엇을 그린 거야?"와 같이 질문하여 유아의 설명을 듣고, 그 이야기를 글로 기록해 줄 수 있다.

이 시기의 그림은 점차 서로 유기적으로 연결된 이야기 형태로 나타난다. 예를 들어, 난화기 후기에는 '집', '엄마'처럼 개별 사물을 명명하는 수준이었다면, 전도식기에는 사람과 집을 함께 그리고 "엄마랑 나랑 집으로 가고 있어."와 같이 그림의 상황을 이야기로 설명한다. 이는 그림이 단순한 시각적 재현을 넘어, 유아의 생각, 지식, 감정 등을 표현하는 중요한 의사소통의 수단이 되어감을 보여주는 특징이다.

따라서 유아가 형태적으로 부정확한 그림을 그린다 하더라도, 교사가 "물고기는 길쭉하게 그리고 꼬리를 세모로 그려야 해."와 같은 직접적인 지시를 하는 것은 바람직하지 않다. 유아는 자신의 이야기를 자기만의 방식으로 표현하려는 과정에 있으며, 성인이 그림의 형태만을 강조하면 유아의 독창성과 인지적 표상 능력을 동시에 제한하게 된다. 그러므로 교사는 결과보다는 표현의 의미와 과정에 초점을 두고, 유아가 자신의 생각을 자유롭게 시각화할 수 있도록 격려해야 한다.

(3) 도식기(schematic stage: 5세 이후)

도식기는 유아가 사물의 형태에 대한 개념을 성취하는 단계로, 대상을 일정한 개념적 틀 속에서 인식하고 판단할 수 있는 능력이 발달하는 시기이다. 이 시기의 유아는 사람이나 사물을 표현할 때 자신만의 고유한 도식(scheme)을 형성하며, 이를 반복적으로 사용하여 일관된 표현 양식을 만들어 낸다.

이러한 도식은 유아가 사물을 어떻게 경험했는지, 그리고 그 경험 속에서 어떤 정서를 느꼈는지에 따라 차이를 보인다. 또한 특정 사물에 대한 도식은 유아가 오랜 시간 다양한 시도와 탐색을 통해 형성한 개념적 표상이기 때문에, 표현 방식은 유아 개인의 경험과 인지적 특성에 따라 다양하게 나타난다.

| 나무를 똑같은 방식으로 표현한 그림의 예

| 도식기에 나타나는 정형화된 그림 표현의 예

사람을 그릴 때 자기만의 도식을 사용한 예: 팔다리의 모양, 얼굴 모양 등

유아가 어떤 사물에 대해 일단 형성한 도식은, 그 사물에 새로운 의미를 부여하는 경험을 하게 될 때 변화를 보인다. 이러한 도식의 변화는 유아의 개인적 경험과 정서적 반

응에 따라 세 가지 방식으로 나타난다. 첫째, 중요하다고 인식되는 부분을 과장하여 표현하는 방식, 둘째, 중요하지 않다고 판단되는 부분을 축소하거나 생략하는 방식, 셋째, 중요한 부분을 다른 형태의 상징으로 대체하거나 변형하는 방식이다. 따라서 유아가 자신의 정서 상태나 경험의 의미에 따라 그림 속 특정 요소를 강조·생략·첨가하거나, 사물의 내부 구조를 함께 표현하는 투시화(X-ray 표현)를 그리는 것은 이러한 도식 변형의 과정으로 이해할 수 있다.

① 도기호의 사용

도식기 유아는 자신의 생각, 느낌, 하고 싶은 말을 그림으로 표현하면서 상징적인 도식(schema)을 활용한다. 예를 들어, 하늘은 도화지 위쪽에 하늘색으로 칠하고, 땅은 아래쪽에 갈색이나 황토색으로 칠하며, 그 사이 공간에 집·사람·나무·풀 등을 배치한다. 이는 유아가 하늘은 머리 위에, 땅은 발 아래에 존재하며, 그 사이의 공간에 세상의 모든 것이 있다고 인식하기 때문이다. 이러한 사고방식은 문화나 지역을 초월하여 전 세계 유아에게 공통적으로 나타나는 현상이다.

따라서 유아의 그림은 단순한 재현이 아니라 사고를 시각적으로 나타내는 기호적 표현(도기호)으로 이해할 수 있다. 도화지 윗부분에 해를 그리는 것은 단순한 장식이 아니라, 그림의 위아래 방향을 구분하는 공간 기호로서의 의미를 지닌다.

약 5세경까지 유아는 자신만의 방식으로 사람, 집, 나무 등을 도식화하여 간단한 도기호를 만들어 간다. 같은 '사람'이라도 어떤 유아는 몸을 삼각형으로, 다른 유아는 직사각형으로 표현하는 등 개별적 차이가 나타난다. 유아의 언어 능력이 발달함에 따라 그림에서도 점차 공동으로 이해될 수 있는 시각적 기호가 형성되며, 예를 들어 집은 삼각형 지붕 위에 네모난 몸체, 창문과 문을 포함한 형태로 그려지는 것이 대표적이다. 이처럼 도식기의 유아가 그린 사람, 집, 태양 등은 단순한 그림이 아니라, 언어적 사고와 상징적 이해가 결합한 표현 형태로 보아야 한다.

- 기저선: 기저선(base line)은 유아의 그림에서 하늘과 땅을 구분하는 경계선을 말한다. 일반적으로 유아는 도화지의 아랫부분에 선을 긋거나 황토색을 칠하여 땅(바닥)을 나타내고, 윗부분에는 하늘색을 칠하거나 태양·구름 등의 요소를 그려 하늘을 표현한다. 이렇게 하늘과 땅을 구분하는 시도는 유아가 공간을 인식하고 조직하기 시작했

음을 보여주는 중요한 발달적 지표이다. 또한 일부 유아는 바닥 선을 따로 그리지 않고, 도화지를 반으로 접어 생긴 접힌 선을 기저선으로 인식하여 그 위에 사람, 집, 꽃 등을 배열하기도 한다. 이러한 표현은 유아가 그림 속 공간을 자신의 인지적 논리에 따라 구성하며, 현실 세계의 위아래 개념을 시각적으로 상징화하고 있음을 나타낸다.

| 하나의 기저선

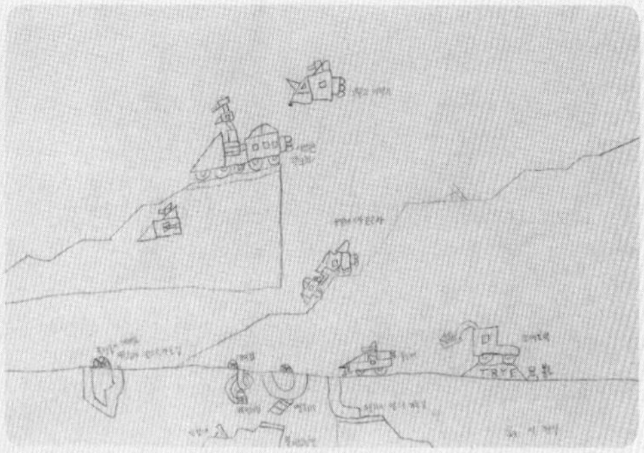

| 여러 개의 기저선

- 사람: 유아는 기저선 위에 세상의 모든 사물을 배열하며, 특히 사람을 표현할 때 다양한 방법을 사용한다. 사람의 크기를 달리하여 성인과 어린이를 구분하거나, 인물 간의 관계나 역할을 상징적으로 나타내는 표현을 하기도 한다. 또한 인물의 자세나 위치 변화를 통해 행동이나 감정 상태를 표현하기도 한다. 유아가 인물 도식에 부여한 의미는 대화를 통해 파악할 수 있다. 예를 들어, 유아에게 "이건 무엇을 그렸니?"라고 물었을 때 "놀고 있어요."라고 대답한다면, 이는 단순한 인물 묘사가 아니라 행동을 상징하는 도기호(그림 기호)로 해석할 수 있다.

사람의 도기호에 부여한 다양한 의미가 나타난 예

| 집

• 집: 유아는 자신의 경험과 생각을 담아 집을 상징적으로 표현하는 경우가 많다. 예를 들어, 유아가 집을 그린 뒤 그 의미를 물어보면 "집에 가는 중이에요.", "시장에 갔다 오는 길이에요.", "놀이하고 있는 거예요."와 같은 대답을 하는 경우가 있다. 이처럼 유아에게 '집'은 단순한 건축물의 묘사가 아니라, 자신이 생활을 영위하는 모든 장소와 그곳에서 일어나는 다양한 행동을 상징하는 도기호(그림 기호)이다. 즉, 유아의 그림 속 '집'은 실제 공간의 재현이라기보다, 유아가 경험한 세계를 표상하고 내면화한 상징적 표현이라 할 수 있다.

• 나무: 유아가 나무를 그릴 때는 개별적인 나무의 형태나 종류를 구체적으로 묘사하기보다, 그림 속 장소가 집 밖, 즉 야외임을 나타내기 위한 상징적 표현으로 사용하는 경우가 많다. 따라서 교사는 유아에게 "이 나무가 소나무야, 단풍나무야?"와 같이 구체적 이름을 묻기보다, "이건 어디야?", "무엇을 하고 있었니?"와 같은 상황 중심의 질문을 통해 그림의 의미를 탐색하는 것이 더 바람직하다. 이러한 접근은 유아의 그림을 단순한 시각적 재현이 아니라, 유아가 경험한 공간과 활동을 상징적으로 표상한 표현 행위로 이해하도록 돕는다.

- 꽃: 유아가 꽃을 그리는 이유는 특정한 품종을 재현하기 위해서라기보다, 아름다움을 표현하고 상징하기 위한 목적인 경우가 대부분이다. 유아는 자신의 그림 속에 꽃을 그려 넣음으로써 그림 전체가 아름다워졌다고 느끼며, 그 결과에 대해 심미적 만족감과 성취감을 경험한다. 따라서 유아의 그림 속 '꽃'은 사실적 묘사가 아니라, 아름다움에 대한 인식과 표현 욕구를 반영하는 상징적 기호로 이해할 수 있다. 이는 유아가 미적 감수성을 발달시켜 가는 과정의 한 표현이기도 하다.
- 태양: 유아가 그림에 태양을 그리는 행위는 단순한 장식이 아니라, 하늘을 나타내는 기호적 표현으로서 그림의 위아래 방향을 구분하기 위한 목적일 가능성이 크다. 또한 태양은 낮을 상징하는 기호로 사용되거나, 맑은 날씨나 밝은 분위기를 표현하는 상징으로 나타나기도 한다. 즉, 유아의 그림 속 태양은 실제 자연 현상을 묘사하기보다는, 시간·공간·정서 상태를 시각적으로 나타내는 상징적 표상으로 이해할 수 있다.

| 꽃, 태양

| 집, 꽃, 구름이 있고 비가 옴

| 회화 표현에 있어서의 도기호를 종합적으로 사용한 예

② **자기중심적 표현 확대**

이 시기에는 유아의 자기중심적 표현이 확장되며, 이는 미분화 표현, 자기중심적 표현, 투시화 표현, 시점 이동 표현, 동시 표현, 복선의 원근 표현 등으로 나타난다.

- 미분화 표현: 유아는 도기호를 사용하여 그림을 구성하지만, 그 표현 방식은 매우 다양하다. 여러 사물을 상호 관련지어 표현하는 능력이 아직 미숙하기 때문에, 전체적인 구성이나 사물 간의 관계를 고려하지 않고 그리는 경우가 많다. 예를 들어, 집보다 더 큰 꽃을 그리거나, 말을 탄 사람을 말 위에 떠 있는 것처럼 표현하기도 한다. 이러한 미분화 표현은 도식기뿐 아니라 이후 사실기 초기까지도 지속될 수 있다. 이러한 현상은 유아가 개별 사물을 정확히 인식하고 있음에도, 사물 간의 공간적·구성적 관계에 대한 이해가 아직 충분히 발달하지 않았기 때문에 나타난다. 따라서 교사는 이 시기 유아에게 공간 구조를 인식할 수 있는 다양한 제작 활동이나, 전체적 계획과 협의를 바탕으로 하는 공동 미술 활동의 기회를 제공할 수 있다. 다만 이러한 활동은 발달 수준을 고려하여 강요하지 않고 자발적 참여를 유도하는 방식으로 이루어져야 한다.

| 그네를 잡지 않고, 공중에 떠 있는 그림

| 발은 아래로 내려와 있지만, 그네에 앉아 있는 모습은 표현하지 못한 예

공간 구성 표현의 변화 과정

| 집과 꽃의 크기 비례가 미분화된 예

| 의자 위에 서 있는 것으로 앉아 있음을 표현한 미분화된 그림의 예

- 자기중심적인 표현: 유아는 자신이 경험한 일 중에서 가치 있다고 생각되거나, 강한 인상을 받은 것, 자극적이거나 특별히 하고 싶은 것을 중심으로 그림을 그린다. 즉, 자신의 지각과 감정에 따라 중요하다고 느낀 대상을 자신의 시각적 논리로 재구성하여 표현한다.

| 더웠던 경험을 여러 개의 해를 그려서 강조한 그림 "무지무지하게 더웠다."

이러한 과정에서 유아는 자신에게 의미 있는 대상이나 부분을 자연적 비례와 관계없이 과장하여 크게 그리는 반면, 중요하지 않다고 여기는 요소는 축소하거나 생략하기도 한다. 따라서 그림은 현실의 재현이라기보다, 유아의 주관적 인식과 정서가 반영된 자기중심적 관찰의 결과물로 나타난다.

예를 들어, 사람을 그릴 때 목이나 손, 발을 생략하고 배꼽을 강조하거나, 귀가 아픈 경험 이후 귀를 과장되게 그리거나, 자신이 좋아하는 사람만 유독 크게 표현하는 경우가 이에 해당한다. 이러한 표현은 유아가 특정 사건을 어떻게 인식하고 경험했는지,

그리고 가족이나 또래 관계에서 누구를 선호하거나 어려워하는지를 파악할 수 있는 단서를 제공하므로, 교사에게는 유아 이해를 위한 유용한 관찰 자료가 된다.

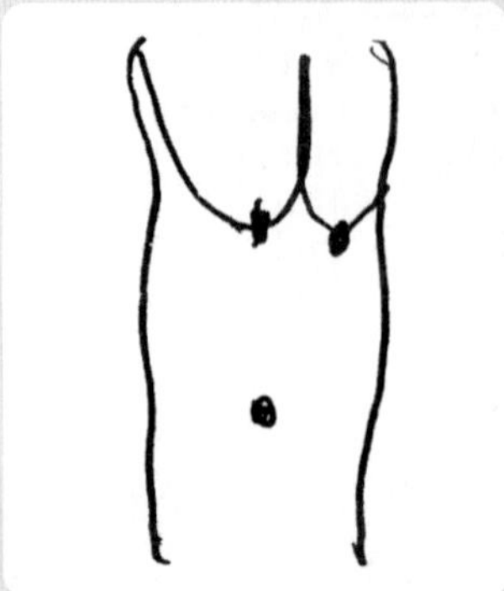

신체의 특정 부분을 강조

한복과 꽃신을 강조

선생님을 강조

- 투시화 표현: 유아는 자기중심적인 관찰을 통해 그림을 그리므로 직관적이고 지각적인 표현을 한다. 따라서 원근법이나 시각적인 통일성 등을 다 갖춘 그림 그리기는 거의 불가능하다. 그래서 유아가 그린 그림의 크기 비례는 상대적이고, 물체와 물체와의 관계도 없는 경우가 많으며, 보이지 않는 부분에 대하여 X선식으로 표현된다. 즉, 집을 그리고는 집 안에 있는 가구, 물건, 텔레비전 보고 있는 가족 등을 다 그리는 것이다. 사람을 그릴 때도 겉모양만 그리는 것이 아니라 배꼽이나 호주머니 속에 든 물건까지 모두 그리는 것이다. 이러한 표현은 유아가 본 것을 그리는 것이 아니라 아는 것을 그린다는 주장을 뒷받침하는 것이다.

집 안의 크리스마스트리와 사람

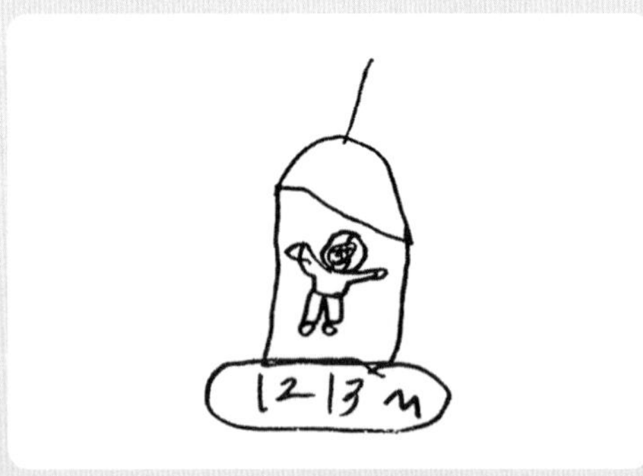

로켓 안의 우주인

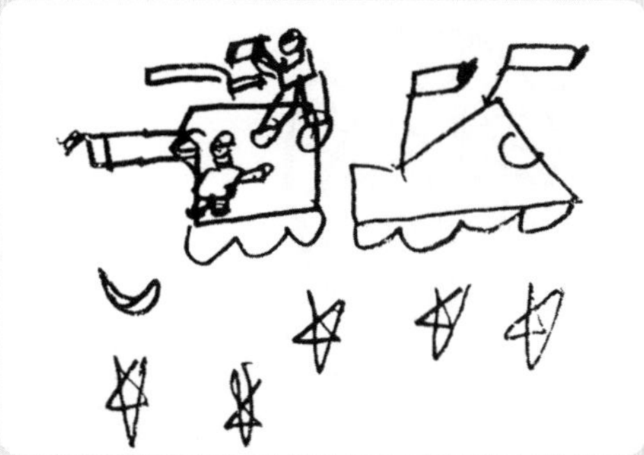

| 탱크 안의 군인

| 절구와 절굿공이

• 시점 이동 표현: 시점 이동 표현이란 실제 대상의 입체성을 무시하고, 대상의 기능이나 의미가 손실되지 않도록 모든 면을 동시에 표현하려는 시도를 의미한다. 즉, 입체적인 사물은 한쪽 시점에서 모든 면을 볼 수 없음에도 불구하고, 유아는 자신이 알고 있는 부분을 모두 한 화면 안에 표현한다. 예를 들어, 유아는 연못을 그릴 때 연못의 모양은 위에서 본 것처럼 둥글게 그리고, 그 안의 물고기는 옆모습으로 표현한다. 즉, 연못은 하늘에서 내려다본 시점, 물고기는 물속에서 바라본 시점으로 동시에 그리는 것이다. 또한 강강술래처럼 둥글게 서 있는 사람들을 그릴 때, 처음 인물을 원의 중심에 등을 돌린 모습으로 그렸다면, 반대쪽에 위치한 인물도 동일하게 뒷모습으로 표현하는 경향을 보인다.

이러한 표현은 유아기에만 나타나는 특이한 현상이 아니라, 고대 이집트 미술에서도 발견되는 시각적 사고의 보편적 특징이다. 예를 들어, 고대 이집트의 인물화에서는 앞모습의 얼굴에 옆모습의 다리를 결합하여, 한 인물의 여러 시점을 동시에 표현하였다. 20세기의 화가 피카소(Picasso) 또한 이러한 다중 시점 표현을 의도적으로 활용하여 입체파적 시각(cubist perspective)을 발전시켰다. 따라서 교사는 유아와 함께 피카소의 작품을 감상하거나, 사진과 그림을 활용해 여러 시점을 결합한 입체적 콜라주 활동을 시도해 보는 것이 좋다. 이러한 활동은 유아가 사물을 다양한 시점에서 탐색하고, 공간과 형태를 통합적으로 이해하는 능력을 기르는 데 도움을 준다.

| 공원의 연못

| 수영

| 강강술래

| 걸어가는 사람

시점 이동 표현의 변화 과정

- 동시 표현: 유아는 시간의 흐름을 한 화면 안에 동시에 표현하는 경향을 보인다. 즉, 과거·현재·미래의 사건을 구분하지 않고, 자신이 경험하거나 기억한 일들을 한 장의

도화지에 함께 그린다. 예를 들어, '소풍에서 재미있었던 일'을 그리게 하면, 유아는 아침에 일어나 소풍을 준비하는 장면, 버스를 타고 가는 모습, 놀이하는 장면, 점심을 먹는 모습 등을 하나의 그림 안에 모두 포함시킨다. 이러한 표현은 시간의 순차적 흐름을 재현하기보다는, 유아가 경험한 사건 전체를 자신의 내적 논리와 감정의 흐름에 따라 통합적으로 구성한다는 점에서 의미가 있다. 즉, 동시 표현은 단순한 시각적 나열이 아니라, 유아가 경험을 통합적으로 표상하고 상상력을 확장하는 과정으로 이해할 수 있다. 이처럼 시간의 경과와 공상의 세계를 한 화면에 결합시키는 능력은 유아 미술의 상징적·창의적 특징을 잘 보여주는 예라 할 수 있다.

"나는 낮에 산에 갔다가 캄캄한 밤에 집으로 왔다."

- 복선의 원근 표현: 유아에게 정확한 원근법을 적용하여 그림을 그리는 것은 매우 어렵다. 그러나 유아는 나름의 방식으로 거리감을 표현하려고 시도하는데, 그 대표적인 방법이 복선의 원근 표현이다. 이는 도화지에 여러 개의 기저선을 그려 먼 거리와 가까운 거리를 구분하려는 시도이다. 예를 들어, 유아는 멀리 있는 사물은 도화지 윗부분의 기저선 위에, 가까운 사물은 아랫부분의 기저선 위에 그려 넣으며, 이렇게 표현함으로써 자신이 공간의 깊이와 거리감을 잘 나타냈다고 인식한다. 그러나 이러한 표현은 아직 시각적 통합이 완성되지 않은 상태로, 기호적·인지적 원근 표현에 해당한다. 대체로 8~9세 무렵이 되면, 유아는 점차 시각 질서를 통합하여 실제 원근법적 공간 구성을 이해하고 표현할 수 있게 된다. 따라서 복선의 원근 표현은 유아가 현실적 공간 지각으로 나아가는 과도기적 표현 양상으로 볼 수 있다.

복선을 이용한 원근법 표현의 예

• 지적 도식 표현: 유아는 자신이 그리기 쉬운 방법으로 알고 있는 모든 정보를 그림에 표현하려고 한다. 예를 들어, 책상을 그릴 때 책상의 윗면을 네모로 그리고, 다리는 책상 모서리에서 사방으로 뻗은 형태로 그리거나, 책상 아래쪽에 네 개의 다리를 모두 표현하기도 한다.

이러한 표현은 유아가 먼저 책상의 형태적 특징("책상은 네모나다")을 지각적으로 파악하고, 여기에 인지적으로 알고 있는 정보("책상에는 다리가 네 개 있다")를 결합하여 그림으로 나타낸 것이다. 즉, 유아는 실제로 눈에 보이는 대상을 재현하기보다, 자신이 알고 있는 개념적 지식을 시각적으로 표현한다. 이러한 경향은 유아의 그림이 단순한 시각적 재현이 아니라, 인지 발달 과정에서 형성된 지적 리얼리즘(intellectual realism)을 반영하고 있음을 보여준다.

악어의 발톱

거미와 거미줄

| 비행기 바퀴와 날개가 있다는 것을 아는 대로 표현한 예

| 칠판과 네 개의 다리가 보이는 책상과 의자

교사의 Tip

이 시기의 유아는 점차 자신만의 도식을 형성하여, 이를 의사 표현과 표상의 수단으로 활용한다. 그러나 이러한 도식은 자칫 하나의 방식으로 고착되어, 관찰보다는 자신의 생각에만 의존하여 그림을 그리려는 경향으로 이어질 수 있다. 따라서 교사는 유아의 의도를 이해하고, 독창적이며 새로운 표현이 가능하도록 지원하는 것이 중요하다.

예를 들어, 한 유아가 머리가 길고 꼬불꼬불한 파마머리의 여성만을 반복적으로 그린다면, 교사는 함께 다른 사람들의 옷차림이나 신발을 관찰하고, 이를 다양한 방식으로 표현해 보도록 격려할 수 있다. 더 나아가, 인물 외에도 주변 사물이나 이야기를 창작하여 표현하는 활동으로 확장하도록 돕는 것도 바람직하다.

한편, 성인의 지도나 형제, 매스컴 등의 영향으로 유아가 정형화된 그림만을 그리는 경우(예 모든 물고기를 동일한 금붕어 형태로 그리는 경우), 교사는 물고기 백과사전의 사진을 함께 찾아보거나, 다양한 물고기의 움직임을 담은 다큐멘터리를 감상하게 하거나, 수족관을 방문하는 등의 경험을 제공할 수 있다. 이처럼 유아가 자신만의 도식을 만들어 가는 과정은 중요하지만, 동시에 관찰을 통해 새로운 시각을 창의적으로 표현하는 경험 역시 중요함을 인식하도록 지도할 필요가 있다.

2) 색채 표현의 특징

영유아의 그림을 연구한 학자들 가운데에는 그림에 사용된 색채가 영유아의 생리적 조건, 심리적 감정, 정서 상태를 반영한다고 보는 견해가 있다. 이들은 영유아가 색을 사실적 재현의 수단으로 사용하는 것이 아니라, 감정을 표현하는 상징적 언어로서 색채를 활용한다고 주장한다.

일반적으로 밝고 선명한 색을 주로 사용하는 영유아는 정서적으로 안정되어 있고 명랑한 성향을 보이며, 반대로 어둡고 탁한 색을 자주 사용하거나 화면을 과도하게 덧칠하는 경우는 불안, 불만, 혹은 반항적 감정을 표현하는 것으로 해석되기도 한다.

이처럼 색채는 영유아의 정서 상태와 밀접한 관련이 있으므로, 일부 학자들은 영유아가 사용하는 색의 의미를 분석함으로써 그림을 통한 감정 진단이 가능하다고 주장한다. 다만, 색의 사용은 개인적 경험과 상황적 맥락에 따라 달라질 수 있으므로, 이러한 해석은 참고적 수준에서 신중하게 접근할 필요가 있다.

색채와 인간의 정서가 일정한 관계를 가진다는 점은 긍정적으로 받아들일 수 있으나, 그림 몇 장만으로 영유아의 성격이나 정서를 평가하는 것은 매우 위험하다. 색채 사용에는 개인적 특수성과 상황적 변인이 크게 작용하기 때문이다. 예를 들어, 영유아는 일시적인 사건의 영향(좋아하는 장난감의 색, 부모가 좋아한다고 말한 색, 혹은 아침에 부모가 입은 옷의 색 등)으로 특정 색을 선택할 수 있다. 또한 발달적으로 아직 색채를 정확히 구분하지 못하거나, 단순히 처음 손에 잡힌 색연필로 전체를 칠하는 경우도 흔하다. 따라서 교사는 일부 학자들이 제시한 '색채와 성격의 관계 표'만을 근거로 영유아의 성격이나 정서 상태를 단정적으로 해석해서는 안 된다. 영유아의 발달과 정서에 대한 평가는 다양한 관찰과 맥락적 이해를 종합적으로 고려하여 이루어져야 하며, 색채 선호는 그중 하나의 보조적 자료로만 활용하는 것이 바람직하다.

영유아에게 색은 단순한 시각적 요소를 넘어, 감정을 표현하고 소통하는 중요한 수단이 된다. 각 색은 기쁨, 슬픔, 분노 등 다양한 정서를 상징하며, 유아는 색을 통해 자신의 감정을 인식하고 표현하는 방법을 배워 간다. 색채는 단지 외적 자극으로서의 기능에 그치지 않고, 정서적 경험과 인지 발달이 결합된 상징적 표현 수단으로 작용한다. 따라서 유아가 색을 어떻게 인식하고 사용하는지는 정서 표현, 심미적 감수성, 인지적 이해의 수준을 살펴볼 수 있는 중요한 단서가 된다.

유아의 색 개념, 색의 특징, 그리고 색과 감정의 관계에 대한 주요 내용은 다음과 같다.

표 1-1 로웬펠드(Lowenfeld)의 연령별 색 개념

연령	색에 대한 개념
2~3세	• 유아는 이 시기에 아직 색의 개념이 분명하지 않으며, 색을 인식하고 선택하기보다 그림을 그리고자 하는 충동 그 자체에 따라 손의 움직임을 이끈다. 즉, 눈으로 본 색을 재현하기보다는 단순히 손에 잡히는 색을 사용하여 선이나 면을 긋는 수준에 머문다. 색채에 대한 관심이 상대적으로 낮기 때문에 다양한 색을 활용하기보다 한두 가지 색만 반복적으로 사용하는 경향이 있다. 이 시기의 유아에게는 색을 통한 표현보다 '그림을 그린다'라는 행위 자체의 즐거움이 더 큰 의미를 지닌다.
4~7세	• 이 시기의 유아는 대상을 관찰하면서 어떤 색으로 표현할지 생각하기는 하지만, 색채 표현보다는 대상의 형태나 특징을 묘사하는 데 더 집중하는 경향이 있다. 따라서 교사는 유아가 선택한 색의 정확성보다는, 대상을 어떻게 이해하고 표현하고자 하는지에 주목할 필요가 있다. • 유아의 그림에서는 색채와 형태가 지속적으로 변화하므로, 한두 번의 스케치 결과만으로 표현능력을 단정해서는 안 된다. 다만 색 선택이 개인의 심리적 경험과 관련되는 경우도 있어, 강한 인상을 받았던 색이나 선호하는 색을 반복적으로 사용하는 모습을 보이기도 한다. • 이러한 경향은 유아의 정서 상태나 경험 세계를 반영하는 중요한 단서가 되므로, 교사는 색채 사용의 '정확성'보다 '의미'를 이해하는 관점에서 유아의 표현을 해석하는 것이 바람직하다.
7세 이후	• 이 시기의 유아는 색을 사용할 때 대상과 색채가 비교적 자연스러운 관계를 맺기 시작하지만, 항상 실제와 동일하게 재현하지는 않는다. 예를 들어, 유아는 맑은 하늘뿐 아니라 안개 낀 하늘, 노을 진 하늘 등 다양한 경험을 통해 본 하늘의 이미지를 각기 다른 색으로 표현할 수 있다. 즉, 유아는 대상을 사실적으로 관찰하면서도 여전히 자신의 경험과 감정에 근거하여 색을 선택하기 때문에, 현실적 색채와 주관적 색채가 공존하는 단계라 할 수 있다. • 또한 이 시기의 유아에게 나타나는 색채 사용은 고정된 색 관념으로 해석해서는 곤란하다. 유아는 점차 색에 대한 인식이 확장되면서, 사물을 일정한 색으로만 표현하던 경직된 방식에서 벗어나 좀 더 자연스럽고 유연한 색채 표현으로 변화해 간다. 즉, 유아의 색 사용은 실제 관찰 경험을 반영하면서도, 자신이 느낀 인상과 정서를 함께 담아내는 자연스러운 색채 표현 단계로 발전한다.

Chapter 2

영유아 미술의 지도

1 영유아 미술과 국가수준교육(보육)과정

교사는 영유아가 미술을 통해서 배우는 것을 2019 개정 누리과정(3~5세)과 2024 개정 표준보육과정(0~2세)의 영역, 내용 범주, 내용에서 읽을 수 있어야 한다. 배움은 통합적으로 일어나기 때문에 미술과 직접 관련 있는 예술경험 영역뿐 아니라 다른 영역에서 일어날 수 있는 배움의 가능성도 고려해야 한다. 2024 개정 표준보육과정의 2세와 2019 개정 교육과정의 예를 들어 살펴보면 다음과 같다.

표 2-1 신체운동·건강 영역과 영유아의 미술

내용 범주	2세/3~5세	미술과 관련될 수 있는 배움
신체활동 즐기기	• 다양한 감각을 경험한다. (2)	• 보고, 듣고, 맛보고, 만져서 느낀 것 등을 미술을 통해 표현하는 경우
	• 신체를 인식하고 움직인다. (2/3~5)	• 눈, 손, 팔 등을 사용하여 미술 도구나 자료로 활동을 할 때 자신의 신체가 어떻게 움직이는지를 인식하는 경우(예 팔을 크게 휘두르니 큰 원이 생김)
	• 대·소근육을 조절한다. (2)	• 미술 자료나 도구를 적절히 사용하여 그리거나 만들기 위해 손과 팔 또는 몸의 크고 작은 근육을 사용하거나 조절하는 경우
	• 신체 움직임을 조절한다. (3~5)	
건강하게 생활하기	• 자신의 몸과 주변을 깨끗이 해본다. (2/3~5)	• 미술을 한 후 자료나 도구, 결과물을 정리하거나 손을 닦는 경우
	• 하루 일과를 즐겁게 경험한다. (2)	• 원하는 상황에서 원하는 방식으로 즐겁게 미술을 하는 경우

내용 범주	2세/3~5세	미술과 관련될 수 있는 배움
안전하게 생활하기	• 안전하게 놀이하고 생활한다. (2)	• 미술에 필요한 자료, 재료, 도구를 안전하게 사용하는 경우
	• 일상에서 안전하게 놀이하고 생활한다. (3~5)	
	• 위험한 상황에 대처하는 방법을 경험한다. (2)	• 미술에 필요한 자료, 재료, 도구를 사용하다 위험한 상황을 알리는 교사나 또래의 말과 행동에 주의를 기울이고 바르게 사용하는 경우
	• 안전사고, 화재, 재난, 학대, 유괴 등에 대처하는 방법을 경험한다. (3~5)	• 직접 관련된 배움 없을 가능성 높음

표 2-2 의사소통 영역과 영유아의 미술

내용 범주	2세/3~5세	미술과 관련될 수 있는 경험
듣기와 말하기	• 표정, 몸짓, 말에 주의를 기울여 듣는다. (2)	• 미술을 하면서 교사나 또래의 제안이나 의견을 관심있게 듣는 경우
	• 말이나 이야기를 관심있게 듣는다. (3~5)	
	• 상대방의 이야기를 듣고 말한다. (2)	• 또래가 하는 미술과 관련된 이야기를 듣고 그것에 대해 말하거나 미술과 관련된 자신의 경험, 생각, 느낌을 말하는 경우
	• 자신의 경험, 생각, 느낌을 말한다. (3~5)	
	• 자신의 요구와 느낌을 말한다. (2)	• 미술을 하면서 도구나 재료 등이 필요하다고 말하거나 자신의 느낌을 말하는 경우
	• 상황에 적절한 단어를 사용하여 말한다. (3~5)	• 미술과 관련된 상황에서 적절한 단어를 말하는 경우
	• 상대방이 하는 이야기를 듣고 관련해서 말한다. (3~5)	• 미술과 관련된 이야기를 상대가 할 때 적절하게 반응하여 말하는 경우
	• 고운 말을 사용한다. (3~5)	• 미술을 하면서 또래와 의견이나 이야기를 나눌 때 고운 말을 사용하는 경우
읽기와 쓰기에 관심 가지기	• 주변의 그림과 상징에 관심을 가진다. (2)	• 미술을 하면서 관련 자료나 또래의 작품 등의 의미에 관심을 가질 경우
	• 끼적이며 표현하기를 즐긴다. (2)	• 미술 도구를 활용하여 끼적이기로 자신의 생각과 느낌을 표현하는 경우

표 2-3 사회관계 영역과 영유아의 미술

<table>
<tr><th>내용 범주</th><th>2세/3~5세</th><th>미술과 관련될 수 있는 경험</th></tr>
<tr><td rowspan="5">나를 알고 존중하기</td><td>• 나의 고유함을 알아간다. (2/3-5)</td><td>• 각 개인만의 고유한 미술 결과물을 내놓은 경우</td></tr>
<tr><td>• 나의 욕구와 감정을 표현한다. (2)</td><td rowspan="2">• 미술을 하면서 자신의 감정(예 속상함, 신남)을 표현하거나 해소하는 경우</td></tr>
<tr><td>• 나의 감정을 알고 상황에 맞게 표현한다. (3~5)</td></tr>
<tr><td>• 내가 좋아하는 것을 해본다. (2)</td><td>• 원하는 미술을 주도적으로 선택하여 하는 경우</td></tr>
<tr><td>• 내가 할 수 있는 것을 스스로 한다. (3~5)</td><td>• 교사에게 요청하기보다는 미술에 필요한 자료나 도구의 준비, 미술 참여, 정리정돈 중 할 수 있는 것을 스스로 하는 경우</td></tr>
<tr><td rowspan="8">더불어 생활하기</td><td>• 가족에게 관심을 가진다. (2)</td><td>• 가족과 관련된 미술을 하거나 결과물을 가지고 이야기 나누는 경우</td></tr>
<tr><td>• 또래와 함께 놀이한다. (2)</td><td>• 놀이 맥락에서 진행되는 미술을 하는 경우</td></tr>
<tr><td>• 친구와 서로 도우며 사이좋게 지낸다. (3~5)</td><td>• 미술의 과정에서 친구와 도움을 주고받는 경우</td></tr>
<tr><td>• 친구와의 갈등을 긍정적인 방법으로 해결한다. (3~5)</td><td>• 미술의 과정에서 친구와의 갈등을 바람직한 방법으로 해결하는 경우</td></tr>
<tr><td>• 다른 사람의 감정과 행동에 관심을 가진다. (2)</td><td rowspan="2">• 미술을 하는 또래의 생각, 행동, 감정에 관심을 갖거나 자신과 다른 경우에도 존중하는 경우</td></tr>
<tr><td>• 서로 다른 감정, 생각, 행동을 존중한다. (3~5)</td></tr>
<tr><td>• 지켜야 할 약속이 있음을 안다. (2)</td><td rowspan="2">• 미술과 관련된 학급의 약속(예 재료나 자료의 사용이나 정리정돈에 관한 약속)을 지키는 경우</td></tr>
<tr><td>• 약속과 규칙의 필요성을 알고 지킨다. (3~5)</td></tr>
<tr><td rowspan="2">사회에 관심 가지기</td><td>• 우리나라에 대해 자부심을 갖는다. (3~5)</td><td rowspan="2">• 우리나라 또는 다른 나라 작가의 작품을 감상하는 과정에서 우리나라에 대한 자부심과 다양한 문화에 관심을 가지는 경우</td></tr>
<tr><td>• 다양한 문화에 관심을 갖는다. (3~5)</td></tr>
</table>

표 2-4 **예술경험 영역과 영유아의 미술**

<table>
<tr><th>내용 범주</th><th>2세/3~5세</th><th>미술과 관련될 수 있는 경험</th></tr>
<tr><td rowspan="4">아름다움 찾아보기</td><td>• 자연과 생활에서 아름다움을 느낀다. (2)</td><td rowspan="2">• 자연과 생활에서 느끼고 즐긴 아름다움을 미술로 표현하는 경우</td></tr>
<tr><td>• 자연과 생활에서 아름다움을 느끼고 즐긴다. (3~5)</td></tr>
<tr><td>• 예술에서 아름다움을 느낀다. (2)</td><td>• 자신 또는 또래가 한 미술의 결과물이나 미술 감상을 통해 아름다움을 느끼는 경우</td></tr>
<tr><td>• 예술적 요소에 관심을 가지고 찾아본다. (3~5)</td><td>• 자신이나 또래가 만든 작품 또는 미술 감상을 할 때 예술적 요소에 관심을 가지고 찾아보는 경우</td></tr>
<tr><td rowspan="3">창의적으로 표현하기</td><td>• 다양한 미술 재료와 도구로 표현한다. (2)</td><td rowspan="2">• 다양한 미술 재료와 도구를 사용하여 미술을 하면서 자신의 생각과 느낌을 표현하는 경우</td></tr>
<tr><td>• 다양한 미술 재료와 도구로 자신의 생각과 느낌을 표현한다. (3~5)</td></tr>
<tr><td>• 상상놀이를 한다. (2)</td><td>• 상상한 것을 미술로 표현하거나 그 결과물을 가지고 상상놀이를 하는 경우</td></tr>
<tr><td rowspan="3">예술 감상하기</td><td>• 다양한 예술을 감상하며 상상하기를 즐긴다. (3~5)</td><td>• 다양한 기법 또는 문화의 미술 작품을 감상하거나 감상한 것을 기반으로 상상하는 과정이 생성되는 경우</td></tr>
<tr><td>• 서로 다른 예술 표현을 존중한다. (3~5)</td><td>• 또래의 미술 작품과 결과물에 나타난 표현을 존중하고 수용하는 경우</td></tr>
<tr><td>• 우리나라 전통 예술에 관심을 갖고 친숙해진다. (3~5)</td><td>• 우리나라 미술의 전통 기법이나 작품에 관심을 갖는 경우</td></tr>
</table>

표 2-5 자연탐구 영역과 영유아의 미술

내용 범주	2세/3~5세	미술과 관련될 수 있는 경험
탐구 과정 즐기기	• 주변 환경과 자연에 대해 호기심을 가진다. (2)	• 주변의 자연과 사물 및 환경의 색, 모양, 질감 공간에 대해 가진 호기심이 미술에 반영된 경우
	• 주변 환경과 자연에 대해 지속적으로 호기심을 가진다. (3~5)	
생활 속에서 탐구하기	• 친숙한 물체를 감각으로 탐색한다. (2)	• 다양한 미술 도구와 자료를 오감각을 이용해 탐색하는 경우
	• 물체의 특성과 변화를 여러 가지 방법으로 탐색한다. (3~5)	• 미술에 사용되는 도구와 자료의 특성과 시간 또는 사용하는 방법에 따른 변화를 탐색하는 경우
	• 공간과 모양을 탐색한다. (2)	• 다양한 공간과 모양을 미술로 표현한 경우
	• 물체의 위치와 방향, 모양을 알고 구별한다. (3~5)	• 미술에서 그리거나 만드는 대상의 위치, 방향 모양에 대해 이해하는 경우
	• 규칙성에 관심을 가진다. (2)	• 미술적 결과물에 나타난 규칙성에 관심을 갖는 경우 또는 주변에서 찾아낸 규칙성을 미술로 표현하는 경우
	• 주변에서 반복되는 규칙을 찾는다. (3~5)	
	• 사물을 같고 다름에 따라 구분한다. (2)	• 미술 도구와 재료의 같고 다름을 알고 미술을 하면서 적절히 또는 의도에 따라 사용하는 경우
	• 생활 도구에 관심을 가진다. (2)	• 다양한 생활 도구나 기계를 미술 도구로 사용하는 경우
	• 도구와 기계에 관심을 가진다. (3~5)	
자연과 더불어 살기	• 주변의 동식물에 관심을 가진다. (2/3~5)	• 주변의 동식물에 대해 가진 관심을 미술로 표현하는 경우
	• 날씨와 계절의 변화를 느낀다. (2)	• 날씨와 계절의 변화에 대해 느낀 것이 미술에 반영되는 경우
	• 날씨와 계절의 변화를 생활과 관련짓는다. (3~5)	

2 영유아 미술을 위한 환경

미술 영역 환경의 질은 영유아의 연령과 흥미에 맞게 잘 구성되어 있는가와 관계가 있다. 미술 영역 환경의 질이 높다면, 영유아는 미술에 참여하고 싶은 동기도 생기고, 활동하면서 열중하게 될 것이다. 그러나 미술 영역이 지저분하거나 자료가 너무 많거나 빈약해 보이면 유아는 활동하기를 원하지 않을 것이다.

1) 미술 영역의 배치(유아 학급을 중심으로)

미술 영역이 효과적으로 운영되기 위해서는 물리적 환경이 잘 구비되어 있어야 한다. 융통성이 있고 기능적으로 미술 영역이 구성되면 유아는 자유롭게 탐구하며 효과적으로 미술에 참여할 수 있다. 미술에는 여러 가지 자료가 사용되는데, 필요한 자료가 유아의 눈에 잘 띄는 곳에 있어야 유아가 놀이하면서 무언가를 만들고 그리고 싶을 때 즉각적으로 이용할 수 있다. 따라서 미술 영역의 배치는 기본적으로 유아가 쉽게 찾을 수 있고, 유아의 표현하고자 하는 창의적 욕구를 충족시킬 수 있는 것이어야 한다. 프로스트(Frost)는 교실(활동실) 내부가 조용하고 건조한 곳, 활동적이고 건조한 곳, 조용하고 물이 있는 곳, 활동적이고 물이 있는 곳의 네 공간으로 구성된다고 하였다. 이 중 미술 영역은 조용하고 물이 있는 곳에 설치하는 것이 바람직하다. 교사가 미술 영역을 배치하기 위해서 고려해야 할 요인은 다음과 같다.

- 미술 영역은 그림 그리기, 만들기, 꾸미기, 찍기 등의 정적인 활동이 이루어지는 곳이므로 너무 소란하거나 활동적인 영역의 방해를 받지 않는 곳에 배치하는 것이 좋다. 즉, 출입구 가까운 곳이나 음률 영역처럼 활동적이거나 소란한 영역과 분리하여 배치하는 것이 바람직하다. 일반적으로 유아는 책상에서 미술을 하지만, 때로는 바닥에서 작업할 수 있도록 공간이 준비되는 것이 좋다. 바닥에서 작업할 때는 넓은 공간이 필요한 경우이므로 활동이 행해질 수 있을 만큼 충분히 커야 한다.
- 미술에는 물이 사용되는 경우가 많으므로 수도와 가까이 배치하여 쉽게 물을 사용할 수 있도록 하는 것이 좋다. 실내에 수도가 있다면 실내 수도 옆에, 없다면 화장실과 가까운 곳으로 배치하는 것이 좋다. 실내에서 손을 빨리 닦아야 할 경우에는 양동이나 큰 대야에 물을 미리 받아둘 수도 있으며, 수건과 걸레 등을 충분히 준비해 둔다. 경우에 따라서는 실내외 전이 영역이나 실외 영역의 수돗가에서 할 수도 있다.
- 미술 영역의 바닥은 물이나 물감이 떨어져도 청소가 용이하도록 필요할 때는 비닐 등을 깔아 놓을 수 있다. 바닥에 흘렸을 때 쉽게 닦을 수 있도록 스펀지나 물걸레, 마른 수건 등을 준비한다.
- 미술 영역은 조명도 매우 중요하다. 유아가 미술에 참여하는 데 지장이 없도록 충분히 밝아야 하며, 때에 따라 빛과 그림자를 고려해야 하는 활동은 적절히 어둡게 한다.

자연 채광이 이루어지는 미술 영역

2) 미술 영역의 기본 설비

미술 영역에는 작업을 위한 공간, 자료와 자료 장을 위한 공간, 완성된 작품을 전시할 수 있는 공간, 미술과 관련된 사물을 전시할 수 있는 공간이 필요한데, 3~5세 유아를 위한 미술 영역에 구비되어야 할 구체적인 설비 및 자료를 살펴보면 다음과 같다.

2세 이하의 영아는 교사가 준비해 준 도구나 자료로 미술과 유사한 활동을 하는 경우가 많으므로 분리된 미술 영역을 설치할 필요는 없다. 그러나 언제나 원하면 끼적이기나 그리기를 할 수 있도록 영아에게 적절한 크레용이나 색연필 같은 그리기 도구나 크고 잘 찢어지지 않는 전지류의 종이를 상시 준비해 줄 수 있다.

(1) 책상

책상 위에서 그리기, 만들기, 꾸미기, 찍기 등 다양한 활동이 이루어진다. 유아들이 함께 활동하는 경우도 있으므로 8인이나 10인이 앉을 수 있는 책상을 준비한다. 책상은 전체가 붙은 것보다는 반원, 직사각형 등의 모양이 조합된 것을 사용하는 것이 좋다. 왜냐하면 유아의 인원이나 활동에 따라 4인용이나 6인용으로 변형하여 사용할 수도 있기 때문이다. 활동을 할 때에는 비닐을 덮어 사용하면 책상의 손상을 막을 수 있다.

필요에 따라 조합해서 사용할 수 있는 책상들

(2) 장(자료 정리장, 폐품 정리장, 교사용 자료 장)

① 자료 정리장

- 자료 정리장은 벽에 부착되거나 바퀴가 달리지 않은 고정식 장과 밑에 바퀴가 달려서 이동이 자유스러운 이동식 장이 있다. 고정식 장은 견고하고 안정감이 있으나 공간 활용은 제한되는 단점이 있고, 이동식 장은 쉽게 움직일 수 있어 공간 활용에 좋으나, 약간만 밀려도 무거운 자료나 위쪽에 있는 자료들이 떨어질 수 있는 위험도 있다. 따라서 무겁거나 깨지기 쉽거나 떨어지기 쉬운 자료는 고정식 장에, 가볍고 쉽게 활용할 수 있는 자료는 이동식 장에 두면 좋다.
- 자료 정리장을 정리, 배치할 때는 가위, 풀, 스테이플러, 그리는 도구(예 색연필, 크레파스, 사인펜 등) 등과 같이 사용이 잦은 물건을 손이 닿기 쉬운 높이에 둔다. 그에 비해 점토, 물감, 컵 등 무겁고 떨어졌을 때 안전에 문제가 생길 수 있는 준비물 등은 아래쪽에 배치한다.
- 3세 이하의 유아 및 영아가 사용하는 미술 영역은 모든 자료가 한꺼번에 다 보이도록 배치하기보다는 장을 종이나 시트지, 비닐 등으로 가려두고 영유아가 필요할 때 꺼내어 주는 것이 더 효과적이다.

자료 정리장의 예

② **폐품 정리장**

- 폐품 정리장은 종이 상자, 우유 팩 종류, 알루미늄 캔 종류, 페트병 종류, 스티로폼 종류, 플라스틱 종류 등으로 구분하여 정리할 수 있다.
- 물건들이 빠져나오지 않도록 2/3 정도는 막혀 있는 것이 좋다.
- 3세 이하의 유아 및 영아의 폐품 정리장은 코팅한 종이나 비닐 등으로 덮개를 붙여 주는 것이 좋다. 한꺼번에 많은 자료를 드러내고 선택하게 하는 것이 오히려 어린 영유아에게는 부담이 되고, 효과적이지 못하다.

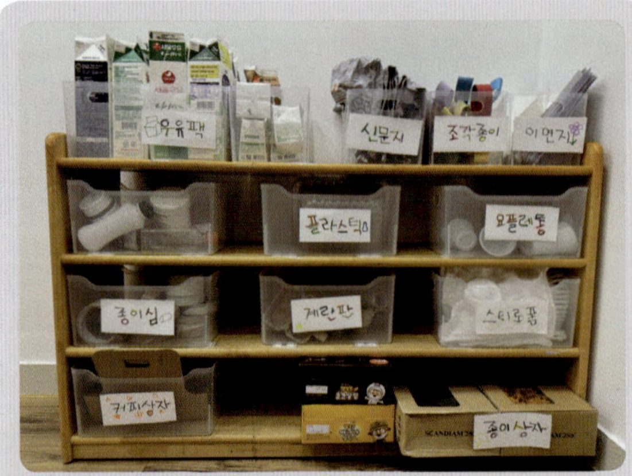

| 투명한 아크릴판으로 막혀 내용물이 보이는 폐품 정리장

③ **교사용 자료 장**

- 영유아가 직접 꺼내 사용하기에 어렵거나 위험한 필요한 물품(예 칼, 유화물감)이나 예비 물품 등을 넣고 보관하여 둔다.
- 위험한 물품을 보관할 수도 있기 때문에 서랍이나 뚜껑이 있는 장을 사용하는 것이 좋다.

(3) 작품 건조대

물감이나 접착제 등을 이용한 작품을 완성한 후에는 건조시킬 수 있는 작품 건조대가 필요하다. 하지만 교실 내에 작품을 건조시킬 만한 충분한 공간이 있는 경우가 드물기 때문에, 기존의 설비를 활용하면 공간이 차지하는 비중도 줄이고 효과적으로 작품도 건조할 수 있다. 예를 들어, 접이식 빨래 건조대에 뉘어서 말릴 수도 있고, 벽에 줄을 매고 빨래집게로 작품을 걸어서 말릴 수도 있다. 입체 작품일 경우에는 선반이나 재료 장 윗면 등에 작품 건조시키는 공간을 정해서 올려두도록 한다.

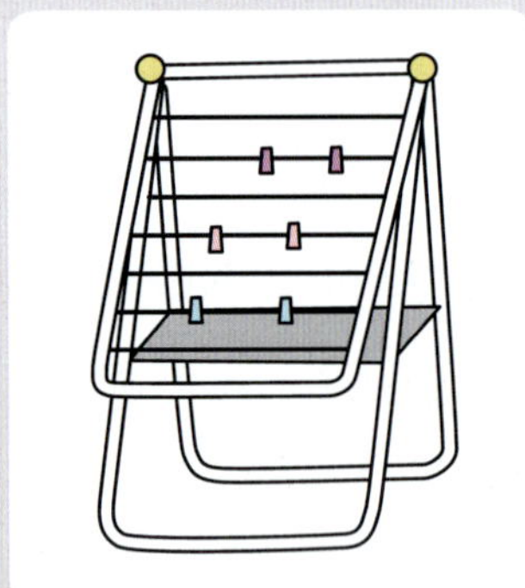

| 접이식 건조대를 활용한 작품 건조대

(4) 영유아의 작품을 전시하는 공간

영유아의 작품 전시는 전시의 용도로만 사용되는 게시판만 사용하기보다는 다양한 공간을 활용하는 것이 바람직한데, 게시판에 전시를 국한시키는 것은 다양한 전시의 가능성을 오히려 저해하기 때문이다. 모든 벽면, 창문, 복도, 출입문, 실외 공간도 잘 활용하면 좋은 전시 공간이 될 수 있다. 작품을 전시할 공간도 교사가 정해주기보다는 영유아가 선택하게 하거나 함께 의논하여 결정하는 것이 더 바람직하다.

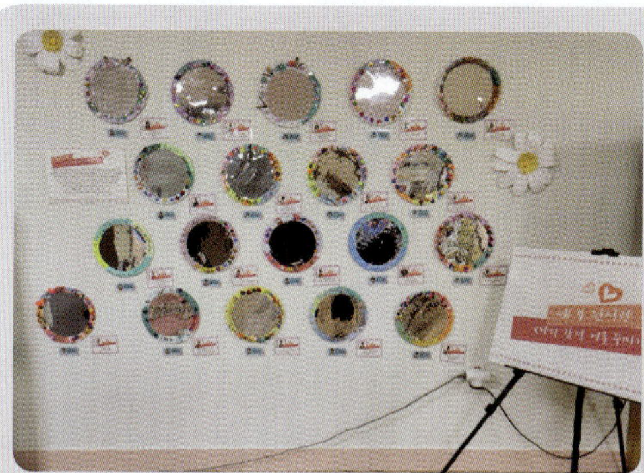

| 실내 벽 공간에 전시하고 안내한 나의 감정 거울

| 실외 벽에 전시한 나의 반쪽 얼굴

| 두 면의 벽을 이용해 설명과 함께 전시한 파리 작품

| 게시판과 책상을 이용해 전시한 다양한 점토 작품

| 자연광에 비치도록 전시한 다양한 표정 그림

3) 미술 영역의 자료

미술 영역의 자료는 가능한 다양하게 준비하는 것이 바람직하다. 기본적인 도구와 자료를 준비할 때는 그리기, 만들기, 꾸미기, 찍기 등을 위한 각각의 자료를 고르게 구비한다. 구입한 자료 외에 자연물이나 폐품 등 우리 주변에서 구할 수 있는 거의 모든 것이 재료가 될 수 있다. 지역이나 기관의 특성, 계절 등에 따라 쉽게 구할 수 있는 자료가 다르므로 기관마다 특성에 맞는 자료를 구비한다.

(1) 그리기를 위한 자료 및 도구

① 각종 종이류

- 도화지, 시험지, 색상지, 화선지, 검은 종이, 신문지, 모래 종이, 벽지, 마닐라지, 모조지, 와트만지, 벽지, 재생 종이, 달력 종이, 포장지, 색종이, 화장지, 셀로판지, 기름종이, 습자지 등
  - 그리기를 위해서는 다양한 종이가 구비되는 것이 좋다. 왜냐하면 종이와 그리기 도구에 따라 표현 방식이 다르기 때문이다. 예를 들어, 파스텔을 이용하여 그림을 그릴 때 코팅이 되어 있는 달력 종이와 약간 색깔이 검은 시험지, 울퉁불퉁한 와트만지 등에서 느껴지는 것이 모두 다르다.

다양한 크기와 종류의 종이

| 긴 종이

| 종이처럼 사용하는 거울

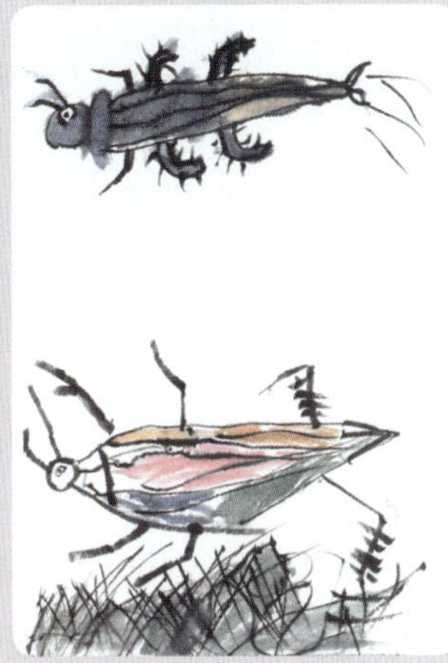

| 화선지

- 폐지를 이용하는 것도 좋다. 예를 들어, 벽지는 그리는 도구에 따라 착색 여부가 달라지고, 벽지 자체의 무늬에 따라 다르게 표현된다. 업무용으로 많이 발생할 수 밖에 없는 컴퓨터 용지(A4 용지 등)의 파지 등을 이용하는 것도 좋다.
- 물감을 이용해 그릴 때는 쉽게 찢어지지 않는 시험지나 신문지(여러 겹 접은 것) 등에 충분히 그려보도록 하는 것도 좋다. 하지만 특별한 느낌을 살리려고 할 때는 화선지나 와트만지 등에 그려보는 것도 좋다.
- 크기와 모양에 따라 유아의 표현도 달라지므로 종이를 다양한 크기와 모양으로 제시하는 것도 좋다.

정사각형, 가로로 긴 직사각형, 세로로 긴 직사각형, 동그란 종이

– 쓰고 남은 작은 조각 종이를 모아두는 함을 마련한다. 유아가 작은 종이가 필요할 때는 큰 종이(새 종이)를 이용하는 것보다 조각 종이를 이용할 수 있도록 격려한다.

② 그리는 도구류

- 크레파스, 크레용, 색연필, 연필, 파스텔, 사인펜, 유성 매직, 볼펜 등 물감류(예 포스터컬러, 수채화, 아크릴 물감, 템페라, 유화, 먹물, 한국화 물감 등), 붓(예 수채화 붓, 페인트 붓, 스펀지 붓, 서예 붓, 수묵화 붓 등)

사인펜과 수채화물감을 이용해 그린 친구와 나의 모습

- 크레파스는 질이 좋아야 유아가 표현하고자 하는 것을 잘 표현할 수 있다. 영아나 어린 유아에게는 무독성 크레용을 제공하는 것이 더 바람직하다.
- 매직이나 사인펜의 경우에 수성은 물로 지워지지만 유성은 쉽게 지워지지 않는다. 영아나 어린 유아에게는 유성 사인펜이나 매직을 제공하는 것보다 수성 사인펜을 제공하는 것이 더 바람직하다.
- 먹물 그림을 그릴 때는 서예 붓을, 한국화를 그릴 때는 수묵화 붓을 제공하는 것이 원칙이며, 먹물 그림은 시험지나 신문지에 연습으로 그려볼 수도 있다. 하지만 한국화를 그릴 때는 화선지를 제공하는 것이 더 바람직하다.
- 코팅이 된 종이(아트지나 달력 종이)에 그림을 그릴 때는 유성 매직이나 아크릴 물감으로 그려야 착색된다.

• 다양한 물감의 명칭과 특성:

명칭	특성
수채 물감	• 물에 풀어서 사용함
	• 물로 명도를 조절하여 붓 터치에 의한 겹치기 효과로 맑고 경쾌하며 시원한 느낌과 흰색 물감으로 명도를 조절하여 중후하고 강한 느낌을 줄 수 있음
	• 빨리 마르고 도구 사용이 간편한 장점이 있으나 수정이 힘들고 보존성과 접착력이 약한 단점이 있음
포스터컬러	• 불투명 수채화 그림물감
	• 물을 소량 섞어 적당한 농도로 풀어서 사용하며 일정 면적에 얼룩 없이 골고루 칠하기 쉽고 흰색 물감으로 명도 조절할 수 있음
	• 발색이 선명하고 아름다우며 비교적 건조가 빠르고 혼색해도 변색하지 않아 겹칠이 가능함
구아슈	• 덧칠했을 때 밑색이 드러나지 않는 불투명 수채화 물감
	• 안료에 아라비아 고무액을 섞어 만들어 접착력이 우수하여 화지에 구애받지 않고 변색이나 퇴색에 대한 내구성도 우수함
	• 물에 희석해 사용하기 때문에 투명 효과도 낼 수 있고 수채화와 병용도 가능하며 두껍게 발라 마티에르도 낼 수 있음
	• 색조는 선명하나, 유화 같은 광택이 없으며 가라앉은 부드러운 느낌을 줌
아크릴 물감	• 합성수지를 재료로 만든 물감
	• 수채화와 유화의 장점을 모두 갖추고 있어 건조가 빠르고 접착력이 강해 화지에 구애받지 않고 변색이나 퇴색에 대한 내구성도 우수함
	• 발색과 혼색이 좋고 사용이 간편함

명칭	특성
유화 물감	• 기름에 개어 사용함
	• 광택이 있고 색이 선명하며 혼색이 자유로워 세부적인 명암과 색채의 표현에 좋으며, 중후하고 깊은 색감을 냄/보존성이 뛰어나며 다양한 기법의 변화(두꺼운 칠, 얇고 세밀한 칠, 나이프 칠, 스크래치, 모래 톱밥 등을 섞은 칠 등)로 사용할 수 있으나 건조가 느리고 도구의 사용이 불편한 점이 단점임
템페라	• 가루로 되어 있는 안료에 달걀노른자와 아교를 섞어 사용함
	• 접착력이 좋아 벽화 그리기에 많이 사용되었으며 유화 질감과 수채화 질감의 중간 질감으로 건조가 빠르고, 건조 후 색이 더 선명해지나 혼색이 어려운 단점이 있음
	• 15세기 유화의 발명 이전의 가장 보편적인 회화 재료임

(2) 만들기를 위한 자료 및 도구

① 붙이거나 자르는 도구들

• 풀, 테이프, 무독성 본드, 스테이플러, 가위, 펀치 등

② 폐품류

• 종이 폐품류: 화장지 속심, 각종 크기의 상자, 잡지, 광고 종이, 종이로 된 포장류, 종이 접시, 종이 봉지, 종이 타월, 우유 팩, 종이 달걀판 등

• 알루미늄 폐품류: 캔 종류, 쿠킹 포일 등

• 스티로폼 종류: 스티로폼 상자 자른 것, 스티로폼 접시, 스티로폼 컵, 스티로폼 포장류 등

• 플라스틱 종류: 페트병, 달걀판, 플라스틱 그릇, 플라스틱 포장류 등

• 나무류: 다양한 크기의 나무 조각, 나무 상자, 아이스크림 막대기, 소독저, 이쑤시개 등

• 천류: 천 조각(예 캔버스, 면, 펠트, 융, 털 등), 낡은 가죽류, 낡은 레이스류, 다양한 끈이나 털실류 등

| 가정에서 수집한 다양한 천

| 남은 천으로 만든 인형 옷

| 남은 천을 이용한 직조

③ 건축 자료

- 장판, 금속 조각, 타일, 벽지 등

④ 점토류

- 색깔 점토, 밀가루 점토, 고무찰흙, 흙 점토, 지점토, 톱밥 점토 등

⑤ 일상용품

- 소독저, 과일 싸개, 단추, 천, 구슬, 그물, 장신구, 바구니 등

| 매력적으로 제공된 다양한 단추

| 초록색 페트병을 이용해 만든 크리스마스트리

(3) 꾸미기를 위한 자료 및 도구

① 자연물

- 식물: 도토리, 밤, 대추, 솔방울, 말린 다양한 씨, 말린 꽃, 말린 낙엽, 잡곡류, 다양한 나무 열매 말린 것, 파스타류(예 스파게티, 마카로니, 푸실리 등) 등

자연물을 이용해 망가진 책 표지를 액자로 만드는 영아

- 동물: 다양한 깃털 등
- 광물: 다양한 크기와 종류의 돌, 조개껍데기 등

| 돌과 꽃을 이용해 구성하는 영아

② 인공물

- 스팽글, 단추, 빨대, 모루, 구슬, 색모래, 장식용 술, 리본, 구두끈, 실패, 실 등
- 다양한 기계 부품류, 사무용품 폐품류(예 클립, 집게, 고정 핀, 할핀 등), 병뚜껑 등

다양한 꾸미기 자료: 안경알, 퍼즐 조각, 단추, 조각 천 등

(4) 찍기를 위한 도구들

① 찍는 도구

- 고무판, 모루 도장, 고무도장, 하드보드지, 점토 틀, OHP 용지 등

② 찍기 위한 도구

- 물감, 잉크, 부직포 접시, 롤러, 스펀지 붓 등

4) 자료의 배치 및 정리

미술 도구나 자료의 특성 또는 유아의 필요에 따라 자료가 잘 배치되어야 유아의 동기도 유발되고 쉽게 사용할 수 있다. 즉, 유아가 쉽게 마음껏 자료를 사용하고 스스로 정리정돈할 수 있는 배치가 좋은 배치인 것이다. 미술 영역에 어떤 자료가 준비되었는지에 따라 유아의 활동 진행 과정과 결과가 달라질 수도 있다. 또한 우리가 미술의 자료라고 생각하지 못했던 새로운 자료가 창의적으로 제공될 때는 미술에 대한 유아의 흥미 및 결과물의 정도도 크게 향상된다. 미술 영역에 자료나 비품을 배치할 때는 다음 사항을 참고하도록 한다.

- 모든 자료나 비품은 용도에 따라 분류하며 유아가 쉽게 사용할 수 있게 한다.

다양한 재료와 자료가 정리된 공간

- 자료나 비품을 배치할 때는 각 자료의 특성이 돋보일 수 있게 한다. 예를 들어, 자료를 접시나 쟁반에 담아서 제시함으로써 유아의 흥미를 유발할 수 있다.

매력적으로 제시한 자료와 재료

매력적인 세 가지 방법으로 제시한 프리지어

- 색연필과 사인펜 등은 같은 종류끼리 유리병이나 빈 깡통이나 연필꽂이, 또는 일상 용품에 넣어 정리한다.
- 젖은 점토는 공 모양으로 만들어서 질그릇이나 플라스틱 통에 담아 둔다. 수분을 유지하기 위해서 잘 맞는 뚜껑으로 덮어 밀봉하여 둔다.
- 종이는 크기와 색에 따라 선반 위에 쓰기 좋게 올려놓는다.
- 종잇조각은 색에 따라 분류하여 작은 상자에 담아 둔다.
- 붓에는 색깔 표시를 붙이고 자유선택활동 시간이 끝난 후 정리정돈 시간(또는 귀가 후)에 붓을 씻고, 붓털이 위로 오게 하여 뒤집어 꽂아 말린다.

미술 자료를 좀 더 효과적으로 배치하는 방법으로 여러 가지 폐품을 다음과 같이 활용할 수 있다.

- 종이로 만든 달걀판의 볼록한 곳에 구멍을 뚫어 가위나 연필꽂이로 쓸 수 있다. 달걀판을 좀 더 튼튼하게 하기 위해 옆면을 테이프로 붙인다.

- 요구르트 통을 여러 개 모아 테이프로 고정하여 가위꽂이로 이용할 수 있다.
- 빈 커피 통도 좋은 가위꽂이로 사용될 수 있다. 커피 통을 뒤집어서 바닥면에 구멍 뚫는 기계를 사용하여 구멍을 뚫는다. 유아의 안전을 위하여 열린 면에는 플라스틱 뚜껑을 꼭 닫는다.
- 색종이를 한곳에 쌓아 두기보다는 색깔별로 뽑아 쓸 수 있도록 준비하면 좋다. 플라스틱 아이스크림 용기는 훌륭한 색종이 꽂이로 사용될 수 있다. 또한 벽면에 투명한 비닐 주머니를 여러 개 붙일 수도 있다. 이렇게 하면 유아가 원하는 색깔을 더 용이하게 뽑아 쓸 수 있다.
- 플라스틱 아이스크림 용기는 콜라주 자료들을 보관하는 데에도 이용될 수 있다. 선별한 여러 가지 용기들은 다양한 작은 미술 자료를 보관하는 경우에도 이용될 수 있다. 만약 콜라주 자료가 아주 작다면 이유식 병이나 필름 통을 이용할 수도 있다.
- 벽에 화판을 부착하여 그림을 그릴 때에는 작은 주스병이 들어 있었던 음료 상자를 이용할 수 있다.
- 점토는 뚜껑이 꼭 맞아 공기가 들어오지 않는 용기에 보관해야 한다. 적당한 용기가 없을 때에는 비닐 주머니에 밀봉하여 냉장고에 보관한다. 냉장고에서 금방 꺼낸 점토는 딱딱하므로 교사가 주물러 부드럽게 해주어야 한다.
- 자료가 필요해질 때까지는 선반이나 붙박이장에 보관한다. 보관함 문이 없는 붙박이장은 커튼으로 가린다.
- 빈 구두 상자, 바구니, 딱딱한 상자 같은 빈 저장 용기는 여러 종류의 자료들을 분류하여 같은 것끼리 저장하는 데 유용하다.
- 주머니도 유용하게 사용할 수 있다.

자료를 사용한 후 쉽게 정리할 수 있도록 교사는 다양한 전략을 사용할 수 있다. 어린 영아를 위해서는 해당 자료의 사진을 찍은 후에 정리할 상자, 통, 쟁반 등에 인쇄나 인화한 사진을 코팅해 붙여주고, 좀 더 높은 연령의 유아를 위해서는 사진과 함께 이름을 글씨로 함께 써 주어도 좋다. 그러나 그 자리에 정리하도록 장에 자리 표시를 붙일 필요는 없다.

기본적으로 각 자료는 보관 통에 담겨 있기 때문에(예 연필은 연필통, 가위는 가위 통, 종이는 상자나 쟁반) 유사한 자료를 모아 유아가 자율적으로 원하는 장소에 보관하게 할 수 있다.

3 영유아 미술의 내용

미술의 형식에는 크게 회화, 조소, 소묘, 판화, 콜라주, 직조, 공예, 설치 미술 등이 있다. 이 중 영유아 미술에 활용되는 분야와 활용 방식은 다음과 같다.

표 2-6 영유아 미술에 활용되는 분야와 활용 방식

<table>
<tr><th colspan="2">분류</th><th>일반적인 의미</th><th>영유아 미술에서의 의미</th></tr>
<tr><td colspan="2">회화</td><td>• 평면에 그리는 모든 그림과 작업</td><td>• 영유아가 그리고 색칠하는 모든 평면 작업</td></tr>
<tr><td rowspan="2">조소</td><td>조각</td><td>• 덩어리(돌, 나무 등)를 조각칼로 깎아서 만드는 형태의 작업</td><td>• 영유아기에는 조각칼을 사용하지 않으므로 해당 사항 없음</td></tr>
<tr><td>소조</td><td>• 뼈대에 찰흙, 석고 등을 빚거나 붙여가며 만드는 입체 작업</td><td>• 영유아기에는 주로 찰흙으로 빚기가 이루어짐</td></tr>
<tr><td colspan="2">소묘</td><td>• 선으로 그리는 활동</td><td>• 영유아가 단색의 사인펜이나 연필을 사용해 관심 있는 사물을 자세히 그리는 활동</td></tr>
<tr><td colspan="2">판화</td><td>• 어떤 면에 무늬를 새겨서 찍어내는 활동</td><td>• 영유아가 고무나 나무 등에 새겨진 것을 찍어내거나 판화 판으로 찍거나 베껴내는 활동</td></tr>
<tr><td colspan="2">콜라주</td><td>• 화면에 종이, 인쇄물, 사진 등을 오려 붙이고 일부에 가필하여 만든 작품</td><td>• 영유아가 잡지, 신문, 색종이 등을 이용해 구성하는 작업</td></tr>
<tr><td colspan="2">직조</td><td>• 종이나 실을 이용해 직각으로 교차해 짜는 작업</td><td>• 유아가 종이와 실을 이용하여 작업</td></tr>
<tr><td colspan="2">공예 및 설치 미술</td><td>• 물건을 만들고 구성하는 활동, 그런 미술 작품을 공간과 어울리게 구성함</td><td>• 다양한 폐품 등을 이용해 만드는 활동
• 공예 작품을 전시함으로써 새로운 구성물처럼 구성함</td></tr>
</table>

2019 개정 누리과정은 신체운동·건강, 의사소통, 사회관계, 예술경험, 자연탐구의 5개 영역으로 구분하여 제시하는데, 미술은 이 다섯 가지 영역 모두와 통합적으로 관련되어 있기는 하지만 미술의 내용 면에서는 특히 예술경험 영역과 더욱 밀접한 관련이 있다. 예

술경험 영역 중 내용은 크게 '아름다움 찾아보기', '창의적으로 표현하기', '예술 감상하기' 세 부분으로 구성되어 있다. 미술에는 유아가 느끼고 즐기고 찾아보게 하는 '아름다움 찾아보기', 유아가 경험한 것을 표현하고 재창조하게 하는 '표현', 예술 작품과 예술가의 독특한 표현을 배우게 하고 주변 환경과 자연 속에서 드러나는 아름다움을 인식하고 관찰하게 하는 '감상' 등의 내용이 포함되어야 한다. 이런 목표들은 회화, 조소, 소묘, 판화, 콜라주, 직조, 공예, 설치 미술 등 다양한 유아 미술의 내용을 유아에게 적절한 방식들로 활용하였을 때 이루어질 수 있다.

4 영유아 미술의 요소 및 원리

1) 미술의 요소

선과 형, 색과 명암, 질감, 공간감은 영유아 미술에서도 중요한 요소로 포함된다. 선과 형은 영유아가 사물을 인식하고 표현하는 기본적인 방식이며, 색과 명암은 감정 표현과 시각적 경험을 풍부하게 한다. 또한, 질감과 공간감은 촉각적 경험과 입체적 사고를 발달시키는 데 중요한 역할을 한다. 다음은 미술 요소에 대한 설명과 예시를 제시하고, 교사가 이러한 요소를 활용하여 영유아와 효과적으로 상호작용하는 방법을 구체적으로 제시하였다.

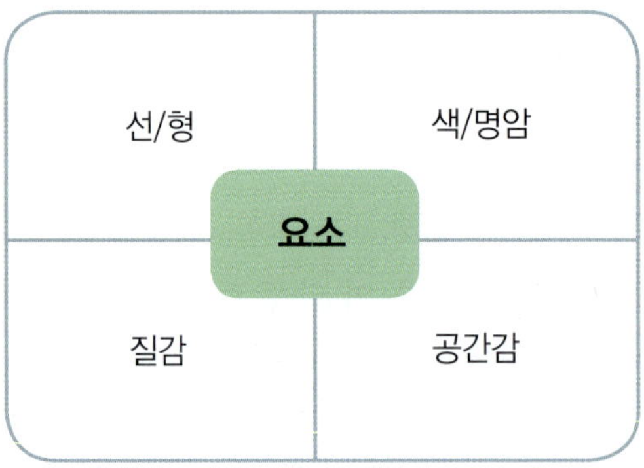

미술의 요소

(1) 선과 형

선은 점의 연속으로 나타나며 가는 선, 굵은 선, 곧은 선, 굽은 선, 꼬불꼬불한 선 등 다양한 선이 있다. 붓, 크레용, 펜, 연필, 손가락 등의 도구와 선의 굵기에 따라 다양한 느낌을 주는 선이 그려진다. 수직선, 수평선, 사선 등의 직선은 우리의 눈을 움직이게 함으로써 방향과 움직임을 나타낸다. 눈을 위아래로 움직이게 하는 수직선은 힘을 느끼게 하며, 수평선은 눈을 천천히 움직이게 함으로써 안정감과 균형감을, 사선은 불균형과 긴장감을 느끼게 한다. 곡선은 부드러움과 리듬감을 불러일으킨다. 영유아가 선에 대한 인식을 하도록 지원하는 대화는 다음과 같다.

선: 교실에 있는 여러 가지 선을 찾아보자. 창문에는 어떤 선이 있니? 하늘로 힘차게 날아오르는 독수리는 어떤 선으로 그릴 수 있을까? 똑바른 선, 구부러진 선, 꼬불꼬불한 선을 찾아보자.

선의 방향: 위에서 아래로 내려가는 선을 그렸네.

선의 굵기: 진한색 마커펜으로 굵은 선을 그리고 있구나.

선의 길이: 옆으로 긴 종이에 짧은 선을 그려 넣었네!

선과 선 간의 관계: 네가 그린 직선과 구부러진 선이 만나서 만든 모양을 좀 봐.

또는

교실에 있는 여러 선을 찾아보자. 창문에는 어떤 선이 있니?
유리 주변의 물건 중 네모인 것은 무엇이 있을까?
하늘로 힘차게 날아 오르는 독수리는 어떤 선으로 그릴 수 있을까?
똑바르게 쭉 뻗은 선, 구부러진 선, 꼬불꼬불한 선을 찾아보자.

| 앙리 마티스 〈왕의 슬픔〉 1952

| 바실리 칸딘스키 〈노랑-빨강-파랑〉 1925

선의 요소가 잘 드러난 작품

형은 점, 선, 면의 흔적이나 움직임을 통해 만들어진다. 모양으로 높이와 폭만 가지는 이차원적인 것과 깊이가 있는 삼차원적인 것이 있다. 정사각형, 직사각형, 삼각형 등의 직선으로 이루어진 형은 딱딱함과 안정감을 느끼게 한다. 원형, 타원형과 같은 곡선형은 부드러움과 자유로움을 느끼게 한다. 영유아가 형에 대한 인식을 하도록 지원하는 대화는 다음과 같다.

형: 나뭇잎처럼 보이는 모양을 찾아볼까? 움직이는 것처럼 보이는 모양이 있니? 왜 그렇게 보이는 것일까? 반듯하게 자를 대고 그린 것 같은 모양은 어떤 것이니?

형의 크기: 작은 동그라미를 많이 그렸구나.

형의 명칭: 트리케라톱스 머리에 삼각형 뿔이 세 개나 있구나.

형의 개방과 폐쇄성: 옆으로 긴 종이에 짧은 선을 그려 넣었네.

형과 형 간의 관계: 버스는 큰 네모인데, 창문은 아주 작은 네모구나.

또는

나뭇잎처럼 보이는 모양을 찾아볼까?
움직이는 것처럼 보이는 모양이 있니? 왜 그렇게 보일까?
반듯반듯하게 자를 대고 그린 것 같은 모양은 어떤 것이니?

앙리 마티스 〈달팽이〉 1953

앙리 마티스 〈바다의 생물들〉 1950*

파블로 피카소 〈세 명의 음악가〉 1921*

*저작권이 없는 작품은 작가, 작품명, 연도만 기입하였으므로 인터넷에서 검색

형의 요소가 잘 드러난 작품

(2) 색과 명암

색은 물체가 빛을 받아 흡수, 반사, 투과하는 과정에서 우리에게 보이는 것이다. 색은

일반적으로 무채색과 유채색으로 구분되며 유채색 중에 빨강, 노랑, 파란색과 같이 다른 색을 섞어서 만들 수 없는 색을 일차색이라고 한다. 두 가지 색이 섞이면 이차색이 생겨난다. 또한 서로 혼합하면 무채색이 되는 두 색을 보색이라고 하며 색상환의 반대편에 위치한다. 흰색, 회색, 검은색처럼 색상이나 채도가 없는 색을 무채색이라고 하고 그 외의 색은 유채색이라고 한다. 색의 밝기 정도를 명도라고 한다. 흰색을 섞을수록 명도가 높아지며 가벼워 보인다. 검은색을 섞을수록 명도가 낮아지며 무거워 보인다.

색의 맑음과 탁함을 채도라고 하며, 다른 색을 섞지 않을 때 채도가 가장 높다. 색은 그림에 분위기를 만들어 주며 상대적이어서 같은 색이라도 주변에 어떤 색이 있느냐에 따라 다른 색으로 보이며, 빛의 종류나 밝기에 따라서 느낌이 다르기도 하다. 영유아가 선에 대한 인식을 하도록 지원하는 대화는 다음과 같다.

색상: 와! 하늘이 오렌지색으로 물들고 있어.
명도: 해솔이가 입은 노란 옷은 이 블록의 노란색보다 밝아 보인다.
느낌: 주황색을 많이 사용하니까 그림이 참 따뜻해 보이네.
색과 색의 관계: 이 초록 풀을 하얀 종이 위에 놓으니까 더 진한 초록색으로 보이지 않니?

또는

우리 교실의 벽은 무슨 색이니? 색을 다시 칠한다면 어떤 색으로 칠하고 싶니?
바다에서 보이는 색을 모두 찾아보자. 가장 밝게 보이는 파랑은 어디에 있니?
지금 바닷물 속으로 들어간다면 어떤 느낌일까?

앙드레 드랭 〈런던 다리〉 1906

폴 시냐크 〈초록색 돛(베니스)〉 1904

색의 요소가 잘 드러난 작품

(3) 질감

질감은 재질에 따른 촉각적인 느낌을 시각적으로 표현한 것이다. 물감이 덧칠해진 유화나 콜라주, 조각 등을 실제로 보면 쉽게 이해할 수 있다. 다양한 물체의 질감을 직접 느껴보고 질감을 표현하는 어휘를 적절하게 사용하는 경험이 미술 작품에서 느껴지는 질감을 이해하는 데 도움이 된다. 질감을 표현하는 어휘로는 올록볼록하다, 울퉁불퉁하다, 오돌토돌하다, 보드랍다, 부드럽다, 거칠다, 촉촉하다, 축축하다, 매끄럽다, 미끄럽다, 말랑하다, 물렁하다, 딱딱하다, 반들반들하다 등이 있다. 영유아가 질감에 대한 인식을 하도록 지원하는 대화는 다음과 같다.

시각적 질감: 하늘에 있는 구름을 만지면 어떤 느낌일까? 여자 어린이가 입은 레이스 옷을 만지면 어떤 소리가 날 것 같니?
실제적 질감: 이 나무 자동차는 매끈매끈한데 바퀴는 울퉁불퉁해.

또는

마당의 벽을 만져보니 어떤 느낌이 드니?
맨발로 진흙 웅덩이를 밟으면 어떤 느낌일까? 모래를 밟으면?
배를 눈으로 볼 때와 만질 때의 느낌이 같니? 아니면 다르니?

오귀스트 로댕 〈생각하는 사람〉 1880년경

디오니스 모저 〈사막 사진집1〉 1982-2010 추정*

박수근 〈공기놀이 하는 아이들〉 1962*

*저작권이 없는 작품은 작가, 작품명, 연도만 기입하였으므로 인터넷에서 검색

질감의 요소가 잘 드러난 작품

(4) 공간

공간은 미술 작품 내에서 형태 간의 거리를 의미한다. 공간 내에 형태가 어떻게 놓여 있는지와 형태 간의 관계에 따른 착시 현상은 원근감을 느끼게 하거나 실제와 같은 입체적 공간감을 불러일으킨다. 원근감을 불러일으키는 착시 현상의 예는 '가까이 있는 물체는 크게, 멀리 있는 물체는 작게 그렸을 때', '가까이 있는 물체는 아래쪽에, 멀리 있는 물체는 위쪽에 그렸을 때', '가까이 있는 물체는 자세히, 멀리 있는 물체는 덜 자세히 그렸을 때', '평행선이 좁아져서 눈높이에서 만나게 그려졌을 때'이다. 비어 있는 공간은 자유로움과 여유를 느끼게 하며 꽉 차 있는 공간 배치는 답답하고 갇힌 느낌을 주기도 한다. 영유아가 공간에 대해 인식하도록 지원하는 대화는 다음과 같다.

위치: 새들이 그림의 제일 위쪽 구석에 모여 있구나.
경계: 엄마, 아빠는 집 안에 계시고 너는 강아지와 바깥에 있구나.
느낌: 좁은 연못에 물고기가 너무 많이 있으니까 답답해 보이네.

또는

창밖에 가장 멀리 있는 것은 무엇일까? 가까이에는 무엇이 보이니?
멀리 있는 집과 가까이 있는 집은 어떻게 다르게 보이니?
이 그림에서 가장 멀리/가까이 있는 것은 무엇일까? 어떻게 알았니?

앙리 루소 〈생 클루 공원의 길〉 1908년경

조르주 피에르 쇠라 〈아스니에르에서의 물놀이〉 1884

공간의 요소가 잘 드러난 작품

2) 미술의 원리

영유아 미술의 원리로는 균형과 비례, 강조, 움직임, 조화와 통일(리듬, 반복, 패턴) 등이 있다. 균형과 비례는 미술 작품에서 안정감을 형성하며, 강조는 특정 요소를 두드러지게 만들어 주의를 집중시키는 역할을 한다. 또한, 움직임은 시각적인 흐름을 유도하며, 조화와 통일은 작품의 일관성과 조형적 완성도를 높이는 데 기여한다. 다음은 미술 원리에 대한 설명과 예시를 제시하며, 이를 활용한 교사의 상호작용 방법도 함께 다룬다.

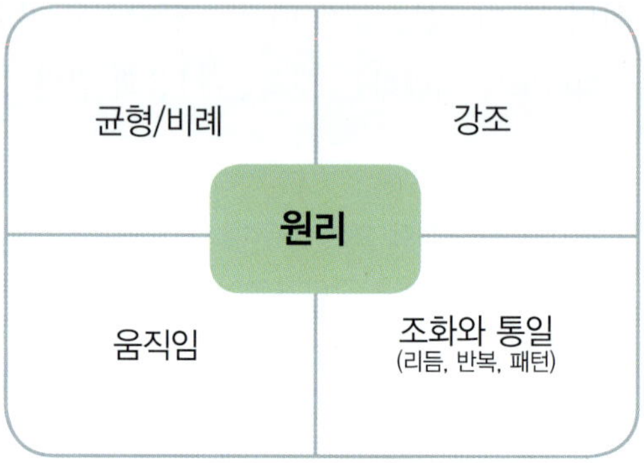

미술의 원리

(1) 균형

균형은 작품 속의 형태, 색, 질감, 공간이 한쪽으로 기울지 않고 시각적인 무게감을 주어 정서적으로 안정된 상태를 의미한다. 균형의 유형으로는 양쪽이 같거나 거의 같아서 안정감을 느끼게 하는 대칭과 양쪽이 서로 다르게 구성되어 있지만 물체의 크기, 위치, 색 등을 이용하여 균형감을 느끼게 하는 비대칭이 있다. 또한 단일한 중심을 가진 원형 디자인인 방사적 균형이 있다. 영유아가 대칭에 대한 인식을 하도록 지원하는 대화는 다음과 같다.

> 나비의 날개는 어떻게 생겼니? 날개의 양쪽은 왜 같을까?
> 이렇게 양쪽이 똑같은 것을 찾아보자.
> (한쪽 다리가 부러진 의자를 보며) 이 의자에 앉으면 어떻게 될까?

| 아메데오 모딜리아니 〈여인의 머리〉 1912

| 웨인 티보 〈Around the cake〉 1962*

| 에드가 드가 〈꽃다발을 들고 인사하는 댄서〉 1877*

| 백남준 〈하이웨이 해커〉 1994*

*저작권이 없는 작품은 작가, 작품명, 연도만 기입하였으므로 인터넷에서 검색

균형의 원리가 잘 드러난 작품

(2) 강조

강조는 작품 속의 특정 물체나 요소를 다른 것보다 드러나 보이게 만드는 것이다. 즉, 흥미나 초점이 되는 주요 부분으로 작품을 볼 때 가장 먼저 보게 되는 부분이라고 할 수 있다. 강조를 표현하는 방법은 물체의 크기, 명암, 색, 질감, 형, 위치를 비교하거나 대조하기, 여러 물체를 한 곳에 집중적으로 배치하기, 선이 한 곳으로 모이게 하기, 특정 부분으로 눈의 움직임을 따라가게 하는 선 사용하기, 일상적이지 않거나 생각하지 못한 물체 사용하기 등이 있다. 영유아가 강조에 대한 인식을 하도록 지원하는 대화는 다음과 같다.

> 그림에서 가장 눈에 띄는 부분이 어디니? 왜 제일 눈에 잘 뜨일까?
> 너는 왜 이 사람을 제일 가운데 그렸니?/왜 가장 크게 그렸니?

| 렘브란트 하르먼스 판레인 〈성가족〉 1645

| 프란츠 마크 〈노란 소〉 1911

강조의 원리가 잘 드러난 작품

(3) 움직임

이차원적이고 고정된 그림 속의 물체는 움직임이 없지만 색이나 선, 형에 의한 착시를 통해 인물이나 동물의 움직임을 표현하는 것이다. 서로 다른 미술의 요소나 물체가 반복될 때, 움직임을 나타내는 선을 사용할 때, 신체나 물체가 행동하고 있는 것처럼 약간 불균형하게 표현될 때에 움직임을 느낄 수 있다. 영유아가 움직임에 대한 인식을 하도록 지원하는 대화는 다음과 같다.

> 위에서 아래로 비스듬하게 그려진 직선이 여러 개 있으니, 무엇처럼 보이니?
> 그림에서 물고기가 움직이는 것처럼 보이는데 왜 그럴까?
> 자동차가 빨리 달리는 것처럼 그리려면 어떻게 해야 할까?

| 이중섭
〈파도타기〉
1941*

*저작권이 없는 작품은 작가, 작품명, 연도만 기입하였으므로 인터넷에서 검색

| 가쓰시카 호쿠사이 〈가나가와 해변의 높은 파도 아래〉
1830–1831

움직임의 원리가 잘 드러난 작품

(4) 조화

조화는 다양한 미술의 요소가 리듬을 이루거나 반복된 결과이다. 같거나 비슷한 것(물체, 형, 선, 색, 질감)이 되풀이되는 반복, 순서나 패턴에 따라 되풀이되는 리듬이 있을 때에 조화를 느낄 수 있다. 조화가 부족하면 작품이 혼란스러울 수 있으며, 조화가 지나치면 지루하거나 단조로울 수 있다. 영유아가 조화에 대한 인식을 하도록 지원하는 대화는 다음과 같다.

교실 안에서 계속해서 되풀이되는 비슷한 색이나 모양을 찾아보자.
같은 모양이나 색이 되풀이되니 어떤 느낌이 드니?
너는 꽃 도장의 무늬가 되풀이되게 찍었고 친구는 마음대로 찍었네. 느낌이 어떻게 다르니?

| 논산 쌍계사 대웅전 꽃살문*

또는

https://sannasdas.tistory.com/13390606

*저작권이 없는 작품은 작가, 작품명, 연도만 기입하였으므로 인터넷에서 검색

| 피에트 몬드리안 〈브로드웨이 부기우기〉 1942-1943

조화의 원리가 잘 드러난 작품

5 영유아 미술의 운영과 교사의 역할

1) 미술 영역 소개

미술 영역에는 유아가 사용하도록 준비된 다양한 자료가 있다. 유아가 언제나 필요할 때 쓸 수 있도록 준비된 것이지만 관리를 소홀히 하면 낭비되기도 하고 뒤죽박죽 섞여버리기도 해서 미술 영역으로서의 기능을 잃을 수도 있다. 4세 또는 5세 학급에서는 학기 초 미술 영역에 대한 소개나 귀가 전 평가 시간을 통해 사용법과 관리법을 소개할 수 있

고 그 이하 연령의 학급에서는 설명해야 하는 상황이 발생하면 반복해서 알려주는 것이 바람직하다.

다음의 사항은 유아가 기본 도구와 자료를 어떻게 사용하고 관리해야 하는지에 대한 기초적인 내용으로 유아가 교사의 지시나 도움 없이 자유자재로 활용하고 스스로 정리하는 데에 도움이 된다.

- 종이
  - 유아가 스스로 선택한 종이에 그림을 완성하도록 함
  - 작은 그림을 그릴 계획이면 조각 종이를 이용하게 하고, 마음에 안 든다고 구겨버리거나 새 종이에 다시 그리기보다는 어떻게 그 상태에서 개선할 수 있는지 생각해 보도록 격려함
  - 조각 종이는 따로 상자에 보관하여 유아가 많이 활용할 수 있도록 함
- 크레파스
  - 색깔을 쉽게 찾을 수 있도록 뚜껑이 없는 통에 잘 정리해 두기
  - 부러진 크레파스는 교사가 따로 모아두어 다른 작업에 활용하도록 함(예 크레파스를 이용한 데칼코마니, p. 216).
- 색연필
  - 색연필은 연필꽂이에 심이 위로 올라오게 꽂도록 함
- 연필
  - 연필은 너무 뾰족하게 깎아두지 않고, 보관할 때는 연필심이 연필꽂이 안으로 들어가도록 지도하기
- 풀
  - 풀은 반드시 뚜껑을 꽉 닫아 보관하게 함
  - 물풀은 너무 세게 누르면 풀이 나오는 스펀지가 찢어지므로 힘 조절을 하도록 안내하기
- 가위
  - 가위는 사용하는 영유아의 연령에 맞게 영아용 또는 유아용으로 준비하기
  - 가위를 안전하게 사용하도록 가위를 들고 다니지 않는 것과 꺼낼 때는 또래에게

부탁해서 전달받지 말고 직접 꺼내도록 함

- 사인펜
  - 뚜껑을 꼭 닫지 않으면 말라서 더 이상 쓸 수 없게 됨을 알려주기
- 셀로판테이프
  - 테이프를 자르기 전에 테이프로 붙일 수 있는 자료인지 생각해 보게 하여 접착제와 접착할 물건의 특성을 고려하게 함
  - 테이프에 커터 날이 있는 것은 위험하므로 영아나 어린 유아의 사용을 제한하고 5세 유아에게는 조심해서 테이프 한쪽을 비스듬히 눕히며 힘을 주어 자르는 것을 보여 주고 사용하도록 하기

2) 영유아가 하는 미술의 종류

미술은 유아 스스로 계획한 것, 교사가 먼저 계획하고 준비한 것, 그리고 놀이에 필요한 다양한 자료나 재료를 만드는 것으로 나눌 수 있다.

(1) 유아가 스스로 계획한 미술

유아가 계획한 미술이란 자기 생각이나 느낌을 표현하기 위하여 자신의 흥미와 욕구로 동기 유발되어 시작된 것을 의미한다. 단순히 일회적으로 그리거나 만드는 활동일 수도 있고 또래나 교사와의 상호작용, 자신의 관찰 등을 통하여 얻은 지식이나 느낌을 표현하는 활동일 수도 있다. 유아가 계획한 미술은 미술 영역에 비치된 다양한 자료를 주로 이용하여 이루어진다. 교사는 유아가 자유롭게 사용할 수 있도록 다양한 재료와 도구를 비치해 주어야 한다. 유아가 계획한 미술은 대부분 실내놀이 시간에 개별적으로 미술 영역에서 이루어지지만, 유아가 자신이 고안한 활동을 다른 유아와 함께 해보기를 원하거나, 교사가 판단할 때 전체 유아와 함께 해보는 것이 좋겠다 싶을 때는 자료를 준비하여 공동 작업으로 발전시킬 수도 있다.

원하는 방식대로 그리거나 만들거나 붙이는 유아

유아가 자유롭게 사용하도록 비치한 풍부한 자료, 재료, 도구

(2) 교사가 계획한 미술

교사가 계획한 미술은 교사가 유아의 흥미와 발달 정도, 계절, 주제, 작업 양상 등을 고려하여 어떤 목적을 가지고 활동을 계획하여 준비하는 것을 말한다. 교사는 유아의 흥미와 발달, 연령 등을 고려하여 작업의 난이도를 정하고, 미술의 다양한 형식을 유아가 경험할 수 있도록 계획한다. 예를 들면, 다양한 재료와 도구, 기법을 활용할 수 있는 미술, 요소와 원리가 포함된 미술을 해볼 기회를 제공한다.

선/형, 질감, 공간감, 강조, 균형의 요소와 원리가 활용된 유아의 작품

| 12색 글라스코 펜으로 유리 창문과 흰 도화지에 그린 그림

| 물감으로 도화지와 캔버스에 그린 그림

다양한 종이와 그리기, 만들기 재료가 사용된 유아의 작품

다양한 재료와 도구, 기법을 활용한 작품

교사가 계획한 활동은 주로 놀이 시간에 미술 영역이나 교사가 준비해 준 장소 또는 유아가 원하는 장소에서 이루어지는데, 모든 유아가 해야 하는 것이 아니라 원하는 유아만 자발적으로 참여하게 한다. 5세의 경우에는 실제 활동은 놀이에 하더라도, 활동의 준비물과 하는 방법 등을 계획하기 시간(집단 활동)을 통해 소개할 수도 있다. 아주 특별한 상황(예 견학 후, 생일 축하 후, 복잡한 과정이 필요한 활동 등)에는 하루 일과 중 미술 시간을 별도로 정하여 활동을 소개한 후 실행하게 할 수 있다.

(3) 놀이에 필요한 다양한 자료나 재료를 만드는 미술

유아는 놀이하다 필요한 자료나 재료가 있으면 다른 영역에서 가져오거나 미술 영역에 있는 자료로 그리거나 만들기도 한다. 예를 들면 야채 가게 놀이를 하는데 다양한 야채가 필요하거나 물건 진열대를 설치해야 한다면 미술 영역에 있는 자료로 야채를 그리거나 진열대를 만들기도 한다. 2019 개정 누리과정 이후 다양한 자료의 활용에 가치를 두면서 교사가 계획한 미술보다는 유아가 놀이에 필요한 자료를 만드는 것을 더 많이 하는 경향이 나타났다. 그러나 유아기에 미술의 다양한 분야(예 회화, 조소, 소묘, 판화 등)를 접하는 것도 중요하므로 교사는 유아가 스스로 계획한 미술, 교사가 의도를 가지고 계획한 미술을 할 기회도 갖도록 지도한다.

3) 장기 계획

유아기는 발달 특성상 자기중심적이고 주관적이며 미분화되어 있고 상상력이 풍부한 시기이므로 이를 고려하여 어떤 미술적 경험을 하게 할 것인지 계획한다.

- 연령을 고려하여 활동의 난이도와 수준을 결정한다. 예를 들어, '도구 측면에서 난이도'를 살펴보면, 안개 그림(p. 219)을 그릴 때, 3세는 체를 잡는 것이 어려우므로 분무기를 이용하여 물감이 퍼지는 것을 관찰하게 할 수 있다. 4세는 체를 뒤집어 놓고 쉽게 할 수 있도록 하고, 5세는 다양한 체와 긁는 도구, 그림의 형태 등을 모두 고려하여 사용하게 할 수 있다. '인지적 측면에서 난이도'를 살펴보면, 3세는 모양을 염두에 두지 않고 마음대로 물감 뿌리고, 4세는 모양이 잘 나오게 본을 잘 놔두고, 본을 고

려하여 물감을 뿌리고, 5세는 한 번 뿌린 그림이 마른 다음에 다른 본을 겹쳐서 물감 뿌리거나, 전체적으로 배치를 해서 물감 뿌리기를 할 수 있다. 이렇게 하면 같은 안개 그림이라도 모두 다른 목표를 가지게 되며, 유아의 발달 수준에 적합한 활동이 된다.

- 같은 기관에서는 연령 간 활동 내용과 수준이 너무 겹치지 않고 잘 안배되도록 교사들끼리 협력하고 토론할 필요가 있다. 예를 들어, 3, 4, 5세 모두에게 적절하고 의미 있는 미술도 있고, 비교적 쉬워서 3세나 4세에게 적절한 것도 있고, 어려운 활동이라서 5세에게 적절한 것도 있다. 따라서 3, 4, 5세가 매년 같은 방식으로 하게 하기보다는 각 연령에 적합한 시기에 하게 하거나 여러 번 반복하는 것이 의미 있는 것은 3, 4, 5세에서 난이도를 조절하여 하도록 한다.
- 연간 계획안을 작성할 때는 1학기와 2학기에 난이도를 잘 조절한다. 또한 같은 시기라도 유아의 개인차가 크므로 다양한 수준의 유아가 참여할 수 있도록 계획한다. 예를 들어, 다음의 표를 보면, 1학기에는 비교적 쉬운 고무 판화(볼록 판화)나 동전 베껴내기(평판화)를 2학기에는 조금 더 어려운 스텐실(공판화)이나 가장 어려운 실물 베껴내기와 찍기를 계획할 수 있다. 이렇게 함으로써 유아는 1년 동안 적어도 4번의 각기 다른 난이도의 판화 작업을 하게 된다. 그러나 유아기에는 유아 간 개인차가 심하므로 한 활동 내에서도 개인차를 수용할 수 있게 배려한다(예 고무 판화의 경우에는 사용하기 쉬운 스펀지와 어려운 붓을 함께 내줌).

표 2-7 점점 어려워지는 판화 활동

1학기		2학기	
3월 말~4월 중순	5월~6월	9월~10월	11월~12월
봄 소재(예 꽃)의 고무 판화 (볼록 판화)	생활용품(예 동전) 베껴내기 (평판화)	우리나라 소재(예 탈) 스텐실 (공판화)	나뭇잎 베껴내기 (평판화) 나뭇잎 찍기 (볼록 판화)

- 유아의 생활, 계절, 행사 또는 학급에서 진행되는 주제와 미술이 조화를 이루도록 계획한다. 만약 학급의 많은 유아가 다양한 교통기관에 흥미를 가진다면, '내가 좋아하는 차 찾아보고 그려보기', '다양한 자동차의 바퀴 찍기', '내가 앞으로 만들고 싶은

자동차' 혹은 '내가 커서 타고 싶은 자동차'를 폐품을 활용하여 만들어 볼 수 있다.

- 유아가 다양한 방식(예 언어, 극, 음악, 율동 등)으로 탐색한 것을 미술과 연결할 수 있다.
- 유아가 한 종류의 미술만 편중해서 경험하지 않도록 계획한다. 예를 들면, 유아가 평면 미술과 입체 미술을 고르게 경험할 수 있게 한다.
- 도구의 다양성을 고려하여 계획한다. 예를 들어, 크레파스, 물감, 연필 등의 그리기 자료를 고루 경험하게 계획하거나 손으로 찢는 작업은 주로 어린 연령이나 1학기에, 가위를 이용하는 작업은 높은 연령이나 2학기에 경험하게 계획할 수 있다.
- 유아의 발달 정도를 고려하여 발달 영역이 고르게 발달할 수 있도록 활동을 계획한다. 예를 들어, 대근육을 사용하는 작업과 소근육을 사용하는 작업을 골고루 계획하고, 1학기에는 주로 개인 작업을, 2학기가 될수록 같이 의논해서 할 수 있는 공동 작업을 계획하는 것도 유아의 사회적 발달 정도를 고려한 계획이 될 수 있다.
- 공동 작업을 할 때에는 연령에 따라 난이도를 고려하여 계획한다. 예를 들어, 어린 연령은 큰 종이를 두고 함께 모여서 작업을 하는 데 의미를 두고, 한 명씩 자신이 하고 싶은 작품의 부분을 함으로써 전체를 완성한다. 높은 연령은 먼저 작업을 하기 전에 전체적인 계획을 세우고, 그 계획에 따라 서로 일을 분담하여 작업을 시행해 보도록 한다. 하지만 미리 계획을 세우고 계획에 따라 작업을 분담하는 것은 5세에게도 매우 어려운 것이므로 교사가 적절히 도움을 주어야 한다.

4) 실행

미술을 실제로 실행하는 방법은 놀이 시간에 미술 영역에서 진행되는 경우와 하루 일과 중 집단 활동으로 운영하는 경우가 있다. 현장에서는 미술을 집단 활동으로 실행하는 경우가 대부분이나, 미술은 놀이 시간에 개별적 선택 활동으로 이루어지는 것이 더 바람직하다. 교사는 단순히 유아가 미술을 하도록 돕는 것이 아니라 최적 성장을 촉진할 수 있는 심미적이고 즐거운 환경을 창조하고, 활동을 적절히 지원하고, 생산적인 평가의 기회를 가질 수 있게 해야 한다.

유아가 미술을 하면 교사는 유아가 자신이 원하는 것을 선택하여 진행하고 있는지 확인하고 유아가 어려움을 겪고 있다면 스스로 해결할 수 있도록 도움과 정보를 준다. 교사는 유아가 즐겁게 자신감을 가지고 창조적인 표현을 할 수 있도록 격려하여 끝까지 마무리할 수 있도록 한다. 예를 들면, 교사는

- 유아 주변에서 볼 수 있는 사물의 모양과 선, 질감, 색 등을 관찰하도록 장려한다.
- 적절한 도구 사용법과 기술 등을 가르쳐 주고 안내한다.
- 미술에 관련된 용어나 도구의 이름을 정확히 알도록 도와준다.
- 유아가 자료, 주제, 도구를 스스로 선택해서 표현해 볼 기회를 많이 제공한다.
- 새로운 생각을 하도록 장려하고 격려한다.

미술에 관한 좀 더 심화된 질문이나 표현 방식 측면의 도움이 필요하다면 미술을 전공하였거나 미술에 관심이 매우 높은 부모나 주변의 전문가의 도움을 받거나 그분들의 작업실이나 박물관, 미술관 등을 견학할 수도 있다.

교사의 Tip

순서도의 활용: 숨겨진 부정적 실체

교사가 흔히 하는 오해 중 하나는 유아에게 미술을 소개할 때 순서도를 꼭 준비해야 된다고 생각하는 것이다. 많은 유아 미술교육에 관한 전공 교재에도 거의 각 활동마다 순서도가 함께 제시되어 있다. 순서도는 유아에게 미술을 하는 대략의 순서를 알려주기 위한 목적으로 사용될 수 있지만 유아의 연령이나 미술 자체의 복잡성과 창의성 저해 가능성 등을 고려하여 사용 여부를 결정하여야 한다.

■ **유아의 연령**

교사는 미술의 과정을 순서도로 제시할 때 4~6장으로 구성된 순서도를 준비한다. 순서도는 작업 순서에 대한 표상물이므로 유아가 표상을 이해할 능력이 있을 때만 사용할 수 있다. 연령이 낮을수록 타인이 제작한 표상을 이해하기 어렵고 기억할 수 있는 단계도 한정적이기 때문에 교사가 순서도를 쉽게 준비하여도 유아는 이해하기 어려운 지시서로 인식할 가능성이 있다. 교사가 순서도를 가지고 설명하여도 어린 유아가 미술 영역에서 활동하면서 교사에게 매 단계마다 다시 질문하는 것도 이런 이유 때문이다. 연령이 어릴수록 자료와 재료를 다루는 능력의 제한 때문에 교사가 미술 영역에 앉아서 도와야 하는 경우가 많다. 따라서 자연스럽게 교사가 미술의 순서에 대해 유아에게 설명할 기회가 많으므로 3세와 4세 초반의 어린 유아에게는 순서도를 제시할 필요가 없다.

■ **미술의 본질**

미술은 유아의 전인적 발달에 기여하지만, 특히 창의성 발달 측면의 기여가 큰 활동이다. 창의성이 증진되기 위해서는 유아가 원하는 자료를 선택하여 원하는 방법대로 자기 생각과 느낌을 표현할 수 있어야 한다. 그러나 순서도가 제시되면 그 순서와 방법대로 따를 가능성이 커지기 때문에 순서도는 창의력 신

장에 부정적 영향을 미칠 수 있다. 유아에게 가능하면 자유로운 상황에서 미술을 할 기회를 제공한다는 측면에서 본다면 순서도의 사용은 바람직하지 않다.

■ **미술 자체의 복잡성**

미술의 시작부터 마무리까지 거쳐야 되는 단계는 활동의 특성에 따라 다양하다. 어떤 활동은 순서가 그리 중요하지 않은 반면 어떤 활동은 그 순서대로 진행하지 않으면 문제가 생길 수 있다. 또 활동에 따라 간단한 단계를 거쳐 완성되기도 하고 여러 단계를 거쳐 완성되기도 한다. 위에서 강조한 바와 같이 창의성 증진을 위해서도 활동의 순서가 중요하지 않거나 간단한 단계를 거쳐 완성되는 활동은 순서도 없이도 진행할 수 있다.

(1) 자유놀이 시간의 미술

① 유아가 스스로 계획한 미술

유아가 스스로 하고 싶은 미술을 하기 위해서는 미술 영역의 자료가 쉽게 사용할 수 있도록 배치되어 있어야 하는데, 학기 초 오리엔테이션 때 유아와 함께 영역을 살펴보며 개별적으로 이야기해 주는 것이 좋다. 유아가 쓰기에 힘든 자료나 위험한 자료(예 마블링을 위한 기름병 등)는 교사 장에 넣어 두거나 비닐 덮개 등으로 가려두어 유아가 쓸 수 있는 자료와 아닌 것을 구분해 둔다. 교사는 유아 스스로 계획한 활동에 관심 가지고 끝까지 완성할 수 있도록 도와준다.

② 교사가 계획한 활동

교사가 계획한 활동을 할 때 교사는 다양한 역할을 한다. 첫째, 교사가 계획한 미술을 할 때는 활동에 따라 적절한 도구나 재료 등이 다르기 때문에 미리 해보는 것이 좋다. 예를 들어, 물감의 농도는 찍는 도구나 종이에 따라 미묘하게 달라지기 때문에 물감으로 찍는 활동이라면 교사가 전날 미리 해 본 후 물감의 농도와 종이 등을 결정하는 것이 좋다.

둘째, 미술을 하기 전에 미술 영역에 준비물을 배치해 두면 동기 유발에 도움이 된다. 만약 8인조나 10인조 책상에 준비물을 미리 놔둔다면 유아가 어떤 위치에서도 준비물을 사용할 수 있도록 2벌 이상 준비한다. 예를 들어, 데칼코마니를 위해 빨강, 파랑, 노랑 물감을 준비했다면, 각각의 색깔을 두 접시씩 준비한 후에 책상의 양쪽 끝에 배치해 준다.

2벌씩 준비된 미술 영역 세팅

셋째, 참여를 원하는 유아가 어떤 준비물이 있는지와 어떻게 하는 것인지를 이해할 수 있도록 지원한다. 3, 4세의 경우는 관심을 보이는 유아가 미술 영역에 오면 개별적으로 준비물을 살펴보게 하고 하는 방법을 이야기해 주며 도움을 준다. 5세의 경우도 3, 4세처럼 개별적으로 설명을 해줄 수도 있지만, 계획 시간에 모든 유아를 대상으로 활동의 자료와 과정을 다 설명할 수도 있다. 몇 명의 유아가 새 활동에 익숙해지면 그 유아가 다른 유아에게 방법을 설명해 주고 도와주게 할 수 있다.

넷째, 교사는 미술 영역 중 전체 유아를 바라볼 수 있는 자리에 앉아 새로이 참여하는 유아가 도움을 청할 때 도와주면서도 교실 전체의 유아도 관찰해야 한다.

다섯째, 유아는 같은 활동을 반복하기도 하므로 필요한 자료를 4~5일 동안 계속해서 내주어 누구나 경험해 볼 수 있도록 해준다. 때로 유아가 미술 경험에 몰입할 때가 있는데 하루 일과의 계획에 따라 다른 활동으로 전이가 되더라도 몰입된 유아는 계속할 수 있도록 배려하는 것이 좋다. 계획에 집착하는 것은 활동에 대한 유아의 열정을 연장하는 것만큼 중요하지 않다.

교사의 Tip

유아에게 적절한 미술: 교사가 계획한 활동의 한계

미술은 본질적으로 예술적 창작 활동이기 때문에 자유로움을 전제로 한다. 즉, 자신이 생각하고 경험하고 느낀 것을 원하는 재료와 방식으로 자유롭게 표현하는 활동이다. 이런 측면에서 볼 때 유아가 스스로 계획한 미술이 예술적 창작 활동의 본질에 가장 가깝다.

유치원이나 어린이집 교사는 유아 스스로 동기 유발되어 원하는 재료와 방식으로 표현하는 활동을 지원하기보다는 특정 주제에 맞춰 교사가 계획한 활동을 하는 데 더 많은 시간과 노력을 들인다. 그러나 불행히도 교사가 계획한 활동 대부분은 미리 정해진 것을 순서대로 조립하는 것과 유사한 특성을 갖는다. 어떤 활동이건 교사가 준비한 자료를 활용해 순서대로 예정된 결과물을 만드는 방식으로 진행된다. 예를 들면, 여름에 주로 하는 부채 만들기 활동에서 영유아는 교사가 미리 알려준 순서대로, 미리 준비해 준 종이에, 미리 준비한 장식물을 붙여 부채를 만든다. 교사에 따라 다양한 모양, 두께, 재질 종이와 장식물을 준비해서 선택의 폭을 넓혀 주기도 하지만 여전히 미리 정해진 결과물을 만들어 내도록 한다는 점에서는 예외가 아니다.

본 서의 활동도 영유아의 연령과 발달에 맞게 다양한 방식으로 접근하도록 제시되어 있지만 위에 언급한 한계에서 완전히 자유롭지는 못하다. 교사는 미술을 계획할 때 특정 주제와 맞는지에만 초점을 두지 말고, 그 활동이 창의성 발달을 저해하는 것이 아닌지에 대해도 신중히 검토할 필요가 있다. 또한 유아가 스스로 동기 유발되어 자유놀이 시간에 하는 미술을 적극 격려하고 지원하려는 자세가 필요하다.

(2) 대집단 활동 시간의 미술

대집단 활동 시간에 하는 미술은 가능한 한 적게 계획하여야 하나 견학 후, 생일 축하 후, 또는 복잡한 과정이 필요한 경우, 대집단 활동 시간에 어떤 것을 할지 소개하고 실행하게 할 수 있다. 모든 유아가 해야 할 가치가 있는 활동, 시작과 끝에 걸리는 시간이 일정한 활동, 전체가 동시에 했을 때 안전이나 소음에 큰 문제가 없는 활동(예 콜라주를 이용한 공동 작업을 대집단 활동으로 한다면, 교사가 전체 유아의 안전을 보장하기 힘들고 소란할 것이므로 놀이 시간에 원하는 유아만 자율적으로 모여 공동 작업을 하는 것이 좋음)을 대집단 미술 활동으로 할 수 있다. 예를 들어, 견학이나 생일 축하처럼 학급의 모든 유아가 공통으로 경험하였거나 공통의 선물을 하기로 합의가 된 경우(예 생일 맞은 유아에게 그림이나 만들기로 생일 선물을 하자고 합의한 경우)에는 하루 일과 중 시간을 정하여 활동을 할 수 있다. 이렇게 특별한 경우가 아니라면 교사가 계획한 미술을 모든 유아가 다 같이 하게 하는 것은 유아의 흥미와 욕구를 무시하는 것이므로 바람직하지 않다.

생일 축하 선물을 그리거나 만드는 유아

5) 평가

(1) 평가의 목적 및 내용

유아 미술을 평가하는 목적은 미술이 다양한 영역의 유아 발달을 촉진했는지 살펴보고, 각 활동을 위해 설정된 학습 목표가 어느 정도 달성되었는지를 살펴보아 유아 지도와 교사로서의 발전을 위한 자원으로 활용하는 데 있다. 평가를 할 때는 활동의 목표, 활동 진행 방법, 사용된 자료, 교사의 지원이 교육적으로 의의 있는 것인지와 유아의 개성과 흥미가 존중되었는지를 중심으로 살펴본다.

(2) 평가의 종류

유아교육기관에서의 미술에 대한 평가는 유아가 스스로 하는 평가, 교사가 하는 유아 평가, 교사가 자신의 역할에 대한 평가를 할 수 있다.

① 유아가 스스로 하는 평가

유아가 스스로 하는 평가는 자료를 다루기 전부터 시작하여 작품이 완성될 때까지 자신의 아이디어, 자료의 적절성, 표현하는 방법 등을 스스로 생각해 보는 과정을 말한다.

② 교사가 하는 유아 평가

교사는 유아를 세심히 관찰하여 활동 중이나 종료 후 교사의 생각이나 느낌에 대해 이야기를 나누는 것으로 다음의 사항에 유의한다.

- 유아의 작품을 대상으로 상호작용할 때는 5가지 측면에 초점을 둔다. 즉, 교사가 보는 것을 설명하기, 유아의 행동에 대해 말하기, 과정에 대해 유아에게 질문하기, 유아의 사고와 반응을 격려하는 개방적 질문하기, 유아의 노력을 격려하고 지지하는 단어 사용하기에 중점을 둔다.

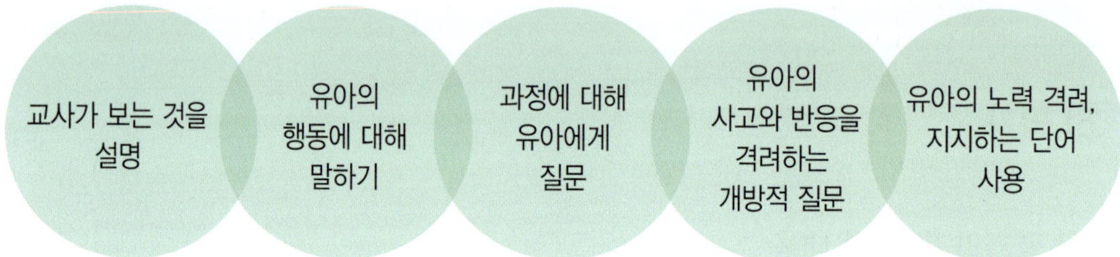

- 작품에 대해 중점적으로 상호작용할 때는 6가지 측면에 대해 대화할 수 있는데, 5세 남아와 3세 유아가 그린 그림을 예로 설명하면 다음과 같다. 예술적 요소, 즉 미술의 요소와 원리(p. 76 참고)를 언급해서 상호작용 할 수 있다.

- 이것은 무엇으로 만들었는가? = 재료, 도구, 매체에 대한 질문
  → 크고 하얀(또는 네모 모양, 아주 작은) 종이에 그리고 있구나.
- 교사가 무엇을 보았는가? = 미술 요소
  → 파란색과 초록색을 많이 써서 시원해 보이네.
  → 옷은 쭉 뻗은 선으로 무늬를 그리고 풀은 옆으로 누운 선으로 그렸네.
- 무엇이 묘사되었는가? = 디자인, 이야기, 장면이나 상징적 묘사
  → 다리를 앞으로 내밀고 손을 뒤로 뻗었네.
- 어떻게 정리되어 있는가? = 원근법, 구성, 완성도
  → 공을 치는 사람을 가운데 크게 그렸구나.
- 무엇에 관한 것인가? = 설명, 표현, 느낌, 기발한 아이디어 등
- 어디서 시작된 내용인가? = 상상, 관찰, 문학, 매체, 모방, 그냥 하기 등
  → 야구하는 사람을 본 적이 있니?

5세 유아의 그림

3세 유아가 그린 그림을 다른 예로 살펴보면 다음과 같다.

- 이것은 무엇으로 만들어는가? = 재료, 도구, 매체에 대한 질문
  → 길고 노란 종이에 그리고 있구나.
- 교사가 무엇을 보았는가? = 미술 요소
  → 아주 크고 긴 네모를 그렸구나, 아주 작은 동그라미가 많이 있네.
- 무엇이 묘사되었는가? = 디자인, 이야기, 장면이나 상징적 묘사
  → 긴 네모(버스) 안에 똑같은 모양을 쭉 그려 넣었네.
- 어떻게 정리되어 있는가? = 원근법, 구성, 완성도
- 무엇에 관한 것인가? = 설명, 표현, 느낌, 기발한 아이디어 등
  → 바퀴를 많이 그리니까 아주 빨리 움직이는 것처럼 보여!
- 어디서 시작된 내용인가? = 상상, 관찰, 문학, 매체, 모방, 그냥 하기 등

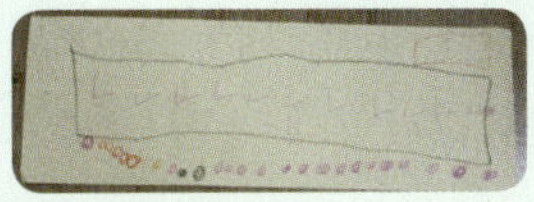

3세 유아의 그림

- 유아의 발달 수준에 맞는 간단하고 핵심적인 어휘를 사용한다. 예를 들면, 영유아의 의사표현 능력이나 인지 발달을 고려하여 무엇을 그렸니? 여기에 무엇이 있니? 무엇을 표현하려고 한 거야? 여기 그림에 있는 사람과 자동차는 왜 나란히 있니? 등으로 다양하게 질문할 수 있다.
- 칭찬보다는 구체적으로 격려하고 제안해 주는 것이 좋다. 유아의 작품을 정확히 관찰해서 그중에서 열심히 하고 창의적으로 표현한 것은 격려해 준다. 예를 들어, 유아가 그림을 그리고 있을 때, 교사가 "잘했어.", "예쁘다.", "진짜 맘에 드는데.", "잘했는데 거미 다리가 여섯 개일까?"라고 천편일률적으로 말하거나 교정해 주기보다는 "오늘 집 그림은 지붕이 뾰족한 게 예전 그림이랑 달라졌구나.", "색깔을 여러 가지로 칠했구나."라고 말하는 것이 바람직하다.
- 전형적인 그림을 그리는 유아에게 교사가 적절히 제안하는 것이 필요하다. 이 시기 유아는 그림을 도기호로 삼기 때문에 여러 가지 전형적인 기호가 등장하게 된다. 교사는 절대로 이런 전형적 그림을 가르쳐서는 안 되며(예 "집은 세모 그리고 아래 네모를 그리면 된다."), 좀 더 다양한 방식으로 표현해 볼 수 있도록 도움을 준다. 예를 들어, 무조건 그림에 집, 나무, 구름, 햇빛을 그리는 유아는 야외임을 표시하기 위한 기호

로 이런 그림을 그릴 수 있다. 그리기 전에 "오늘은 어디로 가는 그림을 그릴 거니?", "슈퍼마켓에 가는 그림이라면 슈퍼마켓 안을 그리면 어떨까?"라는 식으로 제안한다. 실내 상황을 그리게 되면 전형적인 도기호를 사용하지 않고 새로운 그림을 그릴 수 있는 기회가 된다.

③ **교사 자신에 대한 평가**

미술이 끝난 후 교사는 개선할 사항을 점검하기 위해 다음과 같은 사항을 중심으로 평가할 수 있다.

- 미술의 전반적인 환경과 분위기에 관하여
  - 유아가 미술을 하는 환경이 적절하였는가?(예 물이 있고 조용한 곳)
  - 유아가 미술을 하는 분위기가 자유롭고 활발한 분위기였는가?
- 미술을 위한 자료 및 세팅에 관하여
  - 유아가 쓸 수 있는 자료는 충분히 다양하였는가?
  - 유아가 쓸 수 있는 자료는 충분히 넉넉하였는가?
  - 유아가 쓸 수 있는 자료의 세팅은 참여하는 유아가 사용하기에 불편함이 없었는가?
- 미술 활동에 대한 설명에 대하여
  - 미술 활동을 설명하는 데에 적절한 방식(예 말로만 설명, 실물 사용 등)이었는가?
- 유아가 미술을 하는 데 제공한 도움에 대하여
  - 필요할 때만 도움을 주었는가?
  - 창의력을 증진할 수 있는 도움을 주었는가?
- 미술 작품의 전시 및 평가에 대하여
  - 작업 후 건조하거나 보관할 장소가 마련되어 있는가?
  - 유아의 작품이 돋보일 수 있도록 적절하게 전시하였는가?
  - 유아를 격려하고 북돋울 수 있는 언어적 지원을 적절하게 해주었는가?
- 전체적인 계획에 관하여
  - 다양한 분야의 미술을 유아가 접할 수 있었는가?
  - 유아가 한 미술이 발달, 연령 등에 적합하였는가?

평가의 결과는 다음 미술을 계획할 때 활용할 수 있다. 첫째, 교사가 미처 생각하지 못했거나 개선해야 할 사항을 점검할 수 있다. 교사가 제안한 미술이 너무 시시해서 작품을 무성의하게 완성했거나 너무 어려워서 잘하지 못했다면, 유아의 연령과 발달에 적절하지 않은 것이다. 다음 활동을 계획할 때 난이도를 조절하는 데 평가는 도움이 된다.

둘째, 교사가 준비해 준 준비물, 환경 등에 대해서도 알 수 있다. 교사가 '나뭇잎을 물감 묻혀 종이에 찍기'를 계획했는데, 나뭇잎의 잎맥이 하나도 보이지 않고 물감이 뭉개져 있었다면, 물감의 농도를 잘못 조절했거나 흡수가 안 되는 재질의 종이를 제시했음을 알 수 있다. 다음 활동을 할 때 물감의 농도를 조절해 주거나, 잘 흡수되는 재질의 종이를 제공해 줄 수 있다.

셋째, 유아의 흥미와 관심을 알고 다음 활동을 계획할 수 있다. 예를 들어, 5세 유아가 수묵화(먹물 그림)를 그릴 때 흐리게 그리는 것과 진하게 그리는 것에 관심 가지고 다양하게 표현했다면, 다음은 붓으로 농담을 표현하는 것에 초점을 맞출 수 있다. 또한 한국 수묵화 작품을 감상하고 검은 붓 그림만으로 다양한 표현을 할 수 있는지 토의해 보거나 채색화를 그려 봄으로써 색으로 농담을 조절하는 경험을 하게 할 수 있다.

6) 작품 전시

전시의 목적은 유아의 작품을 교사의 주관으로 비교하는 것이 아니라 유아가 서로의 작품을 감상할 기회를 주는 것이다. 작품 전시는 유아의 작품을 학급 내외에 전시하는 것으로, 전시를 위해 마련된 장소뿐만 아니라 다양한 장소에도 작품을 전시할 수 있다. 유아는 자신의 작품이 전시되면 성취감 및 자아 존중감을 느낄 수 있고 다른 유아의 작품과 함께 자기 작품이 전시된 것을 보면서 소속감도 느낄 수 있다. 그러나 매번 모든 유아의 작품을 전시하기보다는 반년 또는 일 년에 걸쳐 돌아가면서 모든 유아가 자신의 작품을 전시할 기회(예 유아가 원할 때)를 가지도록 한다. 전시는 다음과 같은 방법으로 할 수 있다.

- 유아의 작품을 개별적으로 전시한다.

활동실의 공간에 맞게 짧게는 3일, 길게는 2~3주 동안 전시를 한다. 공간이 좁다면 유아에게 양해를 얻은 후 몇 회로 나누어 순번제로 전시해 줄 수 있다. 교실 외에 복도,

현관, 계단 옆 등에도 전시할 수 있다. 모든 유아가 빠짐없이 참여한 활동이라면 작품 옆에 이름을 붙여줄 수도 있다. 유아의 작품은 아름답고 잘한 것을 전시하는 것보다는 유아의 것을 전시하는 데 의의가 있으므로 유아 작품에 손을 대서는 안 된다. 단, 가끔 필요에 따라 유아의 작품이 돋보이게 전시할 수는 있다. 예를 들어, 유아의 작품 뒤에 적절한 색깔의 색지나 습자지 같은 종이에 주름을 잡아서 유아 작품보다 조금 크게 붙여서 유아의 작품이 더 돋보이게 할 수 있다.

활동실에 전시한 지점토로 만든 유아의 얼굴

유치원 입구에 전시한 유아가 찍은 가을 풍경 사진 액자

개별적으로 전시한 예

- 처음부터 공동 작업을 하여 함께 전시한다.

함께 미술 작업에 참여하는 유아

약간 큰 종이나 모조지 전지 등을 이용하여 여러 명이 처음부터 함께 공동 작업한 작품을 전시하는 방식이다. 공동 작업은 자유놀이 시간에 원하는 유아가 모여서 할 수 있다. 공동 작업은 며칠에 걸쳐 진행되기도 하는데 교사는 어떤 것을 그릴지 결정하고 표현하고 마무리하는 과정에서 참여하는 유아 간 의사소통이 원활하도록 지원할 수 있다. 유아의 연령이 높을수록 교사의 직접적인 지원은 줄이고 유아끼리 처음부터 끝까지 토론하고 결정할 수 있도록 하는 것이 좋다. 공동 작품을 만드는 과정을 통하여 유아는 자신의 태도를 집단 활동에 어울리게 만들어 가는 방법을 터득할 수 있고, 자신의

경험을 다른 사람과의 관계에서 올바르게 표현하는 능력도 갖게 된다. 이것은 집단 안의 구성원으로서의 소속감을 인식하는 데에도 도움이 된다.

| 유아들이 함께 만든 텃밭 간판과 허수아비

| 반의 상징을 함께 정해 그린 그림과 설명

처음부터 공동 작업한 것을 전시한 예

• 개개인의 작품을 모아 교사가 특성 있게 배치하여 마치 공동으로 작업을 한 것처럼 보이게 하는 공동 작품화한다.

| 개별적으로 만든 곤충을 모아 함께 전시한 예

| 개별적으로 만든 자신의 바닷속 동물을 함께 전시한 예

개별적으로 만든 것을 공동 작업처럼 전시한 예

유아는 자기 작품이 포함된 여러 개의 작품이 모여서 색다른 아름다움을 창조하는 것에서 심미감, 집단에 대한 소속감, 자아 존중감 등을 가질 수 있다. 예를 들어, 유아가 손바닥 찍기를 한 것을 마치 공작의 깃털처럼 전시하거나, 데칼코마니 작업과 종이 찢어 붙이기 작업을 모아 나비와 꽃처럼 전시할 수 있다. 공동 작품화할 때는 모든 유아가 자신의 작품을 함께 전시하는 것을 원하지 않을 수 있으므로 개별 유아의 의견을 반영한다.

7) 정리 및 보관

유아가 그린 그림과 만든 작품을 정리하는 것은 유아로 하여금 자신의 물건을 스스로 정리하고 보관하는 습관을 기르도록 할 뿐 아니라 자신의 작품을 소중히 다루는 경험을 통해 긍정적인 자아 개념을 형성하는 데 도움을 준다. 유아교육기관에서는 정기적으로 유아가 그리거나 만든 작품을 한곳에 모아 두었다가 정리하는 기회를 갖는 것이 좋다. 평면 작품은 유아의 개인 장이나 사물함에 넣어 모으고 입체 작품은 1~2주 정도 전시를 한 후 주말에 집으로 가져가도록 한다. 만약 어떤 유아가 미술 작업을 아주 좋아해서 개인 장이 작품으로 꽉 찼다면 정리 기간이 안 되었어도 정리 후 가져가도록 지도한다. 유아의 작품을 정리할 때는 다음의 방법으로도 할 수 있으나 각 기관의 특성과 전통에 맞게 한다.

- 2~3개월 동안 유아가 그리고 만든 자신의 작품을 정리하는 기회를 갖는다. 장 정리는 상황에 따라 한 학기에 1~2회로 나누어 할 수 있다. 1학기에는 4~5월경 유아의 장 서랍이 가득 차면 중간 정리를 한다. 입체 작품은 매주 금요일에 집으로 가져가도록 한다.
- 장 정리를 시작하기 하루 전에 유아와 장 서랍을 정리하는 이유와 방법을 이야기하고 묶은 그림과 만든 것을 담아 갈 봉투를 가지고 오도록 한다.
- 다음 날 자유놀이 시간에 유아와 교사가 그림과 만든 것을 함께 정리한다. 겉장은 색도화지에 표지 그림을 그리고 이름을 써서 만든다. 유아와 함께 미리 만들었던 평면 작품들을 잘 모아서 미리 그려둔 겉장 그림을 앞에 대고 스테이플러로 찍어서 책처럼 만든다.
- 스테이플러로 그림을 묶기 전 미완성 작품이 있는지 확인하여 가능하면 모든 작품을 완성한 후 묶도록 하고, 그동안 어떤 작품을 했는지 함께 보면서 격려도 해준다.
- 묶은 그림과 입체 작품 등은 준비한 봉투에 담아서 집으로 가지고 간다.

겉장의 예

처음으로 그림 묶은 책을 집으로 가지고 가는 날에는 다음과 같은 통신문을 함께 보내 부모들이 집에서도 유아교육기관과 일관성 있는 교육을 하도록 하는 데 도움을 줄 수 있다.

부모 교육을 위한 통신문(예시)

그동안의 어린이 작품을 한데 묶어서 보내드립니다.

부모님의 칭찬과 격려로써 자녀의 창의력과 성취욕을 활짝 펼 수 있도록 도와주시기 바랍니다.

이 께 드리는 부탁

1. 제가 자유롭게 그리도록 해주세요.

창의적인 미술교육은 자유롭게 그리는 것을 통해서 이루어질 수 있어요. 제가 마음속의 느낌과 생각을 자유롭게 표현할 뿐 아니라 다른 사람과 다르게 그려도 괜찮다는 것을 가르쳐 주시고 받아들여 주세요.

2. 제가 저의 작품에 관하여 말할 수 있도록 해주세요.

제가 만드는 작품에 관심을 가지되 무엇을 만드는지에 대해서는 꼬치꼬치 묻지 말아 주세요. 어떤 때는 저도 잘 모를 수도 있거든요.

3. 제가 만든 작품에 대해 많이 격려해 주세요.

엄마, 아빠의 격려를 받으면 저는 저 자신에 대해 좋은 감정을 갖게 될 뿐 아니라 앞으로도 무엇인가 자꾸 그리며 만들고 싶은 의욕이 솟아날 거예요.

4. 그림만 보고 제 수준이나 상태를 평가하지 마세요.

저는 때때로 동그라미를 자동차라고 생각하며 그리기도 하고 제가 본 것의 가장 인상적인 부분만 그릴 수도 있어요. 물체를 사실적으로 그리게 될 때까지 아직 시간이 더 필요해요.

5. 제가 많은 것을 경험할 수 있도록 해주세요.

많은 것을 경험함으로써 사물에 민감해지며 사고하는 데 도움이 되죠. 또 경험을 자료와 연관시켜 생각하도록 격려해 주세요.

6. 제가 모든 사물을 잘 관찰할 수 있도록 도와주세요.

제가 잘 관찰할 수 있도록 엄마, 아빠가 "코끼리 코는 어떻든?", "나뭇잎이 어떻게 변했니?"와 같이 구체적으로 질문해 주세요. 그러면 저는 새로운 면을 발견하고 다음에는 그것을 더욱 적절하고 쉽게 표현할 수 있을 거예요.

7. 다양한 재료를 제공해 주세요.

다양한 소재로 풍부한 경험을 갖게 해주세요. 집에서 내버리는 물건이라도 창의적인 표현을 할 수 있는 훌륭한 재료가 될 수 있어요.

8. 제가 작품에 열중하고 있을 때 저를 방해하지 말아 주세요.

부득이한 경우가 아니라면 제가 일을 마칠 때까지 기다려 주세요. 그럴 때 엄마, 아빠께 고마움을 느끼게 되죠.

9. 제가 만든 작품을 함부로 다루지 마세요.

제가 온 힘을 기울여 열심히 만든 작품이 함부로 다루어지는 것을 보면 저는 무척 기분이 상하게 되죠.

20○○년 ○월 ○일

기관명

⑥ 영유아 미술 감상 교육

소수의 예술가를 제외한다면, 예술은 우리가 생활 속에서 누리고 즐기는 대상이다. 특히 영유아기부터 일상생활에서 자연스럽게 문화예술을 경험할 때 영유아는 예술적 상상력과 감수성을 지닌 전인적인 인간으로 성장할 수 있을 것이다. 현대는 예술과 문화 경쟁력이 강조되는 세계화 시대로, 우리는 생활 주변에서 쉽게 음악, 미술, 무용, 연극 등을 만날 수 있다. 영유아도 그림책, 대중매체, 전시 및 공연 관람 등을 통해 예술을 감상하고 있다.

본 장에서는 영유아가 생활 속에서 미술을 누리고 즐길 수 있도록 교육하기 위해 교사가 알아야 할 미술의 요소와 원리, 미술 감상을 위한 상식, 미술 관련 견학을 통한 감상 교육 방안을 제시하고자 한다.

※ 미술 감상을 위한 상식 및 미술 관련 견학 관련 내용은 김희진·김현주·김은영·최명희(2011). 『현장학습 바로 알기』, 창지사([어린이교육의 기본 바로 알기 시리즈]의 일환으로 실시된 2011 대한어린이교육협회 하계 교사연수 자료)를 참고로 함

1) 미술 감상 교육

(1) 미술 감상 교육의 의의

영유아 미술 감상 교육은 미술 작품이나 자연과 같은 구체적인 대상의 가치를 느끼고 판단하며 평가하는 과정이다. 이를 통해 영유아는 미적 감각을 키우고 다양한 시각적 경

험을 쌓게 된다. 또한, 감상을 통해 자신의 생각을 표현하고 타인의 감정을 이해하는 능력을 기를 수 있다.

영유아 미술 감상 교육의 목표는

- 영유아가 생활 속 다양한 대상과 현상에서 아름다움을 느끼고 미적 감수성을 기르는 데 있다.
- 영유아가 미술 작품의 가치를 이해하고 스스로 판단할 수 있는 능력을 키우는 데 있다.
- 영유아가 감상을 통해 미술을 일상의 일부로 받아들이고, 미술 문화를 존중하는 태도를 기르는 데 있다.

정리하면, 미술 감상 교육은 영유아의 감성을 풍부하게 하고 정서적 경험을 넓히는 데 도움을 주고 다양한 미술 작품을 접하면서 보는 방법을 배우고 관찰력을 키울 수 있다. 이를 통해 하나의 대상이나 현상을 여러 시각에서 바라보는 능력을 기르게 되며 문화적 다양성을 이해하고 서로 다른 예술적 표현과 가치를 존중하는 태도를 형성할 수 있다.

미술 감상은 다음의 그림같이 단계적으로 접근해 볼 수 있다. 일단 작품에서 보이는 것을 서술해 보는 것으로 시작하여 요소와 원리로 분석하고 느낌과 인상에 관하여 해석해 본다. 마지막 단계로 개인적인 판단을 하며 그 이유를 제시해 볼 수 있다.

서술하기

작품을 자세히 살펴보고 본 것을 모두 나열하기
"그림에서 본 것을 모두 이야기해 보자.", "어떤 재료로 만들었을까?"

분석하기

작품 속의 미술 요소와 원리를 찾아보기
"눈/손가락으로 이 굵은 선을 따라가 보자.", "무엇을 제일 크게 그렸니?"

해석하기

작품에서 서술하고 분석한 특성이 주는 느낌, 인상을 이야기해 보기
"왜 제일 크게 그렸을까?",
"위에서 아래로 비스듬히 뻗은 선을 보니 어떤 동물의 움직임이 생각나니?"

평가/판단하기

작품에 대해 개인적인 판단을 하고 근거 제시하기
"이 그림의 어떤 점이 마음에 드니?",
"네가 다시 그린다면 어떻게 바꾸고 싶니? 왜 바꾸고 싶니?"

미술 감상 과정의 단계

(2) 미술의 요소에 따른 감상 교육

미술 작품은 미술의 요소인 선, 형, 색, 질감, 공간으로 이루어져 있다. 미술의 기본 요소인 선, 형, 색, 질감, 공간이 균형, 강조, 움직임, 조화 등의 원리에 의해 구성될 때 미술 작품은 우리에게 시각적인 아름다움을 전달한다. 미술의 요소와 원리에 대한 이해는 유아가 자연이나 미술 작품의 아름다움을 느낄 수 있게 하며, 미술을 통해 자신의 생각과 감정을 표현하는 과정에 도움이 될 수 있다. 유아는 주변 사물과 자연을 탐색하고 미술 작품을 감상하는 다양한 경험을 통해 자연스럽게 미술의 요소와 원리를 느끼고 이해할 수 있다. 이를 위해 교사는 먼저 미술의 요소와 원리를 정확하게 이해하고 있어야 하며, 유아가 생활 속에서나 미술을 하는 과정에서 미술의 요소와 원리를 바탕으로 미적 감각을 기르도록 격려해야 한다.

표 2-8 선과 형을 탐색하기 좋은 작품

작가(작품명, 연도)	작품 내용	교사 발문의 예
바실리 칸딘스키 <노랑-빨강-파랑> 1925 	• 노랑, 빨강, 파랑의 직선, 곡선, 원, 반원, 삼각형, 사각형 등으로 구성됨	• 그림 속에 어떤 모양이 있는지 찾아보자.
바실리 칸딘스키 <여러 개의 원> 1926 <원 속의 원> 1923	 	• 커다란 원, 조금 작은 원, 아주 작은 원…. • 모두 원 모양이네. 큰 원은 무엇처럼 보이니? 그러면 제일 작은 원은 무엇처럼 보이니?
바실리 칸딘스키 <흔들림> 1913		• 그림 속에 어떤 모양이 있는지 찾아보자.
피에트 몬드리안 <노랑 파랑, 빨강의 구성> 1930		• 그림 속에 어떤 모양이 있는지 찾아보자. • 선과 선이 만나서 어떤 모양을 만들었니?
피에트 몬드리안 <빨강, 회색, 파랑, 노랑, 검정의 마름모 구성> 1924-1925	• 마름모 모양의 화지를 선으로 분할하여 사각형과 삼각형을 구성함	• 선과 선이 만나서 어떤 모양을 만들었니? 이 그림은 어떤 모양의 종이에 그려져 있니? 정사각형과 어떻게 다르니?

작가(작품명, 연도)	작품 내용	교사 발문의 예
파블로 피카소 <세 명의 음악가> 1921	• 관악기와 기타를 연주하는 세 명의 음악가를 기하학적인 형태의 조각으로 표현함	• 그림 속에 어떤 모양이 있는지 찾아보자.
카지미르 말레비치 <검은 사각형> 1915 <나는 비행기> 1915 추정	• 흰색 바탕에 검은 사각형이 거의 꽉 차게 그려짐 • 다양한 크기의 사각형으로 날아가는 비행기를 표현함	• 작가는 어떤 모양만 가지고 그림을 그렸니? • 모두 네모로 그림을 그리니까 어떤 느낌이 드니? • 만약에 삼각형/원형으로만 그림을 그리면 어떤 느낌일까?
김홍도 <송하맹호도> 18세기 후반 추정	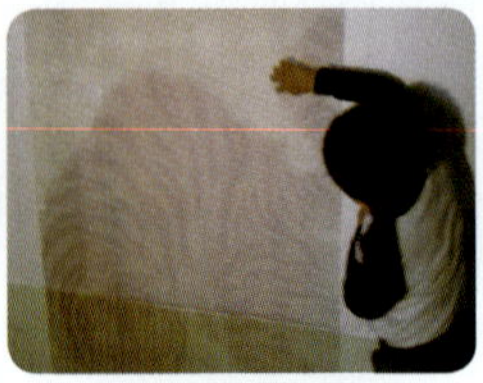	• 호랑이의 꼬리를 손으로 따라 그려 보자. • 호랑이 몸의 무늬도 그려볼까? 손이 어떻게 움직였니? 쭉 똑바른 선으로 움직였니? • 구불구불, 꼬불꼬불 구부러진 선으로 그렸니? • 그림 속에 또 어떤 선이 있는지 손으로 그리면서 찾아볼까?
자연물 감상		• 나비가 날아가는 모양을 본 적이 있니? 나비가 날아가는 모양대로 선을 따라 그리면 어떤 선이 그려질까? • 나뭇가지의 선을 손으로 따라 그려볼까? 개나리의 가지와 버드나무의 가지는 어떻게 다르니?

*작품 사진이 없는 것은 저작권이 유효한 작품이므로 인터넷에서 검색해서 사용

표 2-9 색을 탐색하기 좋은 작품

작가(작품명, 연도)	작품 내용	교사 발문의 예
앙리 마티스 <붉은 방> 1947년경 호안 미로 <여자, 새, 별> 1950		• 어떤 그림이 더 따뜻해 보이니? • 왜 그런 느낌이 들었을까?
클로드 모네 <구름 속의 수련> 1903	• 비슷한 풍경의 그림이나 빛에 따라 수련, 연못 물 등의 색이 다르게 보임	• 모네는 같은 연못의 연꽃을 그렸는데 왜 다르게 보일까?
바실리 칸딘스키 <노랑-빨강-파랑> 1925 	• 노랑, 빨강, 파랑의 직선, 곡선, 원, 반원, 삼각형, 사각형 등으로 구성됨	• 그림 속에 보이는 색을 찾아보자. 차가운/따뜻한 느낌이 드는 색은 무슨 색이니? • 어떤 색이 가장 마음에 드니? 왜 그 색이 제일 좋은지 이야기해 줄 수 있어?
김홍도 <씨름> 18세기 후반 추정 <서당> 18세기 후반 추정	• 씨름하는 장면과 서당 풍경을 그린 민속화	• 여러 색깔을 칠하지 않고 검은색 먹으로만 그린 그림을 보면 어떤 느낌이 드니?
조르주 쇠라 <그랑자트섬의 일요일 오후> 1884-1886		• 나뭇잎/강물을 어떤 색으로 그렸는지 자세히 살펴보자. • 나뭇잎만 크게 확대해서 보니까 어떤 색이 합해져 있니?
자연물 감상	 	• 나뭇잎(비에 젖은 나뭇잎, 새로 돋는 잎, 단풍잎, 등)은 무슨 색깔이니? • 햇빛이 비치는 쪽과 비치지 않는 쪽의 잎은 어떤 색인지 살펴볼까? • 하늘은 무슨 색이니? 가장 파란 부분을 찾아보자. • 또 다른 색깔 하늘도 보이니? 어떤 색 하늘이 가장 마음에 드니? • 비가 오는 날/캄캄한 밤하늘은 무슨 색일까?

*작품 사진이 없는 것은 저작권이 유효한 작품이므로 인터넷에서 검색해서 사용

표 2–10 질감을 탐색하기 좋은 작품

작가(작품명, 연도)	작품 내용	교사 발문의 예
김홍도 <송하맹호도> 18세기 후반 추정		• 그림 속에 있는 소나무 줄기나 잎을 만진다고 생각해 보자. • 어떤 느낌이 들까? • 호랑이 털은 또 어떤 느낌일까?
베르트 모리조 <요람> 1872	• 망사천이 드리워진 요람에서 잠든 아기를 엄마가 바라보고 있음	• 그림에서 만지면 기분이 좋을 것 같은 것은 무엇이니? 왜 그럴까?
박수근 <나무와 두 여인> 1962 <아기를 업은 소녀> 1962	• 여러 겹의 물감을 사용하여 나뭇결이나 돌의 느낌이 남 	• 그림을 만진다고 생각해 보자. 어떤 느낌이 들까?
빈센트 반 고흐 <귀에 붕대를 감은 자화상> 1889 		• 그림을 만진다고 생각해 보자. 어떤 느낌이 들까?
자연물 감상		• 나무줄기(돌멩이, 깃털, 다양한 헝겊, 유리, 비닐 등)를 만져보자. 어떤 느낌이 드니? • 가장 부드럽다고/꺼칠꺼칠하다고 생각하는 것은 무엇이니?

*작품 사진이 없는 것은 저작권이 유효한 작품이므로 인터넷에서 검색해서 사용

표 2-11 공간을 탐색하기 좋은 작품

작가(작품명, 연도)	작품 내용	교사 발문의 예
앙리 루소 <생클루공원의 나무> 1908년경 		• 위의 그림 속에서 가장 멀리/가까이 있는 것은 무엇일까? 어떻게 알았니?
조르주 쇠라 <아스니에르에서의 물놀이> 1884	• 가까이에 있는 물놀이하는 사람은 자세히 선명하게 그리고, 멀리 있는 물체는 덜 자세히 흐리게 그려서 공간감을 느끼게 함	• 가장 멀리 있는 것은 무엇일까? 가까이에는 무엇이 있니? 멀리 있는 다리와 가까이 있는 사람은 어떻게 다르게 보이니?
김홍도 <씨름> 18세기 후반 추정	• 씨름하는 두 사람을 둥글게 둘러싸고 있는 다양한 모습의 구경꾼을 그림	• 그림에 씨름 구경하는 사람을 더 많이 그려 넣으면 어떻게 보일까? • 몇 층에서 봐야 씨름하는 사람과 구경하는 사람이 모두 보일까?

*작품 사진이 없는 것은 저작권이 유효한 작품이므로 인터넷에서 검색해서 사용

(3) 미술의 원리에 따른 감상교육

미술의 원리는 균형, 강조, 움직임, 조화로 구성되어 있다. 유아가 미술 작품을 감상할 때 이러한 원리들을 기초로 작품을 이해하고 느낄 수 있도록 지도하는 것이 중요하다. 이를 위해서는 다양한 미술 작품의 내용을 이해하고 그에 적합한 질문을 통해 유아의 사고를 돕고 적절한 감상을 돕는 것이 필요하다.

표 2-12 균형을 탐색하기 좋은 작품

작가(작품명, 연도)	작품 내용	교사 발문의 예
백남준 <하이웨이 해커> 1994	• 신호등 덮개에 TV 모니터를 넣은 눈과, 앤티크 라디오 상자를 거꾸로 붙이고 스피커 부분에 텔레비전 모니터를 넣은 입을 만들어 얼굴과 같은 대칭 균형 이루고 있음. 비디오 조각으로 국립현대미술관 소장	• 작품이 무엇처럼 보이니? • 오른쪽과 왼쪽이 똑같은지 살펴보자. 친구 얼굴도 오른쪽과 왼쪽이 똑같은지 살펴볼까?
라파엘로 산치오 <아테네 학당> 1509-1511 추정	• 로마 바티칸 궁의 벽화로 웅장한 건물에 과학자, 철학가 사상가를 그려 넣음. 건축물의 아치 형태와 양쪽의 인물 수가 대칭 균형임	• 그림 중에 더 무거워 보이는 쪽이 있니? 그림을 반으로 접으면 서로 만나는 부분이 있을까?
레오나르도 다빈치 <신체도> 1490 추정	• 남성의 신체를 그린 작품으로 팔다리를 두 쌍씩 그려 움직임을 느끼게 함 	• 오른쪽과 왼쪽이 똑같은지 살펴보자. 그림을 반으로 접으면 서로 만나는 부분이 있을까?
에드가 드가 <아라베스크의 끝남> 1877	• 앞쪽에 무용수 한 명이 크게 그려져 있고 뒷면에 여러 명의 무용수를 배치하여 비대칭 균형을 느끼게 함	• 그림 중에 더 무거워 보이는 쪽이 있니? • 한쪽으로 기울어질 것처럼 보이니?
웨인 티보 <Around the cake> 1962	• 케이크 주변에 원형으로 놓인 8접시의 조각 케이크로 구성	• 그림 중에 더 무거워 보이는 쪽이 있니? 네가 케이크 접시를 놓는다면 어떻게 놓고 싶니? 그럼 이 그림과 어떻게 다르게 보일까?
자연물 감상		• 나비 날개는 어떻게 생겼니? 날개의 양쪽은 똑같을까? 나비의 날개처럼 양쪽이 똑같이 생긴 것을 찾아보자.

*작품 사진이 없는 것은 저작권이 유효한 작품이므로 인터넷에서 검색해서 사용

표 2-13 강조를 탐색하기 좋은 작품

작가(작품명, 연도)	작품 내용	교사 발문의 예
프란츠 마크 <노란 소> 1911	• 힘차게 움직이는 느낌의 노란 소를 중앙에 크게 배치함	• 작품에서 가장 눈에 띄는 부분은 어디니? 왜 가장 눈에 잘 뜨일까?
렘브란트 하르먼스 판레인 <성가족> 1645 	• 천사와 부모가 모두 요람에 있는 아기를 바라보고 있으며 아기가 있는 부분을 밝게 그림	• 누가 가장 중요한 사람일까? 왜 그런 생각이 들었니? • 천사들과 엄마, 아빠가 모두 누구를 바라보고 있니? • 어느 부분이 가장 밝게 그려져 있니? 왜 그렇게 했을까?

*작품 사진이 없는 것은 저작권이 유효한 작품이므로 인터넷에서 검색해서 사용

표 2-14 움직임을 탐색하기 좋은 작품

작가(작품명, 연도)	작품 내용	교사 발문의 예
빈센트 반 고흐 <별이 빛나는 밤> 1889	• 도시 위의 밤하늘과 빛나는 별을 곡선과 짧은 직선으로 채워 움직임을 표현함	• 그림에서 움직이는 것처럼 보이는 것이 있니? 왜 그렇게 보일까?
카츠시카 호쿠사이 <가나카와의 파도> 1831 추정 		• 손으로 높은 파도의 선을 따라 그려 보자. 위로 올라간 손이 다음에는 어떻게 움직일 것 같니?
김홍도 <씨름> 18세기 후반 추정	• 씨름하는 두 사람을 둥글게 둘러싸고 있는 다양한 모습의 구경꾼을 그림	• 씨름하는 두 사람 중에 누가 금방 뒤로 넘어질 것처럼 보이니?
김홍도 <송하맹호도> 18세기 후반 추정	• 소나무 가지 아래 커다란 호랑이가 꼬리를 위로 말아 올리고 서 있음	• 그림에서 움직이는 것처럼 느껴지는 부분은 어디일까? 왜 호랑이 꼬리가 움직이는 것처럼 보일까?

*작품 사진이 없는 것은 저작권이 유효한 작품이므로 인터넷에서 검색해서 사용

표 2-15 조화를 탐색하기 좋은 작품

작가(작품명, 연도)	작품 내용	교사 발문의 예
피에트 몬드리안 <부기우기> 1942-1943 	• 노란색 선과 선이 만나 사각형을 만들고 도로망 같은 노란선 위에 빨강과 파랑의 작은 네모가 점처럼 규칙적으로 디자인됨	• 계속해서 순서대로 나오는 모양이나 색이 있니? 만약에 큰 사각형은 없고 점처럼 보이는 사각형만 있다면 어떤 느낌일까?
김홍도 <송하맹호도> 18세기 후반 추정	• 소나무 가지 아래 커다란 호랑이가 꼬리를 위로 말아 올리고 서 있음	• 호랑이 그림에서 계속해서 보이는 비슷한 모양을 찾아보자. 줄무늬가 계속 규칙적으로 그려져 있으니까 어떤 느낌이 드니?

*작품 사진이 없는 것은 저작권이 유효한 작품이므로 인터넷에서 검색해서 사용

교사의 Tip

미술의 요소와 원리를 탐색하기 위한 예시 작품은 인터넷을 통해 작가명과 작품명으로 검색할 수 있다. 구글(http://www.google.co.kr/)에서 검색하면 이미지를 다운받을 수도 있으나 파일 크기가 작을 수 있으므로 평소 전시회의 도록이나 명화 달력, 화집 등을 수집하여 스캔해서 사용하면 좋다.

2) 유아 미술 관련 견학

유아와 미술과 관련 있는 장소에 견학을 할 때는 일 년에 다양한 장소를 견학해야 하거나 최소 몇 번은 견학해야 한다는 동기보다는 자연스럽게 발현된 유아의 흥미와 관심이 미술과 관련 있는 장소를 견학함으로써 더 깊게 확장될 수 있다고 판단될 때 실시하는 것이 바람직하다. 견학은 전시 관람 계획, 사전 활동, 본 활동으로 작품 감상하기, 사후 활동의 순서로 진행되는 것이 일반적이나 사후 활동이 반드시 필요한 것은 아니다.

(1) 전시 관람 계획

① 전시 관람 여부를 결정한다.

- 가장 중요한 목표가 무엇인가?
- 교통, 전시 내용, 관람 시간 등이 발달에 적합한가?
- 유아에게 적합한 예술적 가치를 지녔는가?
- 문화의 보편성과 다양성을 배울 수 있는가?

② 주제 관련 여부, 연령, 참여 여부에 따라 전시 관람과 연계되는 사전 또는 사후 활동을 계획한다.

구분	내용
전시 관람 사전 활동 예	• 관련 자료나 인터넷을 통해 전시물에 대해 알아보기 • 더 알아보고 싶은 것 정하기 • 전시물 미리 감상하기 • 가장 맘에 드는 작품 찾아보기 • 관람할 영역이나 종류 결정하기(어떤 주제 전시관) • 전시 관람을 해본 경험 나누기 • 전시 관람 예절에 대해 이야기하기 • 장소, 위치, 안전 규칙에 대해 이야기하기
전시 관람 사후 활동 예	• 경험한 것에 대해 그리거나 이야기해 보기 • 가장 맘에 드는 작품에 대해 이야기하기 • 공연 팸플릿이나 포스터 전시하기 • 관심 있는 작품의 기법이나 재료, 주제 등 따라 해 보기 • 본 것이나 느낀 것을 신체로 표현해 보기 • 미술관, 박물관, 전시회 등 계획하여 열기 • 관람 예절을 잘 지켰는지 평가해 보기 • 부모와 함께 다시 관람할 수 있도록 가정과 연계하기

교사의 Tip

전시 관람 전에 교사가 준비할 사항

- 사전 답사를 통하여 관람 내용, 전시실과 기타 장소의 위치 등을 확인한다.
- 홈페이지를 통해 행사 일정을 알아보고 참여 프로그램이 있으면 미리 신청한다.
- 전시장의 어떤 부분을 관람할지 미리 계획한다.
  - 어떤 전시품 위주로 관람할지, 얼마 동안 관람할지 계획하기
- 활동 내용과 연계할 수 있도록 전시 관련기관과 충분히 협의한다.
  - 어린이용 전시거나 참여 프로그램인 경우에 허용되는 내용은 무엇인지 알아보기
- 에듀케이터나 도슨트가 안내하는 내용을 미리 점검하여 유아 수준에 맞게 내용이나 어휘를 조절한다.
- 관람 전에 유아와 함께 안내 책자나 인터넷 사이트 검색을 통해 무엇을 볼 것인지 알아본다.
- 시간에 쫓기면 감상이 되지 않으므로 여유 있게 시간을 계획하며, 피곤하면 휴식을 하고 다시 보거나, 며칠에 나누어 관람한다.
- 관람에 방해되는 짐은 최소한으로 줄인다.
- 전시장의 동선에 대해 미리 알아보고 움직인다.
  - 정해진 동선에 따라 움직이기
  - 다른 사람을 방해하지 않는 범위에서 필요에 따라 움직이기
  - 보통 왼쪽부터, 작가 약력 등이 전시된 곳부터 시작하기
- 유아에게 어떤 정보를 줄 것인지, 어떤 점을 생각해 보게 할 것인지 미리 계획한다.
  - 작품의 주제, 재료나 기법, 색 등을 미리 조사하기
- 사진 촬영이 가능한지 여부를 미리 알아본다.
  - 플래시의 불빛은 작품을 손상시키므로 켜지 않기, 다른 관람객을 방해하지 않도록 하기

(2) 사전 활동

① 미술관에서 일하는 사람에 대해 알아본다.

명칭	역할
학예연구사 (= 큐레이터, curator)	• 박물관 및 미술관에서 재정 확보, 유물의 보존 관리, 자료의 전시, 홍보 활동을 하는 사람
에듀케이터(educator)	• 박물관의 특성을 살린 프로그램을 개발, 기획하고 관람객에게 교육하는 사람
도슨트(docent)	• 박물관이나 미술관 등에서 관람객들에게 전시물을 설명하는 자원봉사 안내인

② **유아와 함께 팸플릿 자료나 인터넷 자료로 미술 작품을 검색하여 감상한다.**

- 어떤 그림이니? 색깔은 어떠니?
  - 누가 그렸을까?
  - 어떤 느낌이 드니?
  - 실제로 보면 이 그림의 크기가 어떨까?
  - 실제로 이 그림을 본다면 어떨 것 같니?

③ **미술관 방문을 알리고 작품 관람 방법에 대해 생각해 본다.**

- 미술관을 가본 적 있니?
- 어떻게 보면 좋을까?
  - 오랫동안 바라보기
  - 멀리서 전체적으로 보기
  - 가까이에서 부분적으로 자세히 보기
  - 어떤 느낌이 드는지 생각하며 보기
  - 여러 방향에서 보기

야외 조각 작품을 감상하는 유아

④ **관람 예절에 대해 알아본다.**

- 어떤 약속을 지켜야 할까?
- 왜 작품을 만지면 안 될까?
- 작품을 가서 작품을 볼 때 어떻게 보는 것이 좋을까?

교사의 Tip

전시장에서 교사와 유아가 함께 알아야 할 예절

- 편안한 신발과 간편한 복장이 좋다.
  - 많이 걸어야 하기 때문이다.
- 전시품을 만지지 않는다.
  - 땀 등으로 인한 염분이 전시품을 손상시킬 수 있다.
  - 조각 등의 전시품이 파손되거나 쓰러질 수 있다.
- 진열장, 안전을 유지하기 위한 시설 등을 만지지 않는다.
  - 유리가 더러워지면 전시품이 잘 보이지 않을 수도 있다.
  - 전시품 보호를 위한 거리를 지켜야 하며, 안전시설이 넘어질 수도 있으므로 주의한다.
- 여러 사람이 함께 감상할 수 있도록 예의 있게 행동한다.
  - 껌 씹기, 큰 소리로 말하기, 뛰어다니기 등은 다른 사람의 관람을 방해한다.
- 음식은 지정된 장소나 휴게실에서 먼저 먹고 입장한다.
- 관람 전에 꼭 화장실에 다녀온다.

미술관 견학하기

(3) 본 활동: 작품 감상하기

① 이 작품에 대해 생각해 보자.

- 무엇을 표현한 것일까?
- 작가는 제목을 왜 이렇게 지었을까?
- 어떤 재료로 만들었을까?
- 어떤 방법으로 만들었을까?

설치 미술 작품을 감상하는 유아

② **작가에 대해 생각해 보자.**

- 작가는 왜 이 작품을 만들었을까?
- 작가는 사람들이 이 작품을 보면서 어떤 생각을 해주길 바랄까?

③ **느낌에 대해 이야기해 보자.**

- 작품을 보니 어떤 느낌이 드니?
- 가장 마음에 드는 작품을 다시 한번 감상해 보자.

조각 작품을 감상하는 유아

교사의 Tip

전시장에서는

- 관람하면서 작은 소리로 서로 의견과 느낌을 나누어 본다.
  - 10명 이내의 유아가 적절하다.
- 관람 중에 너무 많은 정보를 주려고 하지 않는다.
  - 유아 스스로 보고, 느끼고, 생각할 수 있도록 하기 위함이다.
- 한 작품을 가까이에서, 멀리서, 다양한 각도에서, 여유 있게 볼 수 있도록 한다.
- 유아가 관심 있어 하는 작가의 작품명이나 특징을 적어둔다.
- 인터넷 사이트나 팸플릿을 통해 유아와 함께 회상해 볼 수 있다.
- 안내 팸플릿이나 관련 자료(엽서, 포스터, 도록 등)를 구하면 전시 경험을 더욱 연장시킬 수 있다.
- 전시장에서 주는 활동지나 홈페이지상의 사후 활동지가 제공되면 전시 경험을 더욱 연장시켜 사고의 폭을 넓힐 수 있다.

(4) 사후 활동

① **공동으로 작품을 만들어 본다.**

- 사진이나 안내 책자를 보며 마음에 들었던 작품에 대해 이야기해 보자.
  - 마음에 들었던 작품이 무엇이니?
  - 어떤 점이 마음에 들었니?

– 작품 제목, 재료, 방법은 무엇이니?

- 함께 만들 작품을 정해 보자.
  – 무엇을 만들까?
  – 어떻게 만들까?
  – 어떤 재료로 만들까?
- 공동으로 작품을 만들자.
- 작품 제목을 정해 보자.

② 만든 작품을 전시한다.

- 어디에 전시할까?
- 누구에게 보여줄까?
- 어떻게 소개할까?

미술관에서 감상한 작품을 함께 그려보는 유아

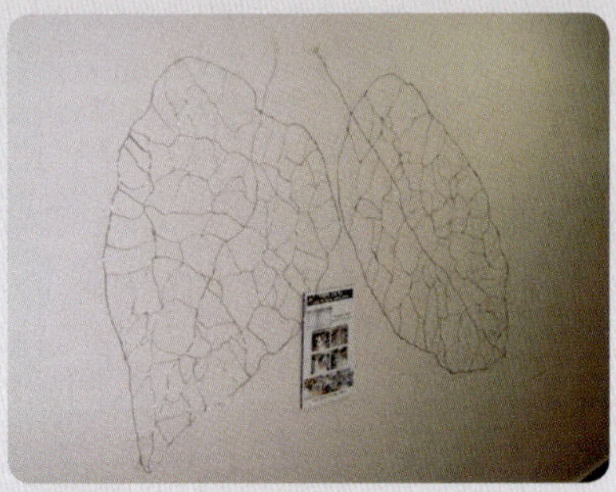

미술관에서 감상한 내용으로 함께 만든 작품

Chapter 3

영유아 미술의 실제

일러두기:

현재의 교육과정은 생활 주제 대신 영유아의 놀이와 일상생활에서 발현된 주제에 가치를 두고 있다. 또한 활동도 교사가 주도해서 시작하는 것과 영유아의 놀이와 일상생활과 연계되어 시작되는 것을 모두 중시하고 있다. 따라서 과거의 각 생활 주제에서 할 수 있는 미술 활동을 소개하는 방식 대신 미술의 다양한 형식 중 유아기와 직접 관련 분야인 회화, 조소, 소묘, 판화, 콜라주, 직조, 공예 및 설치 미술을 분류에 따라 활동을 제시하였다.

1_ 평면 미술

기본 그리기(회화)

- 기본 재료로 그리기
- 다양한 선 그림
- 직선 그림
- 정밀화
- 우리나라 붓으로 그리기 I
- 우리나라 붓으로 그리기 II
- 화판 그림

'기본 그리기(회화)'에서는 다양한 재료, 다양한 선, 다양한 도구로 그릴 수 있는 미술 활동을 소개하였다.

기본 재료로 그리기

이 활동을 통해

- 원하는 기본 재료를 선택하여 원하는 것을 표현한다.
- 손의 힘을 조절하며 다양한 도구로 그림 그리는 경험을 한다.
- 재료에 따라 사용하는 방법이 다르다는 것을 안다.

이 활동을 하려면

① 그리기 재료

- 파스넷
  - 적은 힘으로도 진한 선의 자취를 남길 수 있으므로, 3세 이하 영아에게 적합하다.
- 크레용과 크레파스
  - 영아 또는 유아의 소근육 또는 사물을 쥐는 힘을 조절하는 정도에 따라 크레용이나 크레파스의 경도, 두께 등을 고려하여 제공한다.
  - 처음에는 적은 수(예 6~7)의 색을 제공하고 점차 색의 수를 늘려 줄 수 있다.
- 색연필
  - 5세 유아인 경우에는 물과 함께 사용하는 수채 색연필도 함께 제공해 준다.
- 사인펜과 네임펜, 매직펜
  - 영아에게는 물로 쉽게 지울 수 있는 수성펜을 제공해 주고, 펜의 사용에 익숙해진 유아들에게 유성펜을 준비해 준다.
- 색분필과 파스텔
  - 색분필은 마른 상태에서 그대로 사용하거나 물에 적셔서 사용하도록 준비해 준다.
  - 5세 유아에게는 파스텔을 제공해 준다. 완성 후 가루가 묻어나는 것을 방지하기 위해 투명 래커를 뿌려줄 수 있다.
- 연필과 지우개
  - 5세 유아에게는 연필(2B, 4B)을 제공해 준다.
  - 연필과는 다른 느낌이 나는 목탄이나 콩테를 경험하도록 제공해 준다.

두께가 있는 사인펜과 색연필로 그리는 유아(3세)

크레용으로 그리는 유아(3세)

가는 연필로 그리는 유아(5세)

② 종이

- 다양한 크기, 모양, 색깔, 재질의 종이
- 그리기 재료에 적절한 종이

– 유성 매직에는 종이뿐만 아니라 코팅지, 비닐 재질 종이 등을 준비해 줄 수 있다.

– 색분필에는 칠판, 종이, 콘크리트 바닥 등 다양한 표면에서 그림을 그릴 수 있도록 계획한다.

이 활동을 할 때는

① 유아의 수준에 적절한 활동 자료·방법을 선택한다.

	3세 이하	4세	5세
연령별	• 파스넷, 크레용, 사인펜을 제공해 준다.	• 색연필이나 유성 매직, 색분필 등을 첨가해 준다.	• 연필, 파스텔 등 다루기 어려운 자료들을 첨가해 준다.
학기별	• 1년 내내 할 수 있는 활동이므로, 영유아가 원하는 경우에는 자발적으로 할 수 있도록 격려해 준다. • 영유아의 발달 수준, 교육 시기를 고려하여 적절한 그리기 도구를 잘 보이는 교구장 위쪽에 제시한다. • 처음에는 그리기 쉬운 그리기 자료들을 준비해 주고, 점차 손의 조절 능력과 협응력 측면에서 정교함을 요구하는 자료들을 첨가해 준다. • 색상의 수도 단계적으로 늘려주고, 생활이나 계절에 맞는 색(예 '봄'에는 파스텔 계열의 색)을 제공해 준다. • 그리기 도구에 따라서 종이가 어떻게 달라지는지에 대해 관심을 갖고 탐색할 수 있도록 한다.		

② 그리기 자료를 탐색하고 사용할 때 영유아가 다음의 사항에 대해 자연스럽게 알 수 있다.

- 크레파스(또는 색연필)를 사용할 때와 사인펜을 사용할 때의 차이점을 알 수도 있다.
- 크레파스나 사인펜으로 그림을 그린 후 붓으로 물칠을 하면 그림이 어떻게 되는지 알 수도 있다.

- 사인펜과 유성 매직을 사용할 때에는 뚜껑을 열어 사용하고, 다 쓴 뒤에는 잘 닫아야 함을 알 수도 있다.
- 크레파스(분필 혹은 파스텔)는 잘 부러지므로 사용할 때 힘을 세게 주지 않아야 함을 알 수도 있다.

③ 그림을 그린다.

- 무엇을 그릴지 생각한다.
- 그리기 자료와 종이를 선택한다.
- 선택한 도구로 자유롭게 그린다.
  - 자신의 생각을 잘 표현하도록 격려해 준다.
  - 손가락의 동작을 다양하게 움직여 보며 자유롭게 그려 보거나 여러 크기의 재료를 세워서, 눕혀서, 진하게, 연하게, 가늘게, 굵게 그려 보도록 한다.
- 무엇을 그린 것인지 이야기 듣고 날짜와 그림에 대한 이야기를 적어 준다. 그림에 대한 이야기를 하지 않은 영유아에게는 말하기를 너무 강요하지 않는다.

④ 작품을 전시하고 감상한다.

- 학기 초에 영유아가 그린 그림을 한 장씩 보관한다. 학기 말의 그림과 비교하여 영유아의 그림 그리기 발달을 확인하는 자료로 활용할 수 있다.

다양한 선 그림

이 활동을 통해

- 여러 가지 종류의 선을 자유롭게 그릴 수 있다.
- 다양한 선을 그려 보고, 선의 아름다움을 느낀다.
- 음악을 듣고, 그 느낌을 선의 움직임이나 강약으로 표현해 본다.
- 대·소근육을 발달시킨다.

이 활동을 하려면

① 다양한 크기의 종이: 큰 전지, 큰 비닐, 롤러에 감겨 있는 긴 종이 등

② 다양한 그리기 도구: 크레파스, 색연필, 유성 매직펜 등

③ 음원: 다양한 느낌을 주는 음악을 5분 내외의 길이로 편집한다. 예를 들면,

- 스타카토로 표현된 음악(예 생상의 동물의 사육제 중 '캥거루')
- 파도, 기차 등의 소리가 연상되는 음악(예 드비쉬의 '바다')
- 거인이 걸어가는 느낌이 나는 음악(예 엘가의 '위풍당당행진곡')

이 활동을 할 때는

① 유아의 수준에 적절한 활동 자료·방법을 선택한다.

	3세	4세
학기별	• 영유아의 발달을 고려하여 2~3 종류의 다양한 그리기 도구와 종이를 함께 사용하도록 한다. • 음악의 다양한 특성이 잘 드러난 음악, 예를 들면 빠르기나 강약을 표현한 음악을 듣고, 음악의 느낌을 다양한 선의 움직임이나 굵기로 표현하도록 격려한다.	

② 다양한 선을 탐색한다.

- 여러 가지 선을 보면서 곡선과 직선의 차이를 알아본다.
- 주변의 사물을 손으로 짚어 가면서 선으로 이루어진 것을 찾아 본다.
- 음악을 듣고 리본 막대로 굵은 선, 가는 선, 짧은 선을 표현해 본다. 리본의 움직임이 나타난 순간을 카메라로 찍고, 유아들과 다양한 선에 대해 이야기를 나누어 본다.

③ 그림을 그린다.

- 종이를 고른다.
- 음악을 듣고 그 느낌을 어떤 선으로 표현할 수 있는지 생각해 본다.
  - 굵은 선, 가는 선, 짧은 선, 긴 선, 둥근 선, 모난 선, 직선, 곡선 등
- 음악을 틀어 놓고 분위기 묘사를 해주면서 비슷한 느낌이 나는 선을 그려 보도록 한다.
  - 자기가 좋아하는 색으로 옆으로, 아래로 길게 선을 그어보자.
  - 봄비가 주룩주룩 내리고 있네.
  - 파도가 철썩철썩 밀려오는 것 같아.
  - 새싹이 뾰족뾰족 돋아나고 있구나.
  - 거인이 뚜벅뚜벅 걸어가고 있네.
- 음악을 틀어 놓고 분위기 묘사를 해주면서 비슷한 느낌이 나는 선을 그려 보도록 전체 그림에 표현된 유아들의 생각을 이야기로 적어 준다.

④ 완성된 작품을 감상한다.

빠른 음악과 느린 음악을 감상하고 그린 작품(5세)

유아가 표현한 다양한 선

직선 그림

이 활동을 통해

- 직선을 그려 보고 직선이 연결되어 나타나는 모습을 감상한다.
- 선을 다양하게 표현하고, 다양한 선의 아름다움을 느껴 본다.

이 활동을 하려면

- 다양한 재질의 종이(예 도화지, 달력 종이, 복사지, 광고지, 모조지 등), 다양한 그리기 재료(예 크레파스, 사인펜, 색연필, 매직펜 등), 다양한 크기의 자

이 활동을 할 때는

① 유아의 수준에 적절한 활동 자료·방법을 선택한다.

	4세	5세
학기별	• 다양한 모양과 크기의 자를 사용하여 그림을 그려 본다. • 다양한 그리기 재료를 사용하도록 하고, 2~3 종류의 재료를 함께 사용하도록 한다. • 수직선과 수평선으로 표현된 몬드리안의 '빨강, 노랑, 파랑의 구성'을 감상한 후, 직선 그림 그리기를 할 수 있다. • 실외놀이 시 다양한 놀이기구를 살펴보고, 수직선과 수평선으로 그려 본다.	

② 여러 가지 직선을 탐색한다.

- 직선으로만 이루어진 그림을 살펴보고, 느낌을 말해 본다.
- 주변에서 직선으로 된 사물이나 무늬를 찾아본다.
- 손으로 위에서 아래로, 옆으로, 대각선으로 선을 그어 본다.
- 큰 종이에 직선을 여러 방법으로 그어 본다.
  - 강하게, 약하게, 길게, 짧게, 가늘게, 굵게 등
  - 굵은 선은 크레파스를 눕혀서 그려 본다.

③ 그림을 그린다.

- 종이를 고른다.
- 어떤 선을 그릴지 생각해 본다.
  - 강한 선, 약한 선, 긴 선, 짧은 선 등

• 자, 두꺼운 상자 등의 다양한 도구를 이용하여 여러 가지 직선을 그어 본다.

직선 그림을 그리는 유아(5세)

| 직선 그림(5세)

정밀화

이 활동을 통해

- 그림의 대상을 세밀하게 관찰하고 자세히 표현할 수 있다.
- 형태의 다양함을 인식하고 표현 감각을 기른다.

이 활동을 하려면

① 자세히 그리기 원하는 실제 사물이나 정밀화로 그린 책

② 거울, 돋보기, 디지털카메라

③ 흰 도화지, 연필(2B, 4B), 지우개

④ 색연필, 사인펜, 파스텔

이 활동을 할 때는

① 유아의 수준에 적절한 활동 자료·방법을 선택한다.

	3세 이하	4세	5세
학기별	• 그리고 싶은 다양한 사물(예 교통기관, 다양한 나뭇잎, 자신의 얼굴, 좋아하는 놀잇감 등)을 선택하고, 정밀하게 표현해 본다. • 학기 초에는 평소에 자주 접하는 사물이나 친숙한 대상을 그려 보게 한다. • 유아 스스로 다르게 표현된 곳을 찾고 수정하기를 원할 때에는 수정하기 때문에 실패했다는 느낌이 들지 않도록 격려한다. • 사실적인 표현이기 때문에 2학기 때 계획하는 것이 좋다 • 학기 말에는 표현하고자 하는 대상을 자세히 관찰하고, 실제 모습과 최대한 똑같이 그릴 수 있도록 격려한다.		

② 자료를 탐색한다.

- 연필로 다양하게 그리는 방법을 탐색한다.

③ 그림을 그린다.

- 표현하고자 하는 대상을 자세히 관찰한다.
  - 거울을 비친 모습을 자세히 관찰하거나, 디지털카메라로 찍은 사진을 살펴본다.
  - 실제 사물이나 관련 책들을 준비해 주고, 돋보기를 이용해서 관찰하게 한다.
- 그릴 대상을 스케치한다.

- 전체의 형태와 섬세한 부분들을 연필로 자세히 그린다.
- 실제 모습과 그림을 보며 서로 비슷한 곳, 다른 곳을 찾아 본다.
- 다르게 표현된 곳은 어떻게 다른지 살펴본다.
- 다르게 표현된 부분을 수정하고 싶을 때에는 지우개로 수정하고 다시 그린다.
- 원하는 경우에 실제 사물의 색깔로 채색하지만 꼭 할 필요는 없다.

④ 작품을 감상한다.

정밀하게 표현한 안경과 자동차

- 작품과 함께 실제 사물이나 사진 등을 함께 전시한다.

화분과 꽃을 자세히 보며 그리는 유아

정밀하게 그린 자신의 얼굴과 다양한 식물

우리나라 붓으로 그리기 I

이 활동을 통해

- 붓 그림의 느낌을 알고 표현해 본다.
- 붓을 이용하여 단순하고 힘차게 표현하는 방법을 알아본다.
- 붓을 이용하여 굵고 얇게 표현하는 방법을 알아본다.

이 활동을 하려면

① 한국 수묵화 중에 선 위주로 그려진 그림 자료
- 김홍도(1745~1806)의 '서당', '씨름', '대장간'
- 사군자 그림 중 '난'

② 필요한 도구
- 붓
- 화선지, 신문지
- 먹물, 벼루
- 깔개나 담요

이 활동을 할 때는

① 사군자 그림 중에 난 그림을 감상해 본다.
- 이건 무엇으로 그렸을까?
- 검은색으로만 그린 그림은 느낌이 어떠니?

② 붓 그림의 기법을 살펴본다.
- 왜 선의 굵기가 다를까? 이 선을 같은 붓으로 그렸을까? 얇은 붓으로 그렸을까?
- 이 선을 한 번에 그렸을까? 여러 번 그렸을까?
- 선을 두껍게 그리려면 어떻게 해야 할까?
- 선을 얇게 그리려면 어떻게 해야 할까?

③ 김홍도의 그림들도 살펴본다.
- 이 그림들은 무엇으로 그린 것처럼 보이니?

④ 붓에 먹을 묻혀 함께 그려 본다.

- 사군자의 난처럼 굵었다가 얇게도 그려 보자.
- 한 번에 쭉 그어서 난을 그려 보자.

유의 사항

- 한국화 중에 수묵화는 붓의 굵기, 농담만으로 표현하는 그림이다. 사군자(I)에서는 먼저 붓의 농담보다 붓의 굵기로 표현하는 난의 그림을 감상하고 관찰하여 표현해 본다.
- 붓 그림은 사군자 중에 난초 그림을 감상하는 것이 주요 활동이므로, 유아에게 난을 똑같이 그려볼 것을 강요하지는 않는다. 자유롭게 붓의 굵기를 조절하여 그리도록 격려한다.
- 사군자(II)에서는 붓의 농담으로 표현하는 사군자 중에 대나무를 그려 보고, 채색화에서는 한국화 채색 물감을 이용하여 색을 입히는 그림을 그려 본다.

| 붓펜으로 수묵화 그리는 유아(4세)

| 붓과 손으로 수묵화 그리는 유아(5세)

붓펜으로 그린 수묵화 작품(5세)

우리나라 붓으로 그리기 II

이 활동을 통해

- 먹의 농담을 이용한 그림을 그려 본다.
- 색깔이 없어도 다양한 양감과 질감의 표현이 가능한 수묵화를 감상하고 표현해 본다.

이 활동을 하려면

① 한국 수묵화 중 먹의 농담으로만 그린 그림 자료

- 겸재 정선(1676~1759)의 '인왕제색도', '장안연우도'
- 사군자 중 '대나무'

② 필요한 도구

- 붓
- 화선지, 신문지
- 먹물, 벼루
- 깔개나 담요
- 넓은 접시(먹의 농담을 조절할 수 있도록 팔레트 역할을 하는 접시)

이 활동을 할 때는

① 사군자 그림 중에 대나무 그림을 감상해 본다.

- 이것은 무엇으로 그렸을까?
- 검은색으로만 그린 그림의 느낌이 어떠니?
- 같은 검은색인데 왜 느낌이 다를까?

② 겸재 정선의 진경산수화 그림들도 살펴본다.

- 이 그림들도 무엇으로 그린 것처럼 보이니?
- 어느 산이 멀리 있는 산이고, 어느 산이 가까이 있는 산일까?
- 왜 그렇게 생각했니?

③ 붓 그림의 기법을 살펴본다.

- 흐린 검은색을 만들려면 어떻게 해야 할까?

• 한 번에 흐리고 진한 검은색을 동시에 그리려면 어떻게 해야 할까?

④ 붓에 먹을 묻혀 함께 그려 본다.

• 붓을 물에 충분히 담갔다가 접시의 먹을 약간만 함께 섞어 보자. 그려 보니 어떤 색깔이 나오니?

• 붓의 끝에만 진한 먹물을 묻혀보자. 그려 보니 어떻게 되니?

유의 사항

• 붓에 물을 충분히 묻힌 후에 접시에 먹물을 약간 떨어뜨려 붓 전체에 흐린 먹물을 충분히 머금도록 한다. 그다음 붓의 끝 쪽에만 진한 먹물을 묻힌다. 유아가 먹의 농담을 충분히 느낄 수 있도록 교사가 돕는다.

• 유아가 먹의 농담을 느낄 수 있도록 화선지 등에 충분히 연습을 해 본 후 적절한 형태를 그려 보게 한다. 동물이나 곤충의 몸통은 농담이 있게 그리고, 다리나 더듬이 등의 세부 표현은 얇은 붓에 먹물을 묻혀 그릴 수도 있다.

교사의 Tip

■ 수묵화

채색을 하지 않고 먹만을 사용하여 그린 그림이다. 수묵화는 서양화에서는 찾을 수 없는 동양권의 그림이나 한국화에만 존재한다. 백묘화는 선 위주의 그림이고, 묵화는 면 위주의 그림이며 먹의 번짐으로 농담을 나타낸다. 따라서 우리나라 붓으로 그리기(Ⅰ)는 붓의 굵기를 이용한 선 위주의 그림인 백묘화를 감상하고 표현해 보는 것이며, 우리나라 붓으로 그리기(Ⅱ)는 묵화로서 먹의 농담을 이용한 면 위주의 그림을 감상하고 표현해 보는 것이다.

■ 수묵 담채화

한국화에서 먹색을 기본으로 하고 그 외 여러 가지 채색을 보조적으로 써서 그린 그림이다. 채색화보다 채색의 정도가 현저히 약하며, 매우 은은한 색조로 채색이 되어 있는 한국화이다.

■ 채색화

한국화 중에 채색이 위주로 된 그림이다.

■ 수채화

서양화의 일반적 용어로 유화(유채화)와 더불어 서양에서 개발된 수성 그림물감으로 종이에 그리는 그림을 말한다. 영어로는 워터 컬러(water color)라고 부르며, 그 물감과 기법의 발전은 18~19세기 초에 영국에서 이루어졌다.

화판 그림

이 활동을 통해

- 큰 종이에 그림을 그리면서 대근육을 발달시킨다.
- 물감을 사용할 때 붓에 묻히는 물감의 양을 조절하는 능력을 기른다.
- 서서 그려 보는 경험을 갖는다.

이 활동을 하려면

① 도화지, 갱지 또는 모조지(4절), 종이 보관용 통

- 종이는 유아가 교환할 수 있도록 집게 등을 이용하여 묶는다.
- 종이는 깊이가 있는 통에 말아서 보관한다.

② 그림물감, 물감 통, 붓(12~18호 정도)

- 물감은 너무 묽어서 흘러내리지 않을 정도의 농도로 타서 준비한다.
- 물감 통은 물감 색이 보이는 투명한 플라스틱 통을 활용한다.
- 붓에 색깔을 구분할 수 있도록 준비된 물감 색과 같은 색 표시를 붙인다.

③ 색연필, 비닐판, 건조대

- 화판에 비닐을 붙여 더러움을 방지한다.

④ 작업복, 걸레, 스펀지

화판 그림에 필요한 도구: 이젤, 건조대, 붓, 종이, 걸레 등

이 활동을 할 때는

① 유아의 수준에 적절한 활동 자료·방법을 선택한다.

	3세 이하	4세	5세
연령별	• 초기에는 크레파스를 제시하고, 점차 물감을 제시한다.		• 화판의 두 면 중 한 면은 크레파스 그림을, 다른 면은 물감 그림을 그릴 수 있게 준비한다.
학기별	• 1년 내내 참여할 수 있는 활동이다. 학기 초에는 2~3가지 물감을 제공해 주지만, 유아가 화판 그림과 사용하는 도구에 익숙해지고 난 후에는 물감의 색도 늘리고 붓의 굵기도 다양한 것으로 준비해 준다. • 물감 색은 1차 색(빨강, 노랑, 파랑)에서 점차 2차 색(두 가지 색이 혼합된 색, 흰색이 섞인 색 등)으로 늘려주거나 변화를 준다. • 화판의 두 면을 사용할 수 있을 때는 한 면은 그림물감을, 다른 한 면은 크레파스와 연필을 준비할 수 있다. • 5세는 나누어 쓸 수 있으므로 작은 붓을 내주고 함께 그려 보게 할 수 있다. • 주로 실외에서 할 수 있도록 준비해 주고, 가능하면 여러 명이 함께 할 수 있는 큰 화판이나 앞뒤에서 보이는 투명 화판을 준비해 준다.		

② 화판 사용 시 지켜야 할 일이나 주의점에 대해 알아본다.

- 그림을 그릴 때에는 물감이 흘러내리지 않도록 붓에 물감을 조절하여 묻혀야 한다는 점을 알게 한다.

③ 그림을 그린다.

- 작업복을 입는다.
- 붓에 물감을 찍어 그림을 그린다.
- 건조대에서 말린다.
- 사용한 붓은 깨끗이 씻은 후, 붓이 상하지 않도록 붓털을 위로 향하게 뒤집어 꽂는다.
- 청소 도구(예 걸레, 스펀지 등)를 이용하여 뒷정리를 한다.

여럿이, 혼자, 앞뒤로 앉아 화판을 이용해 그리는 유아

1_ 평면 미술

도구를 이용한 그리기

- 손가락 풀 그림(핑거 페인팅)
- 손가락으로 그리기
- 롤러 그림
- 바퀴 그림
- 굴려서 그리기
- 물 그림
- 면봉 그림
- 스펀지 그림
- 색 솜 그림
- 색 얼음 그림
- 사계절 나무
- 모래 그림
- 모래 종이 그림
- 크레파스 아트
- 자석으로 그리는 그림
- 실 디자인
- 실 그림
- 빨대로 물감 불어 그리기
- 비누 거품 그림
- 펜듈럼 아트

'도구를 이용한 그리기'에서는 손, 면봉, 스펀지, 나무, 모래, 자석 실 등의 다양한 도구로 그릴 수 있는 미술 활동을 소개하였다.

손가락 풀 그림(핑거 페인팅)

이 활동을 통해

- 손가락과 손바닥, 팔꿈치를 사용하여 자유로운 표현을 한다.
- 정서적 발산의 기쁨을 경험한다.
- 대·소근육 발달을 돕는다.
- 색깔, 형태, 질감을 탐색한다.

이 활동을 하려면

3세 이하 세팅

4·5세 이하 세팅

① 밀가루 풀

- 밀가루 풀의 농도는 영유아가 활동 시 손가락의 촉감이 매끄러울 수 있도록 약간 묽은 정도로 준비하여 제시한다.

② 그림물감과 종이

- 물감
  - 그림물감, 식용색소, 템페라 등을 다양하게 사용할 수 있다.
  - 처음에는 한 가지 색을 준비하고, 익숙하게 되었을 때 2~3가지 색을 첨가한다.
  - 물감 통과 숟가락에 물감 색을 표시해 준다.
- 종이
  - 어린 연령인 경우에는 개인 종이 대신에 책상 위에 깔개를 깔아주거나 투명 이젤, 아크릴판(세울 수 있도록 고정시킴)을 준비한다.
  - 4·5세인 경우에는 달력 종이와 같은 약간 도톰하고 매끄러운 종이를 제공한다.

③ 기타

- 비닐 작업복을 준비한다.
- 작업 책상에 비닐을 깔고 스펀지나 걸레를 함께 준비한다.
- 작업 책상 밑에는 비닐을 깔아서 풀 물감이 떨어지면 곧 닦아내도록 한다.
- 그림을 그릴 경우에는 분무기, 점토용 도구를 준비한다.
- 그림을 말릴 건조대를 준비한다.

이 활동을 할 때는

① 유아의 수준에 적절한 활동 자료·방법을 선택한다.

	3세 이하	4세	5세
연령별	• 대·소근육을 활발히 움직여 보는 것을 강조하며, 영유아 간의 자리다툼이 생길 수 있으므로 충분한 공간을 제공한다.	• 개인 종이와 함께 그림을 그릴 수 있는 점토용 도구를 제공한다.	
학기별	• 풀을 손에 묻히는 것을 꺼려하는 영유아는 또래가 하는 것을 먼저 관찰하게 하거나 손가락 한 개로 그려보게 하는 등의 방법으로 서서히 참여하게 한다. • 처음에는 손가락의 움직임이 나타내는 모양을 관찰하게 하고 점차 익숙해지면 다양한 사물을 손가락으로 그려보게 한다. • 어린 연령일수록 손가락 그림을 처음 소개할 때는 달력 종이에 찍어 보는 활동을 하지 말고, 밀가루 풀의 촉감을 느끼며 대·소근육을 활발하게 움직여 보도록 하는 것이 바람직하다.		

	3세 이하	4세	5세
학기별	• 다양한 음악을 들려주어 음악에 맞추어 그려 볼 수 있게 한다. • 활동이 진행되면서 밀가루 풀을 이용하여 그림을 그려 보거나 여러 색의 풀 물감을 섞어서 색의 변화를 관찰하도록 지도한다. • 날씨가 좋으면 마당에 준비하여 실외놀이 시간에 하면 더욱 좋다.		

② 자료를 탐색해 보고, 그리는 방법에 대해 이야기한다.

- 밀가루 풀과 물감을 골고루 섞어 주무르면서 촉감을 느껴 본다.
- 손가락 그림을 그릴 수 있는 방법에 대해 이야기해 본다.
- 한 손가락으로 그려 보기, 여러 손가락을 모아서 그려 보기, 손가락을 세워서 그려 보기 등 다양하게 탐색해 본다.
- 손바닥, 손목, 주먹을 이용하여 자유롭게 움직이며 그려 본다.

③ 손가락 그림을 그린다.

- 무늬를 만들고 찍어내는 것보다는 대·소근육을 활발히 움직여 본다.

| 손가락 풀 그림 그리는 영아(3세 이하)

| 손가락 풀 그림 작품

- 충분히 탐색한 후에 마음에 드는 무늬가 나타날 경우에는 찍어낸다.

[방법 1. 종이, 비닐에 직접 풀 물감을 놓고 찍을 경우]

- 먼저 분무기를 뿌려 종이를 축축하게 한다.
- 묽은 밀가루 풀과 혼합하여 손가락으로 작업한다.
- 자신의 마음에 드는 무늬가 되었을 때 멈추고 말린다.

[방법 2. 종이로 찍어낼 경우]

- 찍기 전에 종이에 분무기로 살짝 물을 뿌려 적신다.
- 원하는 형태가 되었을 때에 종이를 덮어 찍어낸다.
- 그늘에서 건조시킨다.

[방법 3. 손바닥으로 찍어낼 경우]

- 손바닥에 풀 물감을 묻히고 종이에 찍어서 모양이나 형태를 나타낸다.

④ 작품을 전시하고 감상한다.

- 작품의 배경(예 여름 냇가)으로 활용할 경우에는 손가락 무늬 그림이 있는 작품 위에 유아들의 작품을 붙이거나, 여러 모양으로 오려서 벽 꾸미기에 활용할 수 있다.

손가락 풀 그림 위에 오린 그림을 붙여 완성한 작품(3세)

손가락으로 그리기

이 활동을 통해

- 손가락을 이용해 찍는 경험을 한다.
- 공동 작업을 통해 함께 하는 즐거움을 느낀다.

이 활동을 하려면

① 큰 모조지, 표현하고자 하는 사물과 관련 있는 색(예 나무일 경우는 밤색이나 고동색 크레파스)

- 여러 명의 유아가 함께 참여하기 위해서는 미술 책상이 아닌 바닥에 작업용 비닐을 깔고 넓게 펼쳐놓는 것이 좋다.

② 물감, 물감 접시

- 명도가 다른 물감 2~3가지를 준비한다(예 봄에 피는 개나리꽃–명도가 다른 노란색 2~3가지).
- 표현하는 사물의 색을 잘 나타내기 위해서는 물감을 진하게 타는 것이 좋다.

③ 모루 도장(표현하는 사물과 관련 있는 도장 예 개나리꽃 모양, 진달래꽃, 철쭉꽃 등)

④ 스펀지나 걸레

이 활동을 할 때는

① 유아의 수준에 적절한 활동 자료·방법을 선택한다. 봄에 피는 꽃을 표현하는 경우를 예로 들면,

	3세 이하	4세	5세
연령별	• 한 나무에 여러 가지 봄꽃을 찍어볼 수 있도록 준비한다.	• 각각의 나무에 해당 꽃을 찍어볼 수 있도록 준비한다.	• 색상지로 꽃을 만들어서 꾸며볼 수 있도록 준비한다.
학기별	• 손가락을 이용해서 작은 사물(예 봄에 핀 꽃, 강아지 점박이 무늬 등)을 표현해 보고, 완성된 작품을 실물이나 실물 사진과 함께 전시할 수 있다. • 손가락으로 봄꽃 꾸미기 이외에 모래나 나뭇가지, 색 솜 등의 다양한 재료를 활용할 수 있다. • 모조지 대신에 활동실의 유리창에 색상지를 찢어서 만든 봄꽃 줄기를 붙이고 손가락과 모루 도장을 이용하여 유리창에 봄꽃을 찍을 수도 있다.		

② 표현하고자 하는 사물을 관찰한다. 봄에 피는 꽃을 표현하는 경우를 예로 들면,
- 마당에 핀 꽃의 색깔, 꽃잎의 모양, 꽃잎의 수 등을 자세히 관찰해 본다.
- 떨어진 꽃잎을 주워 그릇에 담아 작업할 책상에 놓아 준다.

③ 손가락으로 꾸며 본다. 봄에 피는 꽃을 표현하는 경우를 예로 들면,
- 크레파스로 봄꽃의 줄기를 그린다.
- 손가락에 물감을 묻혀 꽃을 꾸민다.
- 손가락으로 찍기를 싫어하는 유아는 꽃 모양의 모루 도장을 사용하게 할 수 있다.
- 봄꽃(예 철쭉꽃)이 떨어지면 모아서 약 3일쯤 두꺼운 잡지에 눌러놓은 후 실제 꽃잎으로 꾸밀 수도 있다.

④ 작품을 감상한다. 봄에 피는 꽃을 표현하는 경우를 예로 들면,
- 모조지에 꾸민 봄꽃은 활동실 벽면에 붙이고 울타리를 꾸며 장식해 준다.

롤러 그림

이 활동을 통해

- 롤러를 사용해서 찍어내는 경험을 갖는다.
- 롤러의 넓이, 재질, 무늬에 따라 나타나는 다양한 형태를 경험한다.

이 활동을 하려면

① 롤러 준비

- 직접 제작
  - 다양한 크기와 넓이, 재질의 롤러(고무나 스펀지 롤러, 테이프나 쿠킹 포일 속심, 알루미늄 캔 등)를 준비한다.
  - 굵기와 재질이 다른 실, 모루, 고무줄 등을 사용하여 다양한 무늬가 나타나도록 한다.
  - 선의 굵기와 나타나는 모양이 달라지도록 롤러에 고무줄이나 실을 감는 방법을 각각 다르게 한다.
  - 롤러에 실이나 모루를 고정시킬 때는 본드로 잘 붙여야 롤러를 밀 때 걸리지 않고 잘 굴러간다.
  - 롤러에 다양한 도형이나 모양이 나타나도록 두꺼운 도화지나 부직포 등을 잘라서 붙일 수도 있다.

필름 통 등으로 롤러 손잡이 만들기

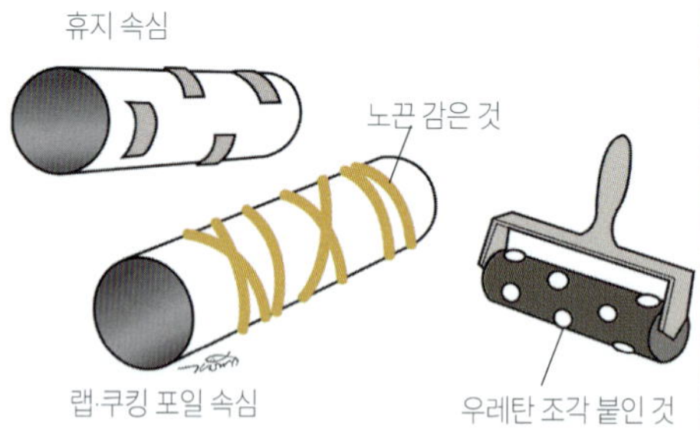

제작한 롤러

• 구입

– 상품화된 다양한 모양의 롤러를 구입하여 제공한다.

– 아래 사진과 같이 양쪽으로 밀도록 되어 있는 롤러는 어린 연령보다 5세가 적절하다. 어린 유아인 경우에는 롤러 가운데를 미는 경향이 있고, 힘의 조절을 힘들어 하므로 부적절하다.

| 구입한 롤러(http://www.boyuksa.co.kr)

② 종이와 물감 준비

• 종이

– 흡수가 빠른 다양한 재질의 종이(도화지, 모조지, 창호지 등)를 준비한다.

– 큰 창호지에 롤러 판화를 할 경우에는 종이가 찢어질 염려가 있으므로, 창호지는 작은 종이(8절지 정도)를 사용하는 것이 좋다.

– 검은색이나 색깔 있는 켄트지로 하면 물감의 색이 선명하게 나타나므로 더 효과적이다. 이때 흰색 물감이나 밝은색의 물감이 선명하게 나타난다.

• 물감

– 물감 접시를 준비해 준다.

– 물감 대신에 스탬프나 잉크를 준비해 줄 수도 있다.

③ 기타

• 작업복을 준비한다.

• 작품을 말릴 수 있는 건조대와 걸레를 준비한다.

이 활동을 할 때는

① 유아의 수준에 적절한 활동 자료·방법을 선택한다.

	3세 이하	4세	5세
연령별	• 다양한 무늬가 찍히는 것보다는 쉽게 밀리는 롤러가 적절하다. • 부직포 접시에 미리 물감을 타 준다.	• 찍히는 모양에 관심이 있으므로 다양한 형태의 롤러를 준비한다. • 유아와 함께 부직포 접시에 물감을 탈 수 있다.	• 다양한 무늬가 나타나게 롤러를 만든다. • 유아가 물감 색깔을 선택하고, 스스로 접시에 덜어서 사용한다.
학기별	• 연령이 어릴수록 책상 전체에 큰 종이를 깔아주고 공동 작업으로 진행한다. 대근육을 이용해서 롤러를 자유롭게 조작해 보도록 격려해 준다. • 연령이 증가할수록 개인 종이를 제공해 준다. 다양한 모양의 롤러를 사용해서 원하는 모양(예 바다 물결, 구름 등)을 찍어내도록 격려해 준다. • 한곳을 여러 번 문지르면 무늬가 없어질 수도 있으므로, 롤러의 방향을 바꿔가면서 다양하게 밀도록 지도한다. • 롤러를 이용해 그리기에 적절한 경험(예 여름에 바다에 다녀온 경험, 구름이 흘러가는 모습, 바람에 흔들리는 나뭇잎 등)을 유아가 한 후 실시할 수 있다.		

② 자료를 탐색한다.

• 유아들에게 롤러를 보여주며 롤러의 표면을 탐색해 보도록 한다.

– 언제 사용해 보았는가?

– 롤러에 어떤 것들이 붙어 있니? 찍으면 어떤 무늬가 나타날까?

• 롤러로 어떻게 그림을 그릴 수 있는지 생각해 보게 한다.

③ 그림을 그린다.

• 롤러에 물감을 묻혀서 종이 위에 자유롭게 여러 방향으로 문지른다.

• 다른 색의 롤러로 바꿔서 하고 싶을 때는 사용하던 물감이 다 마른 후에 문지른다.

• 감겨진 재료의 방향이나 굵기, 형태에 따라 무늬가 다양하게 나타나는 것에 관심을 갖게 한다.

| 제작한 휴지 속심 롤러로 그림 그리는 유아(3세)

| 플라스틱 롤러로 그림 그리는 유아(4세)

④ 말린 후 전시한다.

- 완성된 작품에 나타난 무늬와 색의 조화를 살펴보고 창의적인 표현, 재미있는 모양 등을 칭찬해 준다.
- 공동 작업으로 완성한 작품을 바닥에 깔아주어 상상놀이의 배경판으로 활용할 수 있다(예 여름 바다를 표현한 작품은 낚시 게임판으로 사용한다.).

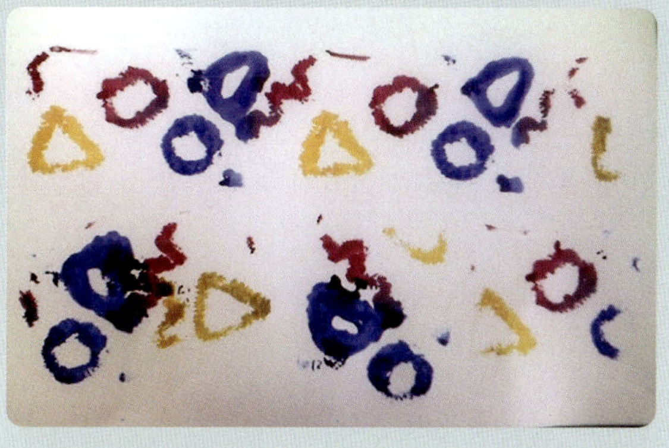

| 제작한 휴지 속심 롤러 작품

| 플라스틱 롤러로 그린 작품

바퀴 그림

이 활동을 통해

- 바퀴가 찍혀 나타나는 다양한 선과 모양을 경험한다.
- 바퀴를 누르는 힘의 세기에 따라 무늬가 다르게 나타남을 경험한다.

이 활동을 하려면

① 자동차

- 바퀴의 크기나 굵기, 모양이 다양한 자동차를 준비한다. 장난감 위쪽에 색깔 표시를 한다.
- 바닥이 잘 찍히는 장난감(동물 모형, 플라스틱 인형 등)도 함께 준비한다.

② 종이와 도구

- 다양한 색의 도화지나 모조지 전지
- 물감(3~4가지), 부직포 물감 접시
- 비닐 깔개: 도화지를 사용할 경우에 신문지를 깔고 난 후 종이를 올려놓으면 바퀴의 무늬가 잘 나타난다.

이 활동을 할 때는

① 유아의 수준에 적절한 활동 자료·방법을 선택한다.

	3세 이하	4세	5세
연령별	• 바닥에 깔개를 깔고, 모조지 전지를 준비한다.	• 개별적으로 사용할 다양한 색의 도화지를 준비한다.	• 경사면도 함께 만들어 준다.
학기별	• 다양한 자동차의 바퀴에 대해 관심을 가지면 바퀴 그림을 그려 본다. • 바퀴를 찍기 전에 어떤 무늬가 나타날지 예측해 보도록 한다. 또한 학기가 진행되면서 경사면을 만들어 자동차의 속도를 달리하여 움직여 보면서 나타나는 무늬를 탐색해 보도록 한다. • 실외의 모래밭에서 커다란 수레나 타이어를 굴려서 자국을 만들 수 있다. • 여름에는 물로 바퀴 그림을 그려볼 수 있다. 누가 더 바퀴 자국을 남기면서 오래가는지를 탐색하면서 자동차 경주놀이를 할 수 있다.		

② 자료를 탐색한다.

- 크기나 굵기, 모양이 다양한 바퀴를 손으로 만져 보면서 탐색한다.

- 바퀴를 굴리면 어떤 무늬가 나타날지 예측해 본다.

③ 그림을 그린다.

- 자동차 바퀴에 물감을 묻혀서 종이 위에서 움직여 본다.
- 크거나 작은 자동차를 움직여 보고 속도를 달리하여 움직여 본다.
- 바퀴 자국 위에 동물 모형이나 플라스틱 인형의 발자국 등으로 꾸며 본다.

바퀴로 그리는 유아(3세)

큰 종이에 대근육을 사용해서 바퀴로 그리는 영아(3세 이하)

개별 종이에 작은 바퀴로 그리는 유아(4, 5세)

④ 작품을 감상한다.

- 다양한 바퀴 그림을 찍어낸 것을 오려낸 후 판 게임이나 일 대 일 대응 수조작 놀잇감을 만들어 볼 수 있다.
- 완성된 바퀴 그림은 기찻길이나 찻길 등 상상놀이판으로 활용할 수 있다.

바퀴로 그린 작품

굴려서 그리기

이 활동을 통해

- 물체를 굴릴 때 나타나는 선의 형태나 모양이 다름을 이해한다.
- 물체를 굴릴 때 색이 섞이면서 나타나는 변화를 관찰한다.

이 활동을 하려면

① 굴릴 수 있는 여러 가지 물체

- 여러 가지 공: 탁구공, 미니 농구공, 볼풀 공 등 여러 종류의 공, 타월이나 털실로 감은 여러 크기의 공(지름 2cm, 3.5cm 등)을 준비한다.
- 구슬: 구멍이 뚫린 색 구슬을 다양한 크기로 준비한다.
- 작은 장난감 자동차, 둥근 실패 등

② 모양 틀과 모양 종이

- 모양 틀
  - 바닥면이 넓고 깊이 있는 쟁반이나 상자를 이용한다.
  - 뚜껑이 있는 상자, 경사면이 있는 상자 등 다양하게 준비해 준다.
- 모양 종이
  - 모양 틀의 크기나 모양에 맞게 도화지를 오린다.

③ 기타

- 집게 또는 숟가락
  - 손잡이 부분에 물감 색과 동일한 색 테이프를 둘러주어, 사용 후 같은 색의 물감 그릇에 놓도록 한다.
  - 집게로 집기 어려운 작은 구슬을 내줄 경우에는 숟가락으로 물감 안에 담긴 구슬을 꺼내는 방법을 알려 준다.
- 물감과 물감 그릇
  - 물감 그릇은 물감이 쏟아지지 않게 상자에 홈을 파서 고정시키거나, 물감 그릇의 둘레를 테이프로 감싸 준다.

이 활동을 할 때는

① 유아의 수준에 적절한 활동 자료·방법을 선택한다.

	3세 이하	4세	5세
연령별	• 위아래로 마음대로 흔들 수 있게, 깊고 투명한 뚜껑이 있는 작은 상자를 준비한다.	• 물체의 속도를 탐색할 수 있도록 경사가 있는 상자도 함께 준비한다.	• 단순하면 흥미를 잃을 수 있으므로, 기찻길이나 찻길을 만드는 기초 작업으로 활용한다.
학기별	• 굴릴 수 있는 여러 가지 물체를 스스로 찾아보고, 새로운 표현 기법을 경험할 수 있다. • 굴리기 그림이 익숙해지면 경사가 있는 화판을 이용해서 경사로 굴리기 그림으로 변형해 본다. • 모양이나 크기, 질감이 다른 물체를 속도를 달리하면서 움직여 보는 등 다양하게 탐색하도록 격려한다. • 색깔이 다른 공을 차례대로 굴려보거나 동시에 굴려봄으로써 색이 섞이면서 나타나는 변화를 관찰하도록 한다. • 실외에 커다란 종이를 준비해 주어 다양한 크기의 공을 굴려보는 경험을 갖게 한다.		

② 자료를 탐색한다.

- 유아와 함께 굴릴 수 있는 것에 대해 이야기를 나누고, 굴릴 수 있는 물체를 직접 찾아 본다.
- 굴러가는 물체를 이용해서 어떻게 그림을 그릴 수 있는지에 대해 의논한다.

③ 그림을 그린다.

1 | 작업복을 입는다.

2 | 종이 뒷면에 이름을 쓴다.

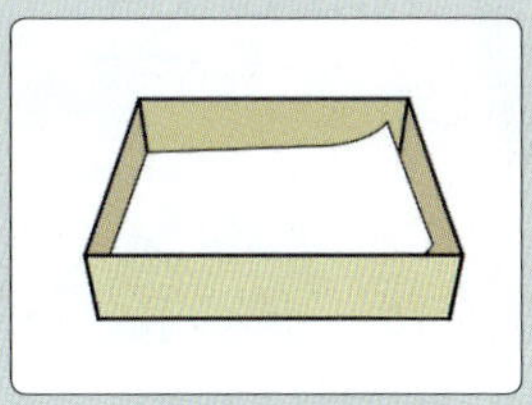

3 | 모양 틀에 종이를 넣는다.

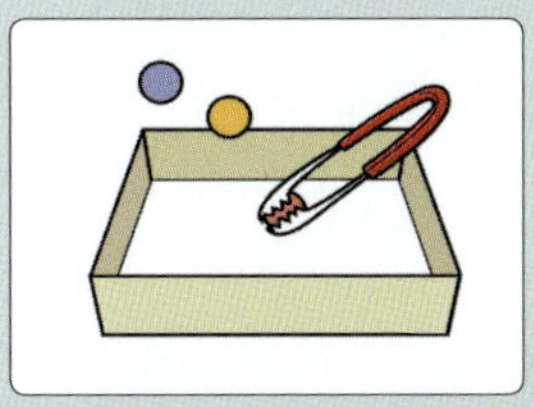

4 | 어떤 색의 공을 올려놓으면 좋을까?

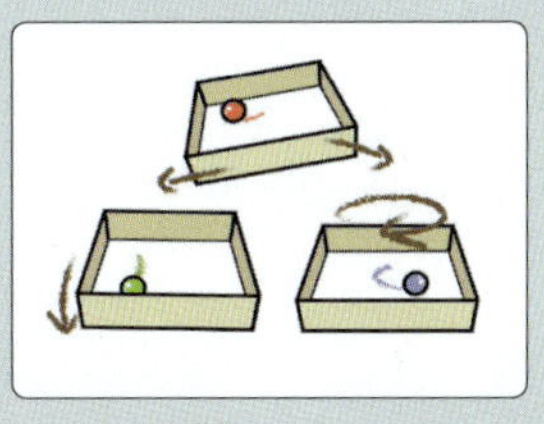

5 | 어느 방향으로 굴리면 좋을까?

6 | 말린다.

• 원하는 모양 틀을 고른다.
• 알맞은 도화지를 모양 틀에 놓는다.
• 물감 그릇에 담겨있는 물건을 숟가락이나 집게로 집어 모양 틀에 올려놓는다.
• 양손으로 상자를 들고 움직여 본다.
• 완성된 작품은 건조대에 말린 후 꾸민다.

다양한 사물을 굴려서 그리는 영아

| 구슬 그림 그리는 유아(4세)

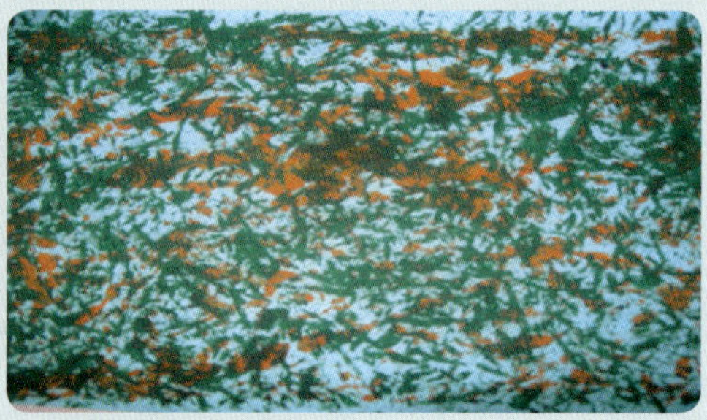

| 구슬 그림(4세)

④ 작품을 감상한다.

물 그림

이 활동을 통해

- 물이 증발되는 성질을 이해하고 자유롭게 표현할 기회를 갖는다.
- 대근육 운동 능력을 발달시킨다.
- 창의적 표현력을 발달시킨다.

이 활동을 하려면

① 크기가 다양한 그리기 도구
- 다양한 붓: 페인트 붓, 붓글씨 붓, 스펀지 붓 등
- 다양한 솔: 구둣솔, 칫솔, 면도솔, 화장 솔 등
- 페인트용 롤러, 분무기 등

② 손잡이가 있는 물통, 물
- 물통에 물을 담고 붓과 롤러를 바구니에 담아 준비한다.

③ 그리기 공간
- 교사는 유아와 함께 실외 공간 중에서 물 그림을 그리기에 적당한 바닥(예 콘크리트, 시멘트 바닥)과 벽면을 찾는데 유아가 그림을 그리기에 충분하고 안전한 공간인지 확인한다.
- 그림을 그릴 벽은 햇빛이 잘 비치는 곳이 적당하며, 벽면의 색은 짙은 색이어야 물 그림이 잘 보인다.

이 활동을 할 때는

① 유아의 수준에 적절한 활동 자료·방법을 선택한다.

	3세 이하	4세	5세
연령별	• 다양한 붓과 롤러 등을 준비해 준다.	• 다양한 솔도 함께 준비해 준다.	
학기별	• 여름에 특히 자주 경험하는 물이 증발하는 성질을 이용하여 그림을 그리는 것이나 영유아가 물의 증발에 대해 관심을 보일 경우에는 언제나 제시해 줄 수 있다. • 어린 연령인 경우에는 다양한 도구로 그려 보는 활동 자체에 관심을 갖도록 하고, 연령이 높아질수록 물이 증발되는 성질을 이해하고 미리 예측해 보거나 물 그림의 변화를 관찰해 보게 한다.		

	3세 이하	4세	5세
학기별	• 물 그림을 그리고 잠시 후에 그린 곳을 관찰하도록 한다. 물 그림이 어떻게 되었는지, 왜 물이 없어졌는지 그 이유에 대해 생각해 보도록 질문한다. • 시멘트 바닥 이외에 벽이나 나무줄기 등 다양한 곳에 물 그림을 그릴 수 있도록 한다. • 활동이 진행되면서 책 『물 그림은 어디에 갔을까?』(한국어린이육영회, 2003)를 소개해 줄 수도 있다. • 손바닥, 발바닥 찍기 활동과 연계할 수도 있다.		

② 물의 특성에 대해 탐색한다.

- 물의 증발에 관한 선행 경험에 대해 이야기를 나눈다.
  - 빨래가 마르는 것, 비 온 뒤에 웅덩이가 마르는 것, 물감 그림이 마르는 것 등
- 물이 증발하여 물 그림이 없어지는 과정을 관찰하고 물의 증발에 대한 경험을 공유한다.
- 물로 그림을 그리는 방법을 생각해 본다.
  - 물로 어떻게 그림을 그릴 수 있을까?
  - 무엇이 필요할까?
  - 물 그림은 시간이 지나면 어떻게 될까?

③ 그림을 그린다.

- 비닐 재질의 작업복을 입는다.
- 붓과 롤러에 물을 충분히 묻혀 벽이나 바닥에 그림을 그린다.

④ 다른 활동으로 확장한다.

- 물로 지워지는 분필도 함께 제공해 줄 수 있다. 물기가 있는 바닥에 그림이 선명하게 그려지는 경험을 할 수 있고, 다 그린 후 붓에 물을 묻혀 지울 수도 있다.

여러 장소에서 다양한 방법으로 물 그림을 그리는 유아

면봉 그림

이 활동을 통해

- 여러 가지 형태를 창의적으로 그려 본다.
- 면봉을 이용하여 다양한 표현 방법을 찾아보고 표현의 즐거움도 느껴 본다.
- 점을 찍어가면서 그림을 표현해 볼 수 있다.

이 활동을 하려면

| 제작한 면봉

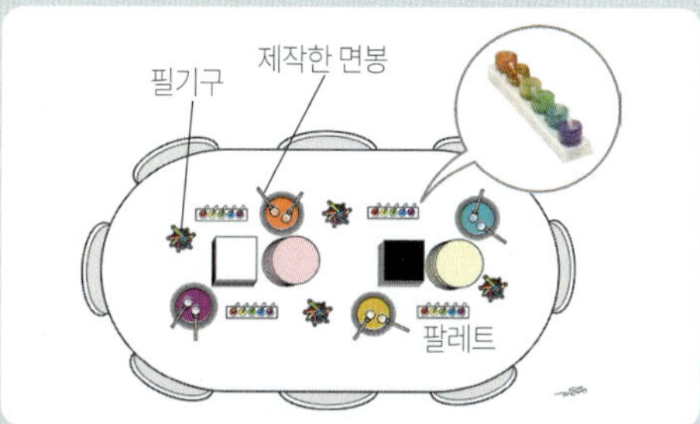

| 미술 영역 세팅

① 면봉 준비

- 제작
  - 솜을 다양한 크기로 뭉쳐서 헝겊으로 싼다.
  - 나무젓가락을 솜 안에 넣어 고무줄로 함께 고정시킨다.
  - 긴 막대를 이용하여 길게 만들어 줄 수도 있다.
  - 나무젓가락 밑부분에 색 테이프로 물감 색을 표시한다.
- 구입
  - 시중에서 파는 면봉을 구입한다.

② 물감과 종이

- 물감, 부직포를 붙인 물감 접시 준비
  - 제작된 면봉인 경우에는 물감 접시는 둥근 접시에 부직포를 깔아서 준비한다.

– 시중에 파는 면봉인 경우에는 개별 팔레트를 준비한다.
– 물감은 한번에 2~3가지 정도를 내어주고, 작업이 며칠 진행되는 동안에 1~2가지 색을 바꾸거나 추가하여 내어 준다.
– 물감 대신에 잉크, 스탬프를 사용할 수도 있다.

- 다양한 크기와 모양의 종이
  – 한지, 도화지, 복사용지 등

이 활동을 할 때는

① 유아의 수준에 적절한 활동 자료·방법을 선택한다.

<table>
<tr><th></th><th>3세 이하</th><th>4세</th><th>5세</th></tr>
<tr><td>연령별</td><td>• 제작한 면봉을 준비해 준다.</td><td colspan="2">• 상품용 면봉을 준비해 준다.</td></tr>
<tr><td>학기별</td><td colspan="3">• 면봉 그림을 물감으로 그릴 경우에는 면봉이 붓보다 조절하기 쉬우므로 학기 초에 계획할 수 있다.
• 면봉의 크기나 그리는 방법(예 점을 찍으면서 그리기, 색칠하듯이 움직이면서 그리기 등)에 따라 나타나는 차이를 경험하게 한다.
• 면봉을 도구로 활용할 수 있도록 붓과 함께 제공해 준다. 예를 들어, 책받침에 기본 도형 모양을 뚫어 책받침 모양 틀을 준비하고 원하는 종이 위에 책받침 모양 틀을 올려놓은 뒤 면봉에 물감을 묻혀 뚫어진 구멍에 색을 칠할 수 있다.</td></tr>
</table>

② 면봉 그림을 그린다.

- 유아 각자가 원하는 모양의 종이를 선택한다.
- 면봉에 물감을 묻혀 여러 가지 방법으로 그림을 그린다. 점을 찍으면서 그리기, 색칠하듯이 움직이면서 그리기 등 다양하게 표현하도록 격려해 준다.
- 크레파스로 먼저 밑그림을 그린 후 면봉으로 물감을 칠하는 방법도 있다. 이때 유아는 크레파스로 그린 곳에는 물감이 칠해지지 않는다는 것을 경험할 수 있다.

제작한 면봉으로 그리는 유아

제작한 면봉으로 점묘화 그리는 유아

③ 작품을 전시하고 감상한다.

- 여러 가지 모양 종이에 꾸며진 유아의 작품을 다양한 방법으로 구성하여 활동실이나 복도에 전시할 수 있다(예 손으로 공 치는 모습, 발바닥 따라 걷기, 나비가 있는 봄 풍경).

| 크레파스로 그린 후 면봉으로 그린 작품

④ 사후 활동 혹은 연계 활동으로 '감상' 활동을 계획한다.

- 쇠라(Georges Pierre Seurat, 1859~1891)의 '옹플뢰르의 항구' 그림을 감상하면, 점묘파(점묘로 서로 다른 원색을 찍어 표현하는 신인상파)의 작품에 나타난 기법에 대해 관심이 깊어질 수 있다.

스펀지 그림

이 활동을 통해

- 다양한 스펀지 붓에 따라 표현이 다양해짐을 경험하게 한다.
- 스펀지가 흡수하는 물감의 양에 따라 표현이 다양하게 나타남을 안다.
- 종이의 특성을 탐색하고, 특성에 맞게 스펀지를 쥐고 사용할 수 있다.

이 활동을 하려면

① 스펀지 준비

- 직접 제작: 손잡이 달린 스펀지
  - 다양한 크기의 스펀지를 준비한다.
  - 스펀지를 여러 가지 형태로 자른다.
  - 스펀지를 집을 수 있는 다양한 손잡이를 제공해 준다.

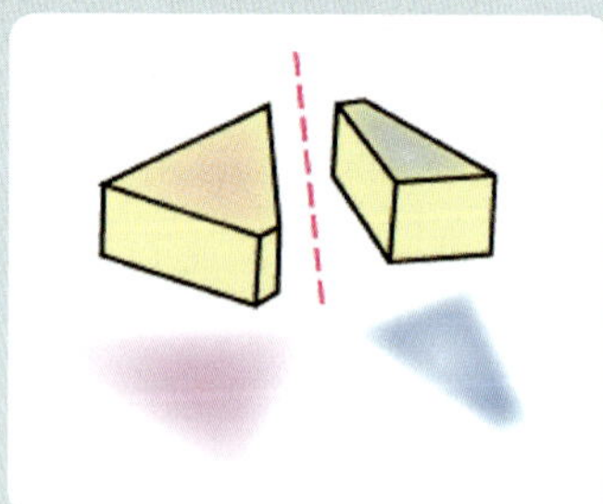

다양하게 자른 스펀지

  - 스펀지의 크기가 작은 경우에는 빨래집게를 사용하여 고정하고, 스펀지가 큰 경우에는 종이 집게로 고정해 작업 도중에 스펀지가 빠지거나 움직이지 않도록 한다.
  - 손잡이를 길게 해주면 실외에서 서서 그림 그리는 경험을 가질 수 있다.
  - 여러 가지 모양이 나도록 집게를 활용해 스펀지를 다양한 방법으로 고정시킨다.
  - 집게에는 준비된 물감의 색과 동일한 스티커를 붙여주거나 색 테이프를 둘러주어 스펀지를 사용한 후 색깔별로 물감 접시에 잘 분류해 놓을 수 있게 한다.

속을 파내어 접기 쉽게 만든 스펀지

• 구입: 스펀지 막대 붓
- 상품화된 크고 작은 스펀지 막대 붓을 구입한다.
- 스펀지를 다양한 모양으로 자를 수도 있다.
- 손잡이에 준비된 물감의 색과 동일한 스티커나 색 테이프를 둘러 준다.

구입한 스펀지 막대 붓을 잘라 만든 붓

② 물감과 종이 준비

• 물감
- 물감의 양이 적절히 조절될 수 있도록 물감 접시에 부직포를 깔고, 부직포가 축축하게 젖을 정도로 물감을 탄다.

• 종이
- 다양한 색의 도화지를 준비한다. 검은 종이나 짙은 남색 종이에 흰 물감으로 스펀지 도장을 찍으면 색다른 분위기를 느낄 수 있다.
- 여러 명이 하는 공동 작업일 때는 전지나 2절지를 준비해 줄 수도 있다.

③ 기타

- 작업복을 준비한다.
- 작품을 말릴 수 있는 건조대와 스펀지나 걸레를 준비해 준다.

이 활동을 할 때는

① 유아의 수준에 적절한 활동 자료·방법을 선택한다.

	3세 이하	4세	5세
연령별	• 크고 두꺼운 집게로 만든 스펀지, 상품용 스펀지 붓이 적절하다. • 부직포 접시에 미리 물감을 타 준다.	• 다양한 모양의 스펀지를 소독저나 집게 등을 이용해 집은 후 떨어지지 않게 끈이나 테이프로 고정시킨다. • 유아와 함께 부직포 접시에 물감을 타본다.	• 기존의 스펀지 붓을 다양하게 만들어 보거나 스펀지를 여러 가지 방법으로 집어 본다. • 유아가 물감 색깔을 선택하고, 스스로 접시에 덜어서 사용한다.
학기별	• 다양한 종류와 크기의 스펀지를 사용할 수 있다. • 새로운 자료를 접하는 것이나 손에 묻는 것을 꺼려하지 않으면 언제나 할 수 있다. • 학기 초에는 전 연령이 할 수 있는 쉬운 방법과 새로운 방법을 함께 사용할 수 있도록 배려해 준다. • 학기 말이 될수록 유아가 생각해 낸 새로운 방법과 표현을 격려해 준다(예 스펀지를 돌돌 말아서 집게로 집기 등).		

② 자료를 탐색한다.

- 유아에게 스펀지의 성질에 대해 탐색해 보게 한다.
  - 언제 사용해 보았니?
  - 어떤 성질이 있니?(예 부드럽다, 탄력이 있다, 푹신하다, 물을 잘 빨아들인다, 비누 거품이 잘 난다.)
- 스펀지로 어떻게 그림을 그릴 수 있는지 생각해 보게 한다.
- 유아에게 활동을 하는 동안 주의해야 할 점들에 대해 생각해 보도록 한다.
  - 물감의 색깔이 섞이지 않게 하기 위해 표시된 색을 사용한다.
  - 스펀지로 물감을 찍을 때 물감이 너무 많이 묻지 않도록 주의한다.
  - 작업복을 입는다.

③ 그림을 그린다.

- 스펀지에 물감을 찍어 자유롭게 그린다.
- 여러 종류의 스펀지로 찍기, 돌려보기, 가늘게/굵게 찍기, 연하게/진하게 찍기, 연속 무늬를 찍어 보기 등 다양하게 찍어 보도록 격려한다.

• 스펀지를 떼지 말고, 다양한 모양을 그려 보도록 한다.
• 완성된 그림을 건조대에 말린다.

④ 완성한 작품을 전시한다.

스펀지 그림(4세)

검은 종이를 사용한 스펀지 그림(5세)

색 솜 그림

이 활동을 통해

- 솜으로 그림을 꾸며 본다.
- 손과 눈의 협응력 및 손의 조절 능력을 발달시킨다.
- 질감과 형태에 대한 개념을 발달시킨다.

이 활동을 하려면

① 다양한 색의 솜(빨간색, 분홍색, 노란색, 연두색, 파란색, 갈색, 흰색 등)

- 물감을 사용하면 가루가 날릴 수 있으므로 식용색소를 이용하거나 여러 색깔이 필요할 경우에는 천연염료(청색–쪽풀, 참쑥 등/적색–고구마 껍질, 포도 등/황색–양파, 치자 등)로 염색한다. 자연염료로 염색할 때는 백반을 함께 사용하면 착색이 잘된다.
- 다양한 색깔의 식용색소를 탄 분무기로 솜을 물들이거나, 비닐 봉투 안에 넣어 색이 잘 섞이도록 손으로 주물러 준다.
- 2~3일 전쯤 물들인 후 솜의 물감이 완전하게 마른 다음에 사용하는 것이 좋다.
- 색 솜이 뭉치지 않도록 교사와 유아들이 얇게 뜯어서 펼쳐 놓는다.
- 솜의 색깔을 다양하게 준비하며 진한 것과 연한 것, 색깔이 혼합된 것도 준비한다.

② 다양한 모양과 색의 도화지

③ 채색 도구(크레파스, 색연필 등), 딱풀

④ 건조대

이 활동을 할 때는

① 유아의 수준에 적절한 활동 자료·방법을 선택한다.

	3세 이하	4세	5세
연령별	• 솜을 적당한 크기로 뜯어서 준비한다.	• 유아가 원하는 크기로 뜯어서 사용할 수 있도록 덩어리로 준비한다.	• 색 솜뿐만 아니라 다른 활동의 꾸미기 재료도 함께 준비한다.
학기별	• 학기 초에는 유아가 붙이고 싶은 곳에다 풀칠하고 여러 가지 색을 사용하면서 붙이도록 격려한다. • 학기 말에는 유아가 그린 밑그림 위에 색 솜을 적당한 크기로 뜯어 붙여 표현할 수 있도록 격려한다.		

② 자료를 탐색한다.

- 솜을 손으로 뜯어보면서 솜의 질감이나 형태에 대해 탐색한다.

③ 자료를 구성한다.

- 도화지에 그리고 싶은 그림을 그린다.
- 솜을 붙이고 싶은 곳에 풀칠을 한다.
- 솜을 작게 뜯어 얇게 펼치거나 뭉쳐서 풀칠한 곳에 붙인다.
- 세밀한 곳은 채색 도구로 칠하거나 다른 색지 등을 이용하여 꾸밀 수 있다.
- 종이가 말리거나 작품끼리 서로 붙지 않도록 건조대에 잘 말린다.

| 색 솜 그림(3세)

| 색 솜 그림(4세)

| 색 솜 그림(5세)

④ 작품을 감상한다.

| 색 솜으로 만든 꽃동산 작품

색 얼음 그림

이 활동을 통해

- 얼음 막대 그림을 통해 그리기 도구의 다양함을 경험한다.
- 얼음의 용해 과정을 통해 물의 상태 변화에 대해 이해한다.
- 창의적으로 표현하는 능력을 발달시킨다.
- 소근육 발달을 돕는다.

이 활동을 하려면

① 용기

- 종이컵, 플라스틱 용기, 셔벗 용기 등

② 색 얼음 막대

- 식용색소를 진하게 탄 물을 용기에 담는다.
- 용기 위를 쿠킹 포일로 덮고 쿠킹 포일의 가운데에 구멍을 뚫어 나무 막대를 꽂아 고정시킨다.
- 냉장고에 넣고 하룻밤을 지나 완전히 얼린다.
- 여러 세트를 얼려놓고 유아의 활동 진행에 따라 시차를 두어 냉장고에서 꺼내온다.
- 용기의 겉에 물을 적시며 색 얼음을 떼어낸다.

③ 잘 흡수되는 종이(화선지, 도화지 등) 또는 하얀 천

④ 작업복

- 색 얼음이 녹아 흐르므로 반드시 작업복을 입는다.

이 활동을 할 때는

① 유아의 수준에 적절한 활동 자료·방법을 선택한다.

	5세
학기별	• 날씨가 따뜻할 때 유아와 함께 얼음 막대를 만들면서 물의 상태가 어떻게 변화하는지 예측해 보고, 물과 얼음의 관계를 이해할 기회를 가지게 한다. • 유아가 먹는 일이 없도록 주의한다. • 얼음 막대로 그림을 그릴 때 세게 문지르면 종이가 젖어 찢어지므로 유의하도록 한다. • 점차 여러 가지 색깔의 얼음 막대로 색을 혼합하며 그림을 그려 보도록 한다.

② 재료에 대해 탐색한다.

- 얼음을 만져보며 탐색한다.
  - 얼음을 만져보니 어떤 느낌이 드니?
  - 얼음 막대로 무엇을 할 수 있을까?
  - 얼음이 녹으면 어떤 색이 될까?

③ 그림을 그린다.

- 책상 위에 비닐을 깔아놓고, 그 위에 종이를 올려 놓는다.
- 색 얼음 막대로 종이에 그림을 그린다.
- 크레파스로 밑그림을 그리고 나서 색칠하면 그림이 더 선명하다.
- 건조대에 널어 그늘에서 말린다.

④ 작품을 감상한다.

색 얼음 그림

사계절 나무

이 활동을 통해

- 자연의 변화를 관찰하고 경험한 것을 다양한 방법으로 표현한다.
- 공동 작업을 통해 함께 하는 즐거움을 느낀다.

이 활동을 하려면

① 큰 전지, 신문지, 풀

- 교사가 큰 전지에 나무 기둥과 가지의 윤곽을 연필로 그려 놓는다.
- 여러 명의 유아가 함께 참여하기 위해서는 미술 책상이 아닌 활동실 바닥에 작업용 비닐을 깔고 넓게 펼쳐놓는 것이 좋다.

② 그리기·꾸미기 재료

- 모루 도장 찍기
  - 물감(명도가 다른 연두색 2~3가지), 물감 접시
  - 물감 접시에 부직포를 깔고 그 부직포가 축축하게 젖을 정도로 물감을 타는 것이 도장 찍기에 적당하다.
- 손가락·손바닥 찍기
  - 손가락 풀 그림(p. 142), 손가락으로 그리기(p. 146) 찍기 활동의 준비물을 참고한다.
- 색 솜으로 꾸미기
  - 색 솜 그림(p. 166) 활동을 하고 난 후 남은 재료를 활용하여 꾸며 본다.
- 종이 찢어 붙이기
  - 종이 찢어 구성하기(p. 207) 활동의 준비물을 참고한다.
- 면봉으로 그리기
  - 면봉 그림(p. 159) 활동의 준비물을 참고한다.

③ 밤색이나 고동색 크레파스

④ 스펀지나 걸레

이 활동을 할 때는

① 유아의 수준에 적절한 활동 자료·방법을 선택한다.

	3세	4세	5세
학기별	• 연령별 수준에 따라 다양한 그리기 재료나 꾸미기 재료를 준비한다. • 계절(봄, 여름, 가을, 겨울): 계절마다 나무의 분위기를 살릴 수 있도록 다양하게 꾸며 본다. • 계절별 나무의 특성을 탐색해 보고, 유아들과 의논해서 다양한 기법으로 표현하도록 격려한다. • 계절별 작품을 보관했다가 겨울에 한꺼번에 전시해 줄 수도 있다. • 한 나무에 여러 색의 꽃이나 잎이 매달리지 않는 것을 이해하는 연령이면 한 나무에 한 가지 색의 다양한 명도나 채도를 표현하게 한다.		

② 계절의 나무를 탐색한다.

- 봄: 새순, 꽃이 돋아나는 모습을 관찰한다.
- 여름: 무성하게 자란 나뭇잎을 돋보기로 관찰한다.
- 가을: 떨어지는 낙엽을 관찰한다.
- 겨울: 가지만 남은 나무 모습, 추운 겨울을 준비하기 위해 변화한 모습을 관찰한다.

③ 자료를 구성한다.

- 교사가 그려 놓은 연필 선을 따라 유아들이 크레파스로 나무 기둥과 가지의 윤곽을 그린다.
- 나무 기둥과 가지를 꾸밀 때는 크레파스로 색칠하기, 색 솜 붙여 꾸미기, 종이 찢어 붙이기 등 다양한 방법을 이용할 수 있다.
  - 봄: 새순을 표현하기 위해, 손가락 찍기, 면봉 그림 등을 이용한다. 색은 주로 연두색, 연한 초록색, 노란색 등으로 표현한다.

| 손바닥 찍기

| 색 솜으로 꾸미기

– 여름: 우거진 나뭇잎은 표현하기 위해 손바닥 찍기 등을 활용한다. 색은 주로 진한 초록색, 청록색 등으로 표현한다.

– 가을: 단풍과 낙엽을 표현하기 위해 모루 도장, 실물 나뭇잎 찍기 등을 활용한다. 색은 나무의 종류에 따라 쑥색, 주황색, 노란색, 빨간색, 황토색 등으로 표현한다.

– 겨울: 앙상한 나뭇가지와 눈 덮인 나무 등을 표현하기 위해 흰 솜 붙이기 등으로 표현한다.

나무 아래서 봄 나무 그리는 유아

④ 작품을 전시하고 감상한다.

- 완성된 작품을 활동실 벽면에 전시한다.
- 계절에 따라 완성한 나무들을 보관했다가 겨울에 봄, 여름, 가을, 겨울 나무를 함께 전시하면 계절에 따른 변화를 비교해 볼 수도 있다.

못 쓰게 된 퍼즐 조각에 색을 칠해 만든 사계절 나무 작품

모래 그림

이 활동을 통해

- 모래를 이용하여 표상하는 경험을 한다.
- 손과 팔의 운동 능력을 발달시킨다.

이 활동을 하려면

구입한 색모래

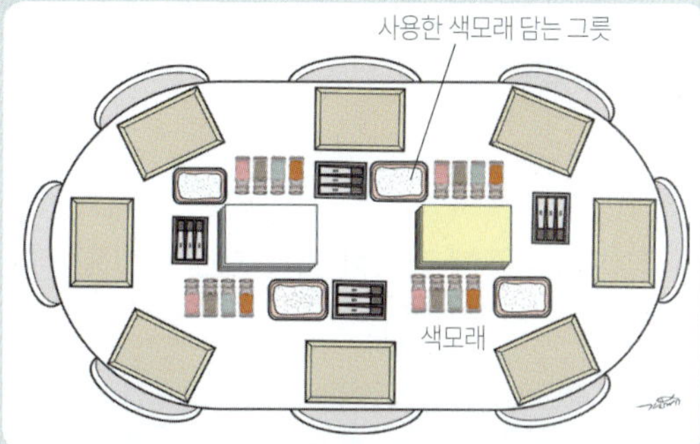

미술 영역 세팅

① 색모래 만들기

- 모래+템페라 가루 또는 파스텔
  - 고운 모래(건축용 자재)에 템페라 가루를 섞어 색모래를 만든다.
- 시중에 파는 색모래 완제품 구입

② 두꺼운 종이: 색상지, 도화지, 달력 뒷면(아트지)

- 얇은 종이는 풀이 마르면 말리므로 두꺼운 종이나 질이 좋은 달력 종이의 뒷면을 이용한다.
- 종이는 8절지나 16절지가 적당하다. 색상지도 준비한다.

③ 크레파스, 풀

④ 기타

- 신문지, 와이셔츠 상자 뚜껑: 모래를 뿌릴 때 밑면에 신문지를 깔거나 와이셔츠 상자 뚜껑 등을 이용하면 붙지 않은 모래를 손쉽게 털어낼 수 있다.
- 구멍 뚫린 뚜껑 있는 용기: 모래를 뿌릴 때 작은 숟가락 등을 이용해 뿌려도 되지만 구멍 뚫린 뚜껑이 있는 용기(예 투명 양념통)를 사용하면 좋다.
- 작은 빗자루와 쓰레받기를 준비해 준다.
- 모아두는 용기: 활동하는 동안 각색의 모래가 섞이게 되므로, 색이 섞인 모래를 모아두는 용기를 준비한다.
- 비닐 장판지나 책받침을 이용해 생활 주제에 맞는 여러 가지 모양 틀을 준비해 줄 수도 있다.

이 활동을 할 때는

① 유아의 수준에 적절한 활동 자료·방법을 선택한다.

	3세 이하	4세	5세
연령별	• 대근육 활동을 하듯이 풀칠을 한 후 모래를 뿌려보도록 많은 양의 모래를 준비한다.	• 모양 틀을 이용하여 풀칠한 후 모래를 뿌려보도록 여러 가지 모양 틀을 준비한다.	• 그림을 그린 후 원하는 곳에 풀칠을 한 후 뿌려보도록 다양한 색의 모래를 준비한다.
학기별	• 3세도 참여할 수 있으나 주변이 더러워지므로 미술 영역을 맡을 보조교사가 없다면 학기 말에 실시한다. • 유아가 풀의 양을 적절하게 조절할 수 있게 한다. 종이에 풀칠한 후 색모래가 뭉치지 않고 고루 퍼지도록 한다. • 색모래와 함께 톱밥을 잘게 부숴 물감으로 물들여 사용하면 입체감 있는 작품을 만들 수 있다. 또는 달걀 껍데기를 식초에 담가 석회질을 없애고 식용색소에 물들인 후 잘게 부수어 사용할 수도 있다. • 색모래를 이용하면 유아가 표현하려는 대상을 더 잘 표현할 수 있다.		

② 재료를 탐색한다.

- 색모래가 담긴 통을 흔들며 무엇이 들어 있는지 예측해 본다.
- 모래의 소리와 색 등을 탐색해 본 후에 모래를 어떻게 뿌리고, 종이에 어떻게 붙일 수 있을지에 대해 이야기를 나누어 본다.

③ 그림을 그린다.

- 두꺼운 종이에 그림을 그리고 풀칠을 한다.
- 풀이 마르기 전에 풀칠한 곳에 모래를 뿌린다.
- 풀이 다 마른 후에도 붙지 않은 모래는 별도의 그릇에 털어낸다.

모양 틀을 이용한 모래 그림

④ 완성된 작품을 감상한다.

- 개인 작품이 돋보이도록 그림 가장자리에 테이프를 두르거나 크레파스로 선을 그어 느낌이 비슷한 것끼리 모아 전시한다.

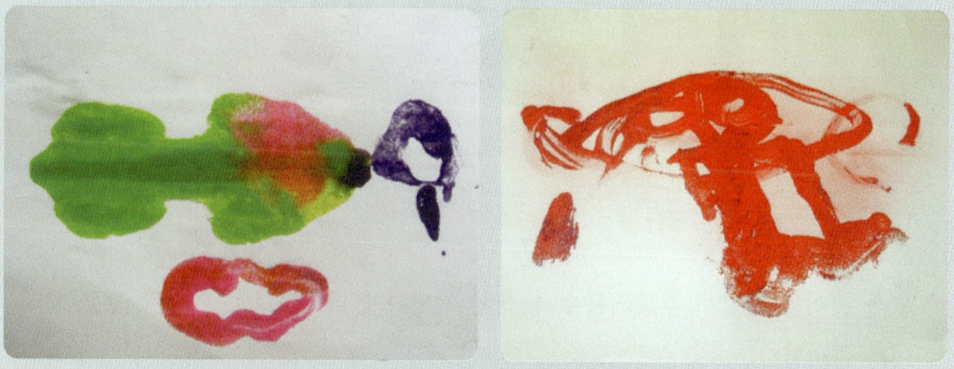

풀로 그림을 그린 후 뿌린 모래 그림

모래 종이 그림

이 활동을 통해

- 모래 종이의 특성을 탐색한다.
- 열에 의해 크레파스가 녹아 나타나는 모양을 발견한다.

이 활동을 하려면

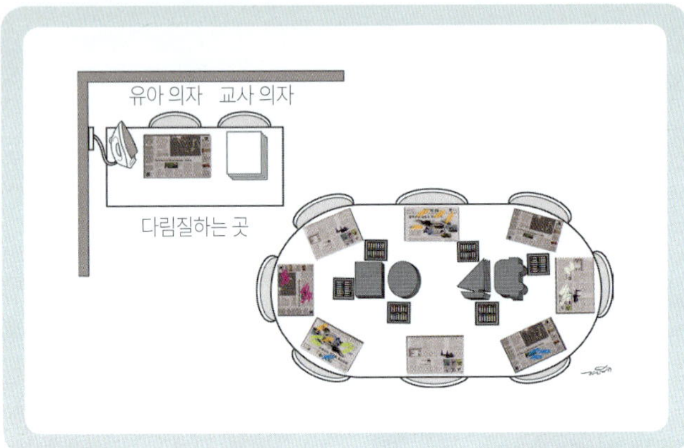

① 모래 종이

- 모래 종이는 촉감이 부드러울수록 색이 선명하게 나타나므로 입자가 고운 모래 종이를 준비한다.
- 모래 종이의 거친 정도에 따라 다린 후의 선명함이 다른 점을 비교해 보기 위해서 거친 모래 종이와 고운 모래 종이를 함께 준비해 줄 수도 있다.

② 찍어낼 종이: 기름 종이, 도화지, 창호지 등

- 종이의 특성에 따라 선명함의 차이를 알 수 있도록 준비한다.

③ 크레파스, 신문지

④ 다리미, 다리미판

- 다림질을 위해 전기 코드가 가까운 교실의 한가한 영역 근처에 작은 책상을 준비하

고, 성인 보조자가 전체 유아를 바라볼 수 있도록 벽 쪽으로 등을 돌려 앉게 한다.
- 다리미판 대신에 담요나 여러 장의 신문지를 준비해 준다.

이 활동을 할 때는

① 유아의 수준에 적절한 활동 자료·방법을 선택한다.

	3세 이하	4세	5세
연령별	• 두꺼운 모래 종이를 준비해 주고, 종이에 그려 보는 경험을 갖도록 한다.	• 모래 종이에 그려 보고 다림질한 후 나타나는 모양에 관심을 갖도록 한다.	• 거친 모래 종이와 고운 모래 종이를 준비해 주어 차이를 탐색하도록 한다.
학기별	• 모래 종이에 그리는 그림은 너무 가는 선이나 세부적인 그림은 잘 나타나지 않으므로 되도록 굵은 선의 간단한 그림을 그리도록 유도한다. • 손의 힘이 부족하여 진하게 그리지 못하는 어린 연령인 경우에는 잘 찍히는 기름 종이를 선택한다. • 유아가 다림질을 할 수 있으면 언제나 이 활동을 할 수 있으나, 다림질은 반드시 교사가 함께 하며, 유아가 다리미에 데지 않도록 주의한다. • 다림질하는 과정에서 냄새가 심하게 나므로 환기를 자주 시켜 준다. • 다림질 후 모래 종이에 그린 그림과 도화지에 베껴 나온 그림의 방향이 서로 반대되는 것, 그림의 선명함의 차이 등에 대해서 비교해 보도록 한다.		

② 자료를 탐색한다.

- 모래 종이의 특성에 대해 이야기한다.
  - 모래 종이를 만져보니 느낌이 어떠니?
  - 도화지에 그릴 때와 느낌이 어떻게 다를까?
- 모래 종이 그림을 다리미로 다리면 크레파스가 어떻게 될지 예측해 본다.
  - 다림질하면 어떤 일이 일어날까? 어떤 냄새가 날까?
  - 크레파스가 어떻게 될까?

③ 그림을 그린다.

- 원하는 크기의 모래 종이에 크레파스로 그림을 그린다.
- 신문지 위에 색칠한 모래 종이의 윗면이 보이도록 놓는다.
- 찍을 종이를 덮는다.
- 신문지를 덮고 다림질을 한다.
- 다린 후 모래 종이와 그림이 찍힌 종이에 이름을 쓴다.

④ 작품을 감상한다.

- 모래 종이 그림을 다림질하면 모래의 질감이 마치 유화와 같은 느낌을 주므로 뒷면에 코팅된 배경 종이를 대어 액자처럼 꾸며도 좋다.
- 안개 그림, 면봉 그림을 비교해 보면서 감상한다.

| 기름 종이로 찍어낸 그림(4세)

| 도화지로 찍어낸 그림(5세)

크레파스 아트

이 활동을 통해

- 물질의 성질과 변화를 탐색한다.
- 우연한 형태에서 자유롭게 상상하고 창의적으로 표현한다.

이 활동을 하려면

① 종이(약간 두꺼운 종이나 캔버스 종이), 몽땅 크레파스(거의 다 써서 유아가 사용하기 불편했던 것을 모아두었다가 준비), 테이프(크레파스 고정용), 색연필이나 사인펜 등의 그리기 도구

② 드라이기

③ 신문지나 작업 보(열을 가한 크레파스가 책상이나 바닥에 흐를 경우를 대비)

이 활동을 할 때는

① 유아의 수준에 적절한 활동 자료·방법을 선택한다.

	5세
학기별	• 마음에 드는 색깔의 몽땅 크레파스를 골라 종이 위 원하는 자리에 자유롭게 배치하고 테이프로 고정할 수 있도록 한다. • 이후 드라이기로 크레용에 열을 가할 때에는 교사의 도움을 받는다. • 크레파스가 녹으며 생긴 우연한 결과에 그림을 덧대어 그린다.

② 자료를 살펴보며, 활동 방법에 대해 안다.

- 몽땅 크레파스를 살펴보고 원하는 색상을 고른 뒤 종이에 고정할 수 있도록 한다.
  - 어떤 색깔의 크레파스가 마음에 드니?
  - 크레파스를 녹일 때 모양을 재미있게 흘러내리게 하려면, 크레파스를 올려둔 종이를 이리저리 잘 기울여야 해. 크레파스를 어떻게 고정하면 좋을까?
- 드라이기 사용 시 주의점에 대해 안내한다.
  - 드라이기는 우리가 매일 사용하는 소중한 물건이지만, 사용하는 시간이 길어질수록 드라이기에 열이 높아질 수 있어. 선생님이 크레파스를 녹이는 동안 거리를 두고 관찰하도록 하자.

• 드라이기를 이용해 크레파스를 녹이면, 크레파스가 아래로 흘러내리는 모습을 감상하도록 한다. 이후 녹아내린 자국이 식고 굳은 뒤, 이를 관찰하며 이야기를 나눈다.
  - 흘러내린 크레파스 자국의 모양이 어떠니?
  - 보고 떠오르는 것이 있니?

③ 크레파스 자국 위에 그림을 덧그리거나 표현을 이어 완성한다.

• 크레파스가 녹으며 생긴 우연한 결과에 그림을 덧대어 그린다.

유의 사항

• 드라이기 사용 시 교사가 직접 다루거나 유아의 안전을 철저히 지도한다.

• 드라이기는 장시간 사용할수록 열이 높아지기 때문에 적절한 시간 조절이 필요하다. 따라서 하루에 모든 유아의 활동을 빠르게 진행하는 것보다는 교실 상황에 맞게 여러 날에 걸쳐 점진적으로 활동을 진행하는 것도 필요하다.

교사와 함께 크레파스를 녹이는 유아

녹아 흐른 크레파스를 이용해 그린 악어, 등반하는 사람, 나뭇잎 작품

자석으로 그리는 그림

이 활동을 통해

- 자석의 성질을 이용하여 작품을 만들 수 있다.
- 소근육 협응력과 미적인 구성력을 기른다.
- 사진 예술을 경험해 본다.

이 활동을 하려면

① 시각 예술(사진 예술)로 활동할 경우

- 투명 아크릴판, 자석, 철 가루, 자석에 붙는 물체들(예 색 클립, 자석, 구슬, 핀 등)을 준비한다.
- 투명 아크릴판 위에 철 가루를 놓거나 자석에 붙일 물체를 놓는다.
- 자석을 이용해서 표현된 형태나 무늬를 찍을 수 있게 카메라를 준비한다.

② 모래 그림으로 활동할 경우

- 투명 아크릴판으로 만들어진 상자, 모래, 자석을 준비한다.
- 투명 아크릴판으로 상자를 만들 때는 윗면을 열고 닫을 수 있도록 제작한다.
- 상자 안에 모래와 자석 인형을 넣는다.

③ 실 그림으로 활동할 경우

- 투명 아크릴판, 블록, 자석, 종이, 자석에 붙는 물체들, 굵기와 길이가 다양한 실, 물감, 접시, 건조대를 준비한다.
- 투명한 아크릴판이 바닥으로부터 20~30cm 정도의 높이가 되도록 블록을 양끝에 받치고 고정한다.
- 아크릴판 위에 종이를 얹고 테이프로 고정한다.
- 실의 한쪽 끝에 자석에 붙일 물체를 묶는다.

이 활동을 할 때는

① 유아의 수준에 적절한 활동 자료·방법을 선택한다.

	3세	4세	5세
연령별	• 모래 그림 자료를 준비한다.	• 시각 예술의 경험할 수 있는 자료를 준비한다.	• 실 그림 자료를 준비한다.
학기별	• 유아의 연령 및 발달 수준을 고려해야 하나 유아의 흥미에 따라 자석 그림을 다양하게 접근해 볼 수 있다. • 유아가 자석의 성질을 탐색할 수 있도록 하고, 자석에 의해 그려지는 선 모양을 관찰하도록 상호작용한다. • 아크릴판 위에 한 개의 물체를 올려놓아도 되며, 여러 개를 한꺼번에 올려놓으면 물체들이 서로 붙고 실이 엉키면서 그려지는 선들을 볼 수 있다. • 유아가 자석의 성질을 이용하여 창의적인 그림을 그려 보도록 격려한다.		

② 재료의 특성을 탐색한다.

- 자석에 붙는 물체와 붙지 않는 물체를 탐색해 본다.

③ 그림을 그린다.

[방법 1. 시각 예술(사진 예술)로 활동할 경우]

- 자석을 이용해서 철 가루나 물체의 다양한 형태나 무늬를 만들어 본다.
- 표현한 형태나 무늬를 디지털카메라로 찍어 본다.

[방법 2. 모래 그림으로 활동할 경우]

- 자석을 이용해서 상자 안에 있는 자석 인형을 움직여 본다.
- 자석 인형이 움직이면서 표현된 선의 형태나 무늬를 탐색해 본다.
- 표현한 형태나 무늬를 디지털카메라로 찍어 본다.

[방법 3. 실 그림으로 활동할 경우]

- 실에 물감을 충분히 묻혀 종이 위에 얹는다.
- 자석을 판 밑에 넣고 여러 방향으로 움직이면 물체들이 자석을 따라 움직이고 묶은 실이 함께 따라다니면서 그림이 그려진다.
- 여러 가지의 색이 섞이도록 하거나 원하는 모양대로 방향을 조절해 가며 재미있는 그림을 그린다.

자석 그림 그리는 유아(3세)

자석 그림 그리는 유아(4세)

자석 그림 그리는 유아(5세)

실 디자인

이 활동을 통해

- 실의 성질을 이용하여 다양한 모양을 구성하는 경험을 한다.
- 주변의 사물을 미술의 재료로 활용할 수 있는 태도를 기른다.
- 선과 공간의 아름다움을 창조한다.

이 활동을 하려면

① 다양한 종류의 실

- 집에서 쓰지 않은 실이나 짜놓았던 것을 풀어놓은 털실을 가져오게 한다.
- 굵기와 색깔이 다른 털실, 수예 실 등을 준비한다.

② 다양한 크기와 모양의 종이: 삼각형, 사각형, 원, 타원형, 하트 모양, 꽃 모양 등

③ 여러 모양 시트지나 스티커

④ 채색 도구(크레파스 또는 물감), 풀, 가위

이 활동을 할 때는

① 유아의 수준에 적절한 활동 자료·방법을 선택한다.

	3세	4세	5세
연령별	• 실의 길이를 짧게 준비한다.	• 실을 직접 잘라볼 수 있도록 다양한 길이의 실을 준비한다.	• 다양한 종류의 실을 준비하고 채색 도구도 함께 준비한다.
학기별	• 털실의 성질을 알고, 다양한 색과 모양의 실을 이용하여 구성하게 격려한다. • 활동 초에는 유아가 실을 잡아당기면서 방향을 변화시킬 수 있도록 교사가 잡아주고, 점차 유아 스스로 실을 조절하면서 구성할 수 있도록 격려한다. • 학기 초나 어린 연령인 경우에는 시트지보다는 스티커가 더 적절하다. • 시트지나 스티커를 붙일 때에 색과 모양의 조화를 생각하도록 유도한다. • 동화 『빨간끈』(글·마곳 블레어, 번역·이경우, 아가월드: 2000)과 연관시켜 활동을 계획할 수도 있다.		

② 자료를 탐색한다.

- 겨울옷 중에서 털실로 만들어진 스웨터, 모자, 목도리, 장갑 등을 살펴보고 무엇으로 만든 것인지 알아본다.

- 실의 종류에 따라 감촉, 굵기, 특성 등을 탐색한다.
- 낡은 스웨터를 집에서 가져와서 함께 풀어보는 경험을 계획할 수도 있다.

③ 자료를 구성한다.

- 모양 종이를 고른다.
- 실을 뽑아 종이 위에 모양을 만들어 놓는다.
- 모양 색종이나 스티커를 색실 위에 붙인다.
- 실이 늘어지지 않게 잡아당기면서 적당한 간격으로 붙인다.
- 크레파스나 물감으로 채색할 수도 있다.

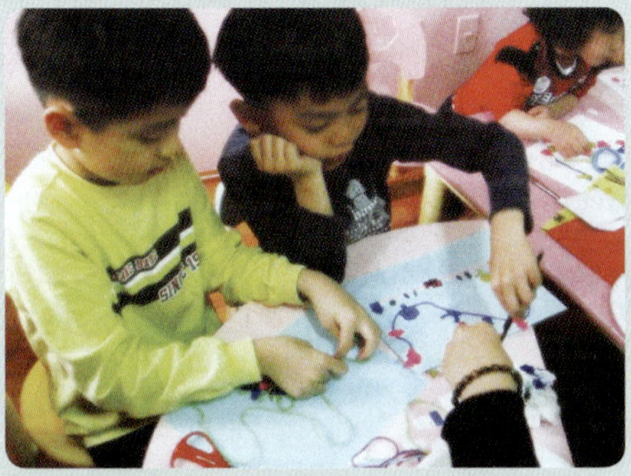

실로 다양한 모형을 디자인해 그리는 유아(5세)

④ 작품을 감상한다.

- 완성된 작품에 다른 그림을 첨가해 게임판으로 활용할 수 있다.

실로 다양한 모형을 디자인해 그린 작품

실 그림

이 활동을 통해

- 실이 움직여 나타나는 다양한 형태를 경험한다.
- 실도 그림 도구로 이용할 수 있음을 안다.

이 활동을 하려면

① 실 막대

- 무명실 등 여러 가지 실을 준비한다. 얇은 실인 경우에는 선의 표현은 잘 나타나지만 잘 엉키는 단점이 있고, 털실과 같은 실인 경우에는 물감을 잘 흡수하지 못하므로 표현하기 어렵다.
- 다양한 길이로 준비한다. 3세의 경우에는 실의 길이를 짧게 준비해 주고, 4·5세의 경우도 실을 뽑을 때에 힘들지 않도록 너무 길지 않게 준비한다.
- 나무젓가락에 실을 묶어 실 막대를 만들거나 유아가 잡을 수 있는 실 고리를 만든다.
- 다른 색과 섞이지 않도록 나무젓가락에 색 테이프를 두른다.

② 종이와 그림 도구

- 종이
  - 다양한 굵기, 재질의 종이: 도화지, 모조지 등
  - 활동 초에는 도화지를 준비하고, 활동에 익숙해지면 모조지를 준비해 준다. 모조지를 사용하면 종이를 접은 후에도 실의 촉감을 느끼기 쉽고 실 그림도 명확히 나타난다.
  - 여러 가지 색의 종이를 준비하여 종이의 색에 따라 느낌이 다름을 경험하게 한다.
- 그림 도구
  - 3세인 경우에는 물감을 묽게 타는 것이 좋고, 4·5세인 경우에는 실의 움직임이 잘 표현되도록 물감을 진하게 타는 것이 좋다.
  - 물감의 색은 활동이 진행되는 동안 매일 1~2가지 색을 바꾸어 내준다.
  - 물감 담는 그릇은 오목한 접시가 적당하다.

이 활동을 할 때는

① 유아의 수준에 적절한 활동 자료·방법을 선택한다.

	3세 이하	4세	5세
연령별	• 도화지 위에 실 막대(실의 길이는 짧게 해줌)를 올려놓고 움직여 보게 한다.	• 접은 종이의 한편에 실을 올려놓고 종이를 접어 실을 잡아당기게 한다.	• 실의 길이나 종이의 굵기를 다양하게 준비해 준다.
학기별	• 어린 연령의 경우에는 손의 조절 능력이 부족하므로 실 막대를 이용한 활동을 계획할 수 있다. • 활동이 진행되면서 한 가지 색을 사용하여 말린 다음 다른 색을 겹쳐서 해보게 한다. 그리고 점차 다양한 재질의 종이를 해보도록 유도한다. • 끈에 너무 많은 물감이 묻으면 종이가 찢어지기 쉬우므로 물감을 적당히 묻히도록 지도한다. • 학기가 진행되면서 눈과 손의 협응이 잘 이루어지는 경우에는 실 그림이 잘 나타나는 얇은 종이를 준비해 준다. • 동화 『빨간 끈』을 읽고 난 다음에 실 그림을 할 경우에는 실 그림을 그린 후 생각나는 그림을 크레파스나 색연필로 그려 보도록 한다.		

② 실 그림을 표현한다.

- 나무젓가락에 매단 실을 물감에 적신다.
- 종이를 가로, 세로 또는 대각선으로 접어서 실 그림을 그린 후 편다.

[3세 이하인 경우]

- 도화지 위에 실 막대를 올려놓고 움직여 본다.
- 실 막대의 높낮이를 조절하며 다양한 그림을 그린다.

| 실 그림 그리는 유아(3세)

[4·5세인 경우]

- 종이의 한쪽 면에 물감 묻힌 실을 원하는 대로 놓은 다음 반대쪽의 종이를 덮고 손바닥으로 누른다.
- 실이 한꺼번에 빠져나오지 않도록 손바닥에 적당히 압력을 주며 나무젓가락을 천천히 잡아당긴다.

실 그림 그리는 유아(5세)

③ 작품을 전시하고 감상한다.

실 그림 작품(5세)

빨대로 물감 불어 그리기

이 활동을 통해

- 입으로 물감을 불었을 때 나타나는 형태의 변화를 경험한다.
- 불기 경험을 통해 물감이 퍼지고 섞이는 모양과 변화를 살펴본다.

이 활동을 하려면

① 빨대

- 다양한 길이와 굵기의 빨대를 준비한다.
- 사용한 빨대와 새 빨대를 구별할 수 있도록 담을 그릇을 다르게 준비한다.

② 종이와 도구

- 종이
  - 번지지 않는 종이를 준비한다.
  - 다양한 색과 재질의 종이(예 도화지, 한지 등)를 준비한다.
  - 개인 작품인 경우 유아가 입김을 부는 데 힘이 들기 때문에 종이의 크기는 가능하면 작은 크기(32절지)를 준비한다.
- 그림물감, 물감 그릇
  - 종이의 색깔에 맞춰 물감을 준비한다.
- 물감을 떨어뜨리는 도구
  - 다양한 굵기의 붓이나 스포이트를 준비한다.
  - 각각의 물감 그릇에 색깔별로 표시한 붓이나 스포이트를 담가 놓는다.
  - 빨대를 이용하여 물감을 떨어뜨릴 수도 있다. 빨래를 물감 그릇에 담그고 잠시 손가락으로 끝을 막은 후, 종이로 옮겨서 손을 떼면 물감이 종이 위로 떨어진다.

이 활동을 할 때는

① 유아의 수준에 적절한 활동 자료·방법을 선택한다.

	3세	4세	5세
연령별	• 길이가 짧고 굵은 빨대를 준비한다(너무 짧은 빨대는 불기 어려우므로 적당한 크기 사용). • 빨대로 부는 것 자체에 관심이 많기 때문에 물감의 색을 2~3가지 정도만 준비한다.	• 물감이 퍼지고 색이 섞이는 과정을 탐색하도록 다양한 색의 물감과 여러 굵기의 빨대를 준비한다. • 입으로 물감을 불었을 때 무늬가 그려지는 과정을 경험한다. • 색이 섞이는 과정을 탐색하도록 다양한 색의 물감을 준비한다.	
학기별	• 여름에 실외에서 다양한 물감놀이를 할 수 있다. • 물감이 잘 퍼지려면 빨대의 각도를 45°로 유지하고, 물감 가까이에 입을 대고 입김을 강하게 불어야 함을 알게 한다. • 무늬를 만들 때 종이 전체에 퍼지게 하도록 강요하지 말고, 물감이 퍼지고 색이 섞이는 모양에 관심을 두게 한다. • 여러 명이 공동 작업으로 할 수 있도록 큰 종이를 준비해 줄 수 있다.		

② 물감의 특성을 탐색한다.

- 물감 떨어뜨리기: 도화지에 물감을 붓이나 스포이트에 묻혀 떨어뜨리게 한다. 이때 물감의 양, 붓의 굵기 등에 따른 변화를 탐색해 보도록 한다.
- 물감 불기: 종이 위에 물감을 떨어뜨리고 입으로 불거나, 빨대를 이용해서 불어본다.

③ 물감을 불어 무늬를 만든다.

- 종이 위에 물감 몇 방울을 떨어뜨린다.
- 물감 가까이에 입을 대고, 입김을 강하게 불어서 무늬를 만든다.
- 빨대로 불어 다양한 무늬를 만든다.
  - 빨대의 굵기를 바꿔가며 불거나, 색깔들이 섞이도록 물감을 떨어뜨리는 위치와 부는 방향을 조절해 간다.
  - 여러 색을 떨어뜨리고 같은 요령으로 불면 색이 혼합되어 아름다운 모양이 된다.
- 연령이 어리거나 입으로 부는 것을 힘들어 하면 헤어드라이어를 이용할 수 있다.
- 완성된 작품을 그늘에서 완전히 말린다.

④ 작품을 감상한다.

- 몇 가지 색깔의 종이(32절지 4장)를 이어 붙이면, 같은 색의 물감이라도 바탕색에 따라 다르게 보이는 시각적 차이를 느낄 수 있다.

빨대로 물감을 불어 그린 그림

비누 거품 그림

이 활동을 통해

- 입으로 부는 활동을 통해 신체 조절 능력을 발달시킨다.
- 비눗방울놀이를 통해 즐거움을 느낀다.
- 비누의 특성을 이해한다.
- 비누 거품이 종이에 찍혀 나오는 모양을 탐색해 보고, 어떤 모양 같은지 상상해 본다.

이 활동을 하려면

① 비눗물

- 직접 제작
  - 물 세제(무독성의 과일이나 야채용)를 준비한다.
  - 4·5세인 경우에는 거품을 잘 내기 위해 글리세린을 조금 넣어서 사용할 수 있다.
  - 색을 내기 위해서 식용색소나 수채화 물감을 넣은 후 비눗방울이 생길 정도로 잘 섞는다.
- 구입
  - 무독성의 비눗방울액을 구입한다.

② 필요한 도구

- 다양한 재질과 모양의 종이
  - 물기를 잘 흡수하는 종이(예 도화지, 한지, 화선지, 골판지 등)를 준비한다.
  - 종이의 크기는 16절지 혹은 32절지 정도가 적당하다.
  - 종이의 질감에 따른 변화를 비교할 수 있도록 매끈매끈한 종이(예 달력, 기름 종이)도 제공한다.
- 여러 가지 모양의 용기
  - 비누 거품 그림은 그릇의 모양과 비슷하게 찍히므로 다양한 크기와 모양의 그

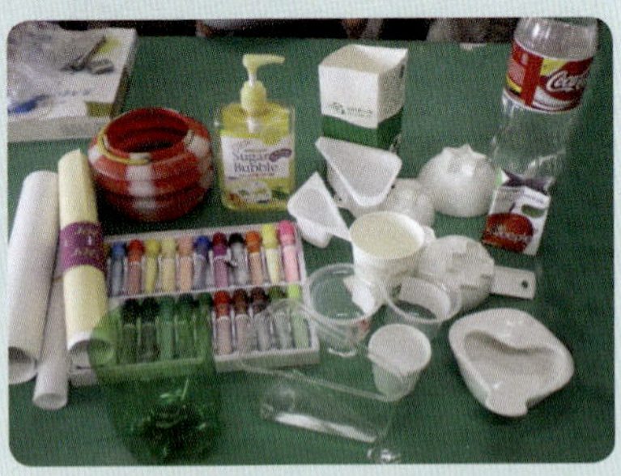

다양한 종이와 용기

릇을 준비하는 것이 좋고, 투명 용기이면 더욱 좋다.

– 일회용품이나 재활용품(예 일회용 컵, 요플레 통, 세모 모양 용기, 과일 모양 용기, 달, 하트, 십자가, 별)등의 여러 가지 모양이 있는 틀을 활용하는 것도 좋다.

– 깊이가 깊은 용기는 거품을 내기 힘들고, 너무 얕은 용기는 비누 거품이 쉽게 넘쳐 흐르기 때문에 적당하지 않다.

• 빨대와 사용한 빨대를 담는 통

– 빨대의 굵기를 2~3종류 준비하면 굵기에 따른 거품의 차이를 비교할 수 있다. 그러나 너무 굵은 빨대는 모양이 잘 찍히는지 식별할 수 없다.

– 빨대를 충분히 준비해 주어 사용한 것과 사용하지 않은 것을 구별하도록 한다.

• 기타

– 용기 밖으로 비누 거품이 넘쳤을 때 유아 스스로 닦도록 걸레와 스펀지를 준비해 준다.

– 책상 위에는 물이 스며들지 않는 덮개를 깔고, 유아는 비닐 작업복을 입는다.

이 활동을 할 때는

① 유아의 수준에 적절한 활동 자료·방법을 선택한다.

	3세 이하	4세	5세
연령별	• 활동을 원하지 않을 경우에는 비눗방울놀이를 할 수 있게 무독성의 비눗방울액도 함께 준비해 준다.	• 물 세제와 식용색소를 혼합하여 준비해 준다. • 색 비누 거품을 직접 만들어 보고, 다양한 무늬가 찍히도록 여러 용기를 사용하도록 격려한다.	
학기별	• 처음 내준 날은 비눗물과 비눗방울의 특성을 충분히 탐색해 보게 한다. • 학기 초에는 어떤 형태를 만들기보다는 비눗방울이 터지면서 만들어진 모양을 보고 어떤 모양인지에 대해 다양한 상상을 해 볼 수 있다. • 학기가 진행되면서 거품의 움직임, 색깔의 변화 등 과학적인 현상을 충분히 느끼도록 상호작용해 주고, 다양한 형태를 만들어 보도록 격려해 준다. • 비눗물 자체에 관심이 많은 경우에는 비눗물을 함께 만들어 본다. 이때 어떤 재료를 혼합해야 거품이 잘 만들어지는지 탐색해 보게 한다. • 활동에 익숙해지면 유아가 원하는 색깔로 비눗물을 함께 제작해 본다. • 입으로 부는 활동이므로 무독성의 세제를 사용하며, 어린 연령인 경우에는 거품을 만드는 과정에서 입안에 비눗방울이 들어갈 수도 있으므로 비눗방울을 찍어내는 활동으로 계획할 수 있다.		

② 비눗물을 탐색한다.

- 빨대로 거품을 낼 때 비눗물을 마시지 않도록 충분히 이야기한다.
- 비눗물을 탐색해 보고 비눗방울을 만들어 본다.
  - 무엇일까? 손으로 만지니까 어떤 느낌이 드니?
  - 불면 무엇이 만들어질까? 만들어진 비눗방울이 어떻게 움직이니?

| 다양하게 비누 거품 부는 유아

| 비누 거품 부는 유아

| 색 비누 거품을 탐색하는 유아

③ 그림을 그린다.

[방법 1. 이젤에 비눗방울을 찍어내는 경우]

- 비눗물에 빨대를 살짝 담근다.
- 이젤 앞에 서서 종이를 향해 비눗방울을 분다.
- 종이에 비눗방울을 닿게 하려면 어떻게 불어야 하는지, 비눗방울이 터지면서 어떤 모양이 만들어지는지 알게 된다.
- 비눗방울이 마르면 크레파스로 그림을 꾸밀 수도 있다.

[방법 2. 평면 종이에 비누 거품을 찍어내는 경우]

- 비누가 섞인 물감에 빨대를 꽂고 비눗방울이 생기도록 천천히 분다.
- 컵 위로 올라온 비눗방울 위에 도화지를 수평으로 살짝 얹어 거품을 찍어낸다.
- 종이의 물감이 마른 후 다른 색 물감을 겹쳐 찍어 본다.
- 색상의 변화를 직접 관찰하며 진행한다.
- 비눗방울이 마르면 크레파스로 꾸밀 수도 있다.

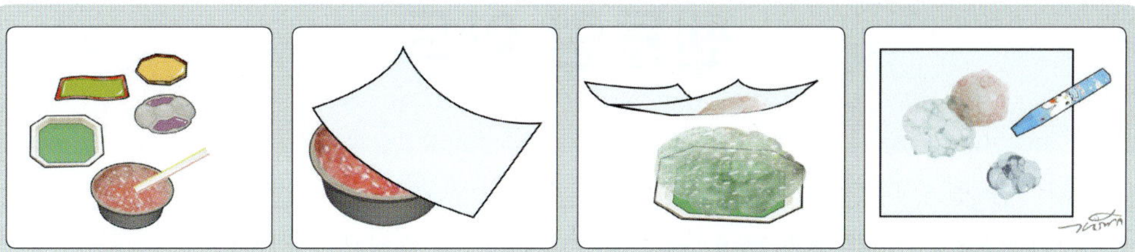

1 | 비눗방울이 생기도록 분다. 2 | 거품에 종이를 얹어 찍어낸다. 3 | 마르면 겹쳐 찍을 수 있다. 4 | 크레파스로 꾸민다.

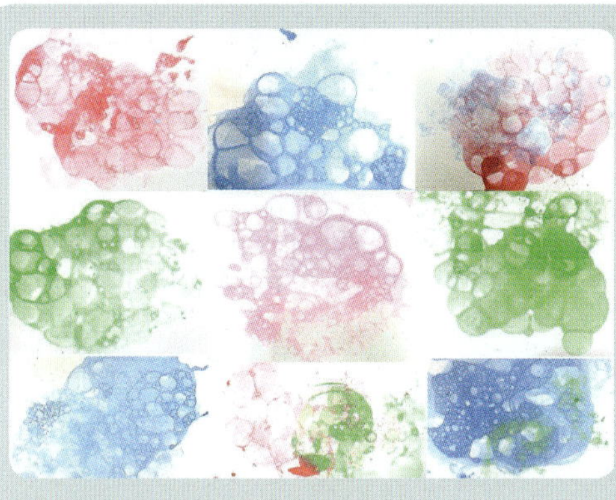

| 평면 종이에 찍어낸 비누 거품 그림

| 비누 거품 그림이 마른 후 연필로 그린 비누 거품 괴물 그림

④ 작품을 전시하고 감상한다.

- 유아들의 작품이 하나의 벽화가 되도록 전시할 수 있다.
- 찍힌 거품의 무늬가 어떤 모양인지에 대해 유아가 표현(예 공룡, 아기)한 것을 그려 보도록 하고 오려서 코팅한 후 출석판으로 활용할 수 있다.

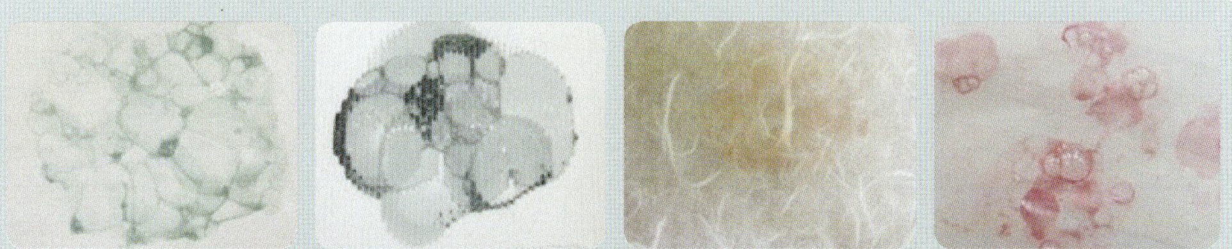

비누 거품을 찍은 그림(5세)

펜듈럼 아트

이 활동을 통해

- 진자운동의 원리를 체험하며, 움직임을 통한 미술 표현을 경험한다.
- 선과 무늬가 잘 표현되도록 손의 힘을 적절히 조절할 수 있다.
- 도구를 활용해 선과 무늬가 생겨나는 과정을 관찰하며, 창의적 표현을 즐긴다.

이 활동을 하려면

① 참고 이미지 및 영상

- 간단한 진자운동, 펜듈럼 아트 영상(유튜브 사이트에서 Pendulum painting 검색)

② 필요한 도구

- 전지나 4절 이상의 도화지
- 물감, 물풀, 물, 비커
- 플라스틱 컵(바닥에 작게 구멍을 뚫은 컵, 끈으로 묶을 수 있는 컵)
- 끈 또는 실, 고정용 스탠드
- 신문지나 깔개(바닥 보호용)

이 활동을 할 때는

① 유아의 수준에 적절한 활동 자료·방법을 선택한다.

	4세	5세
연령별	• 어느 곳(교실이나 활동실 천장, 고정용 스탠드 등)에 물감 통을 고정할 것인지 상의하며 함께 적절한 공간과 자료를 찾아본다. • 교사와 함께 물과 물감, 물풀의 비율을 1:1:1로 섞어본다. • 차례를 지키며 구멍이 뚫린 컵을 돌려본다.	

- 시계추처럼 움직이는 것을 본 적 있니?
- 이 컵이 그네처럼 흔들리며 그림을 그릴 수 있어.

② 펜듈럼 아트의 원리를 간단히 알아본다.

- 컵 아래 구멍을 통해 물감이 흘러내릴 때, 컵이 흔들리면 저절로 재미있는 선이 그려질 수 있어.

• 이걸 '진자운동'이라고 해. 움직임이 반복되며 생기는 선이 아주 재미있지.

③ 펜듈럼 아트를 시도한다.

• 컵에 물감과 물풀, 물을 같은 양으로 넣고 끈으로 매달아 보자.
• 손으로 컵을 잡았다가 놓아보자. 손을 살짝 놓으면 컵이 움직이며 물감이 떨어질 거야.
• 움직임을 바꾸면 그려지는 선도 어떻게 달라질까?
• 컵의 높이나 끈의 길이, 흔드는 방향에 따라서도 무늬가 달라질까?

유의 사항

• 물감이 떨어지는 활동이므로, 가능한 바닥 주변을 신문지나 깔개, 폐현수막 등으로 충분히 덮도록 한다.
• 물감과 물, 물풀을 1:1:1의 비율로 섞으면 좋다. 비커 등이 있다면, 50ml:50ml:50ml 등의 정량을 유아와 함께 맞춰볼 수 있다.
• 물감이 담긴 컵을 잡았다가 손 놓기, 컵 흔들기 등의 부분에서 유아가 질서를 유지하며 활동이 원활하게 이루어지도록 지도한다.
• 작품이 마른 후 친구들과 함께 감상하며 무늬를 살펴본다.

| 넓은 공간에서 펜듈럼 아트를 하는 유아

| 완성된 작품을 살펴보는 유아

| 펜듈럼 아트 작품

1_ 평면 미술

다양한 기법으로 그리기

- 문질러 베껴내기
- 바틱 기법으로 비밀 그림 그리기
- 파피에 콜레(종이 찢어 구성하기)
- 모자이크
- 스테인드글라스
- 데칼코마니
- 안개 그림
- 판화
- 도장 찍기
- 여러 가지 물건으로 찍기
- 종이를 이용하여 찍기
- 손바닥 찍기
- 발바닥 찍기
- 야채로 도장 찍기
- 나뭇잎 모양 찍기
- 마블링
- 스크래치

'다양한 기법으로 그리기'는 미술에서 사용되는 여러 가지 기법 중에서 영유아에게 적용한 미술 활동을 소개하였다.

유아기에도 유아는 미술에서 사용되는 다양한 기법을 활용한 미술을 할 수 있는데 몇 가지 기법을 소개하면 다음과 같다.

표 3-1 유아기 미술에 적용되는 미술 기법

명칭	내용
파피에 콜레 (papier colle)	• 입체파 화가인 브라크와 피카소 등이 시도한 기법으로, 그림의 일부에 신문지, 나뭇결 벽지, 상표 등을 붙여서 현실감을 주는 기법 • 찾아볼 작품: 에른스트(Max Ernst, 1891~1976)의 '우편 배달부 슈발'
콜라주 (collage)	• 종이나 평면 재료에 색종이, 포장지, 잡지, 색실, 단추, 헝겊 등 다양한 재료를 붙여서 실제의 재질감을 회화적 방법으로 느끼게 하는 기법 • 찾아볼 작품: 마티스(Henri Matisse, 1869~1954)의 '라 제브르'
모자이크 (mosaic)	• 대리석, 도기 조각 등을 일정한 크기로 절단하여 조화 있게 배치하여 구상한 내용을 표현하는 기법 • 찾아볼 작품: 시냐크(Paul Signac, 1863~1935)의 '핑크빛 구름이 낀 앙티브', '두 그루 사이프러스와 미스트랄'
드리핑 (dripping)	• 잭슨 폴록과 같은 액션페인팅 화가가 사용한 것으로 물감을 화면에 뿌리거나 떨어뜨리거나 흘려서 우연의 효과를 나타내는 기법 • 찾아볼 작품: 폴록(Jackson Pollock, 1912~1956)의 '파란 막대기들'
데칼코마니 (decalcomanie)	• 종이의 한쪽 면에 물감을 충분히 칠하고 접었다 폈을 때, 대칭형의 우연한 모양이 찍혀 나오게 하는 기법 • 찾아볼 작품: 도밍게즈(Oscar Dominguez, 1906~1957)의 '데칼코마니'
프로타주 (frottage)	• 나뭇결이나 잎, 헝겊 등 요철이 있는 물체 위에 종이를 놓고 연필 등으로 문질러 무늬를 떠내는 기법 • 찾아볼 작품: 에른스트(Max Ernst, 1891~1976)의 '도시 전체'
마블링 (marbling)	• 그릇에 물을 담고 그 위에 먹물이나 유성 잉크를 떨어뜨려 저은 다음에 종이를 얹어 찍어서 우연적인 아름다움이 표현되는 기법 • 찾아볼 작품: 터키의 마블링 또는 마블링으로 검색
스크래치 (scratch)	• 밑색을 칠하고 그 위에 두껍게 색을 바른 후에 의도대로 긁어서 표현하는 기법 • 찾아볼 작품: 브르통(Andre Breton, 1896~1966)의 '아름다운 시체', '도시 전체'
몽타주 (montage)	• 영화나 사진 편집 구성의 한 방법으로 따로따로 촬영한 화면을 적절하게 떼어 붙여서 하나의 긴밀하고도 새로운 장면이나 내용으로 만드는 기법으로 파피에 콜레와 유사함 • 찾아볼 작품: 젠트리(Nick Gentry, 1980~), https://www.nickgentry.com/2012
핑거 페인팅 (finger painting)	• 풀과 물감을 섞어 손가락으로 그리는 기법 • 찾아볼 작품: 스콧(Iris Scott, 1984~), https://youtu.be/g33k4S9xu_A

명칭	내용
아상블라주 (assemblage)	• 콜라주보다 더 폭넓은 의미로 사용되며 긁어모으기, 대조시키기, 세우기, 늘어놓기, 붙이기, 붙였다 떼어내기(데콜라주), 포토 몽타주 등의 기법 포함함. 종이를 콜라주하듯 오브제를 사용해서 3차원의 콜라주 작품을 만드는 것과 같이 예술과 관련 없는 주변 물건이나 폐품을 조립해서 작품을 만드는 기법 • 찾아볼 작품: 하드윅(Jen Hardwick), https://lnkd.in/gAPmtvqY
오브제 기법 (objet)	• 예술과는 아무런 관계없는 물건이나 그 한 부분을 본래의 일상적인 용도에서 분리하여 보는 사람에게 잠재된 욕망이나 환상을 불러일으키는 상징적 기능의 물체를 사용하는 기법 • 오브제 작품의 예: https://images.app.goo.gl/qStmU1p9cX7bxcu56

문질러 베껴내기

이 활동을 통해

- 사물에는 여러 가지 형태와 무늬가 있음을 안다.
- 형태와 무늬가 잘 표현되도록 손의 힘을 적절히 조절할 수 있다.
- 대·소근육을 발달시키고 시각적, 촉각적 표현력을 기른다.
- 여러 무늬의 자료를 이용하여 문질러 보고, 재질에서 오는 다양한 느낌을 경험한다.
- 요철이 있는 것을 베껴내는 경험을 통해 베껴내기 판화의 기본적인 이해를 돕는다.

이 활동을 하려면

① 베껴내기를 위한 여러 가지 자료

- 요철이 있는 기존 자료
  - 동전, 벽지, 열쇠, 장난감 등의 물건
  - 나뭇잎, 돌, 나무껍질 등의 자연물
- 직접 제작
  - 모래 종이, 골판지, 망사, 플라스틱 등 다양한 재질을 이용해서 여러 모양으로 오린다.
  - 하드보드지나 두꺼운 도화지 위에 오려낸 모양을 붙여 베껴내기 틀을 제작한다.

다양한 재료로 구성한 유아 작품

② 베껴낼 도구와 종이

- 베껴낼 도구
  - 베껴내기에는 크레용, 색연필, 여러 종류의 연필(HB, 4B연필 등), 파스텔이 적절하다.
  - 크레파스는 베껴내는 데 시간이 적게 걸리지만, 잘 번지고 색이 진해서 형태가 잘 나타나지 않으므로 부적절하다.
- 베껴낼 얇은 종이
  - 화선지, 복사용지, 트레이싱 페이퍼, 기름 종이 등이 적절하다.
  - 베껴내기 틀을 이용할 경우에 크기는 베껴내기 틀보다는 약간 크거나 같은 크기로 한다.
  - 종이가 움직이지 않도록 집게나 클립으로 고정한다.

이 활동을 할 때는

① 유아의 수준에 적절한 활동 자료·방법을 선택한다.

	3세 이하	4세	5세
연령별	• 모양이나 윤곽이 잘 나타나는 자료나 상품화된 베껴내기 틀이 적절하다. • 손에 잘 묻지 않는 크레용을 준비한다.	• 다양한 모양과 재질의 구성 판, 여러 가지 물건이나 수집한 자연물을 이용한다. • 크레용과 색연필을 준비한다.	• 실내외에서 찾아보고 수집한 자료를 이용하거나 다양한 모양으로 구성 판을 만들어 본다. • 색연필이나 연필, 파스텔을 준비한다.
학기별	• 학기 초에는 전 연령에 사용한 자료와 새로운 자료를 함께 사용할 수 있도록 한다. • 손의 힘이 부족하거나 힘 조절이 잘 안되는 유아인 경우에는 동전과 같은 딱딱한 물건을 제공해 주는 것이 바람직하다. • 학기가 진행되면서 유아가 주변에서 다양한 것들을 찾아보고, 수집한 자료를 적극적으로 활용하도록 격려한다(실내: 우리나라 전통 문양, 마루, 벽지, 선반의 나뭇결/실외: 돌바닥, 시멘트 바닥, 타이어, 철장/자연물: 나뭇잎, 돌, 나무껍질, 호두 껍데기 등).		

② 베껴내기 판화에 필요한 기본적인 개념을 탐색한다.

- 손가락으로 만졌을 때 울퉁불퉁한 촉감이 느껴지는 물체이어야 함을 알게 한다.
- 자료에 따라 잘 나타나는 것도 있고 그렇지 않는 것도 있다는 것을 알게 하고, 문질러서 잘 나타나는 것을 찾도록 격려한다.
- 한 번에 여러 가지 자료를 대고 베껴내기보다는 한 가지씩 차례로 베껴내어 모양을 만들 때 더 다양하게 표현할 수 있음을 이해하도록 한다.

• 한 가지 색뿐만 아니라 여러 가지 색을 사용할 수 있음을 알게 한다.
• 많이 써서 작아진 크레용을 활용할 경우에는 옆으로 눕혀서 문지르면 쉽게 베껴낼 수 있음을 알게 한다.
• 재료에 따라 질감과 그 효과가 다르다는 것을 경험하게 한다.

③ 표면을 문질러 베껴낸다.
• 종이를 선택하고 베껴내어 보고 싶은 자료를 선택한다.
• 자료 위에다 종이를 덮고, 클립이나 집게로 고정시킨다.

| 바구니를 베껴낸 그림

| 자연물을 베끼는 유아

| 나뭇잎과 나뭇잎을 베껴낸 그림

| 베껴낸 그림 작품의 전시

④ 작품을 전시하거나 확장 활동에 활용한다.
• 재미있는 느낌이 드는 것, 특이한 것, 아름답게 베껴진 것을 게시판에 전시한다.
• 종이에 나타난 무늬를 보고 무엇을 베껴냈는지를 알아맞혀 본다.
• 역할놀이에서 가게놀이를 할 때 다양한 동전을 베껴내어 활용할 수 있다.

바틱 기법으로 비밀 그림 그리기

이 활동을 통해

- 물질의 성질과 변화를 탐색한다.
- 비밀 그림의 원리를 이해한다.

이 활동을 하려면

① 양초, 연한 크레파스(흰색, 노란색 등)

② 물감, 큰 붓, 종이

- 물감과 큰 붓
  - 물감의 색은 진한 것이 좋고, 물감의 농도는 엷게 탄다.
  - 붓대에 물감의 색을 표시해 놓는다.
- 종이
  - 크레파스의 색과 같은 색(흰색, 노란색 등)의 도화지를 준비한다.

이 활동을 할 때는

① 유아의 수준에 적절한 활동 자료·방법을 선택한다.

	3세	4세	5세
연령별	• 양초는 다루기 힘들므로 이 연령에는 부적절하며, 색깔 있는 연한 크레파스(노란색, 회색)를 준비한다.		• 여러 색의 크레파스, 크레파스의 색과 같은 색의 도화지, 여러 색의 물감을 칠할 수 있도록 준비한다.
학기별	• 공동 작업인 경우에는 전지 크기의 흰색 모조지를 책상에 붙여놓고 공동으로 비밀 그림을 그린 후, 다 함께 칠하면서 친구들이 표현한 생각을 알아본다. • 학기가 진행되면서 유아가 음악 감상할 때 느끼는 느낌을 즉흥적으로 흰 전지 위에 흰 크레파스(양초)를 이용하여 파장 또는 복합적인 선으로 표현하게 한다. 감상이 끝난 후, 물감을 칠하면서 음악을 다시 들으면 새롭게 음악을 느낄 수 있다. • 유아가 비밀 그림의 원리를 이해할 수 있도록 비슷한 활동을 다양하게 연계한다.		

② 비밀 그림의 원리인 바틱 기법에 대해 이해한다.

- 그림이 명확하게 나타나는 것, 흐려서 잘 안 보이는 것 등을 비교하여 그 이유를 생각해 보도록 한다.

- 비밀 그림과 원리가 비슷한 활동을 연계시킨다.
  - 예전에 했던 마블링의 활동에서 물과 기름의 원리에 대해 생각해 보게 한다.
  - 양초(파라핀)를 녹인 물에 천이나 종이를 담가뒀다가 균열이 생기게 문지른다. 그 다음에 물감으로 염색하면 염색되는 곳과 안 되는 곳이 생겨나게 되는데, 왜 그런지에 대해 생각해 보게 한다.
- 종이의 색과 같은 색의 크레파스나 옅은 색의 크레파스로 그린 다음에, 다른 색의 물감으로 칠하면 무엇이 달라지는지 탐색해 보게 한다.

③ 비밀 그림을 그린다.

- 유아가 그리고 싶은 비밀 그림이 무엇인지와 어떻게 숨길지를 생각해 보게 한다.
- 양초나 크레파스로 도화지에 그림을 그리고 이름도 한쪽 옆에 쓴다(양초나 흰 크레파스는 흰 종이에, 노란 크레파스는 노란색 도화지에 그리기).
- 그림 위에 여러 색의 물감을 칠하여 그림이 나타나게 한다.
- 그늘에 건조시킨다.

비밀 그림(5세)

④ 작품을 감상한다.

파피에 콜레(종이 찢어 구성하기)

이 활동을 통해

- 다양한 재질의 종이를 찢을 때 나는 서로 다른 소리와 느낌을 경험한다.
- 원하는 모양대로 종이를 찢거나 찢어낸 종이의 모양과 형태를 살펴보고, 이를 창의적으로 구성한다.
- 종이를 찢는 과정을 통해서 대·소근육을 발달시킨다.

이 활동을 하려면

① 다양한 재질의 종이
- 잡지, 신문지, 색 습자지, 색종이, 색 미농지, 포장지, 한지, 도화지, 화장지, 달력 종이 등
- 새 종이보다는 파지를 이용하는 것이 좋다.

② 약간 두꺼운 종이를 여러 모양으로 오린 것 또는 도화지

③ 찢어낸 종이류를 담을 큰 상자 또는 바구니

④ 풀, 채색 도구

이 활동을 할 때는

① 유아의 수준에 적절한 활동 자료·방법을 선택한다.

	3세 이하	4세	5세
연령별	• 대근육을 활용하면서 종이를 찢어보도록 한다.	• 손가락 근육을 활용하여 종이를 정교하게 찢어 보도록 한다.	• 재미있게 찢어 보고 창의적으로 구성해 보도록 한다.
학기별	• 1년 중 언제나 가능하며 학기 초에 더 적절하다. • 3세 이하의 연령에게 적합하다. 4·5세인 경우에는 대근육보다 손가락 근육을 활용하여 구성하도록 격려한다. • 교사는 유아가 종이를 길고 짧게, 크고 작게 등 다양하게 찢어 보도록 아이디어를 제공한다. • 학기 초에는 찢어낸 종이를 보고 어떤 모양인지 생각해 보고 창의적인 방법으로 표현해 보도록 격려하고, 학기가 진행되면서 처음부터 어떤 모양으로 찢을지 미리 생각하고 의도적으로 찢어 보도록 한다. • 손으로 찢은 종이와 가위로 자른 종이의 느낌 차이를 비교해 보고, 유아가 표현하고 싶은 대로 종이를 찢어 보고, 잘라보고, 접어서 모양을 낼 수 있도록 한다.		

② 자료를 탐색한다.

- 종이에 따라 찢는 소리와 느낌이 다른 것을 비교해 본다.
- 다양한 종류와 재질의 종이를 자유롭게 찢으면서 길고 짧게, 크고 작게 또는 독특하게 찢어진 모양을 찾아 본다.

③ 자료를 구성한다.

- 다양한 재질의 종이를 찢어서 두꺼운 종이 위에 자유롭게 붙인다.
- 독특한 모양을 도화지에 붙이고, 채색 도구를 이용하여 필요한 부분을 꾸민다.

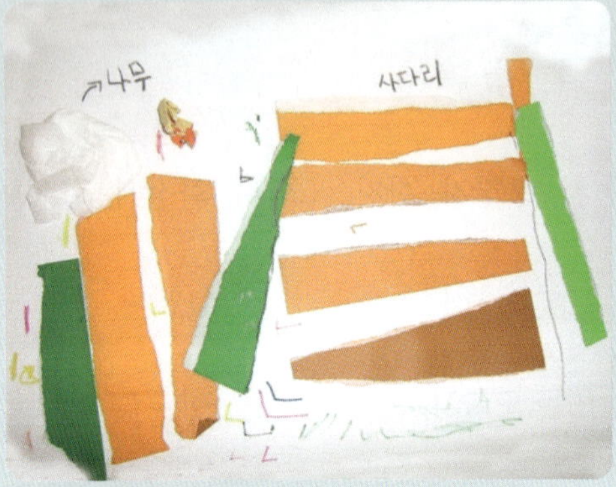

종이 찢어 구성한 작품(3세)

종이 찢어 구성한 작품(4세)

다양한 종이로 꾸민 작품(4세)

원하는 형태로 잘라 꾸민 작품(5세)

잡지 사진을 활용하여 꾸민 작품

- 다양한 사진이나 그림을 오리고 붙이면서 새로운 그림을 만들 수 있음을 이해하고, 유아들이 표현하고 싶은 그림(예 장난감 가게, 우리 집, 자동차 등)을 생각해 보도록 한다.
- 원하는 그림본을 선택하거나, 어떤 주제로 표현하고 싶은지 밑그림을 구상한다.
- 유아들이 표현하고자 하는 주제에 따라 다양한 그림이나 사진을 찾아서 오린다.
- 오린 그림이나 사진으로 풀칠하여 꾸민다.
- 원하는 경우에 물감이나 크레파스로 그림을 첨가해 준다.

④ 작품을 감상한다.

⑤ 확장 활동을 한다.

- 찢은 종이를 비닐봉지에 넣은 후 양끝을 고무줄로 묶어서 모빌을 만들 수 있으며, 두꺼운 비닐봉지(예 김장용 비닐봉지)를 이용하면 공놀이할 수 있는 공을 만들 수도 있다.

비닐장갑과 비닐봉지로 꾸민 작품

모자이크

이 활동을 통해

- 여러 가지 재료를 조각조각 붙여 장식하면서 다양한 재질의 성질을 경험한다.
- 장식을 하면서 심미감을 기른다.

이 활동을 하려면

① 하드보드지(8절지)

- 개별 작업인 경우에는 4등분이나 6등분으로 잘라서 준비한다.

② 모자이크 자료

- 색종이나 색 도화지: 세모, 네모 등 일정한 모양으로 준비한다.
- 단추, 구슬, 색공, 끈, 부직포, 우표 등
- 조약돌, 조개, 곡식, 씨앗 등: 물감이나 식용색소로 다양하게 물들인 후에 잘 건조시켜 종류별로 상자나 그릇에 담아 준비한다.

③ 색연필, 풀, 목공용 풀, 본드

이 활동을 할 때는

① 유아의 수준에 적절한 활동 자료·방법을 선택한다.

	5세
학기별	• 학기 초에는 그림을 그릴 때 모자이크하기 쉽도록 크게 그리도록 한다. • 추상적인 무늬나 형태를 자유롭게 그려도 좋다. • 될 수 있는 대로 빈틈없이 꼭꼭 채워 붙이도록 격려하지만, 유아가 힘들어하는 경우에는 강요하지는 않는다. • 공동 작업으로 진행할 수도 있다. • 학기 말에는 못 쓰는 접시나 쟁반 등을 준비해 주고, 여러 색의 자료를 붙여 작품을 만들 수도 있다.

② 자료를 탐색한다.

- 모자이크 기법을 이용한 미술 작품을 감상하고, 작품에 사용된 재료들을 알아본다.
- 다양한 재료들을 탐색해 보고, 재료들의 조각들을 붙여서 어떤 모양을 만들 수 있을지 생각해 본다.
- 재료들을 어떻게 붙일 수 있는지에 대해 생각해 본다.

③ 자료를 구성한다.

- 하드보드지 위에 색연필 등을 이용하여 그리고 싶은 모양을 그린다.
- 재료들을 어떻게 붙일지 생각해 본다.
- 재료에 맞게 풀이나 본드로 붙이며, 빈틈없이 꼭꼭 채워 붙인다.

풀과 목공 풀, 다양한 작은 사물을 이용해서 모자이크 작품을 만드는 유아

풀과 목공 풀, 다양한 작은 사물을 이용해서 만든 작품

색 타일을 붙여서 모자이크 기법으로 만든 작품

④ 작품을 감상한다.

- 액자처럼 만들어서 벽에 걸어둔다.

초록 계열 색종이로 모자이크해서 만든 나뭇잎과 유아가 나뭇잎에 하고 싶은 말을 적은 작품의 전시

교사의 Tip

모자이크는 여러 가지 빛깔의 돌이나 유리, 조개껍데기, 금속, 타일 따위를 조각조각 붙여서 무늬나 회화를 만드는 기법을 말한다.

스테인드글라스

이 활동을 통해

- 빛에 의한 색의 혼합을 경험한다.
- 유리를 장식해 보는 경험을 갖는다.
- 소근육 및 손과 눈의 협응력을 발달시킨다.

이 활동을 하려면

① 테두리로 사용되는 종이

- 검은색 도화지: 종이가 너무 두꺼우면 접어서 오리기가 힘들므로 적당한 두께의 종이를 준비한다.
- 마닐라지: 원, 세모, 네모 모양 등 여러 가지 기하학적 모양과 다양한 크기로 구멍을 뚫어 놓는다.

| 스테인드글라스 만들기 예시

② 셀로판지: 빨강, 파랑, 초록, 노랑

③ 풀, 가위

이 활동을 할 때는

① 유아의 수준에 적절한 활동 자료·방법을 선택한다.

	3세	4세	5세
연령별	• 다양한 크기로 모양을 뚫어 놓은 마닐라지를 준비한다. 이때 테두리의 공간은 여유롭게 한다. • 3세인 경우에는 테두리가 두꺼운 종이를 제공해 주고, 셀로판지를 종이 구멍에 맞게 오려 준다.		• 검은색 도화지를 준비한다. • 연령이 높을수록 테두리로 사용되는 종이가 얇아도 된다.
학기별	• 스테인드글라스가 어울리는 계절에 있는 행사(예 부활절, 추수 감사절, 크리스마스 등)에 맞게 종이를 오려 구성해 보게 한다. • 교사는 유아가 셀로판지를 붙일 때 여러 가지 색을 골고루 붙이고 색깔을 겹쳐서 붙여보도록 격려한다. • 학기가 진행되면서 색을 겹칠 때는 색의 혼합으로 일어나는 변화를 관찰하도록 격려하고 변화에 대하여 이야기 나눠 본다. • 풀은 한꺼번에 너무 많이 짜지 않도록 하며, 셀로판지가 아닌 종이 테두리에 풀칠하도록 지도한다.		

② 자료를 탐색한다.

- 성당의 스테인드글라스 사진이나 그림을 감상한다.
- 셀로판지를 통해서 사물을 보고, 여러 색의 셀로판지를 겹쳐 보면서 색의 변화를 경험해 본다. 과학 영역에 셀로판지 색깔 막대를 함께 제시해 줄 수 있다.
- 스테인드글라스의 견본을 보여주고, 가위로 오려낸 부분이 스테인드글라스의 무늬가 됨을 알게 한다.

③ 자료를 구성한다.

[방법 1. 모양 뚫린 마닐라지]

- 모양 뚫린 마닐라지에 셀로판지를 붙인다.
- 여러 가지 색의 셀로판지를 골고루 붙이거나 색깔을 겹쳐서 붙여보기도 한다.

[방법 2. 검은색 도화지]

- 검은색 도화지를 가로, 세로, 대각선으로 접은 후에 다양한 무늬가 생기도록 오려 낸다.
- 도화지 위에 풀칠하여 셀로판지를 붙인다.
- 양쪽에서 다 보도록 만들고 싶으면 색종이 2장을 한꺼번에 접어서 자르고 그 사이에 셀로판지를 넣어서 붙인다.

④ 작품을 감상한다.

- 완성된 작품을 햇빛이 잘 들어오는 유리창에 붙여서 셀로판지를 통하여 보이는 실외의 다양한 색을 접하게 한다.
- 크리스마스 장식으로 이용할 수도 있다.
- 계절이나 행사에 알맞은 내용으로 틀을 다르게 오려낸 다음에 셀로판지를 붙여 사용하면 좋은 환경 구성의 한 방법이 될 수 있다.
- 전시하기 전에 투시물 환등기(OHP)를 준비해 주어 유아들이 빛에 투과한 색이나 모양, 빛과 그림자, 그림의 확대, 축소 등 다양하게 감상하도록 해준다.

밤하늘에 반짝이는 별을 꾸민 작품

데칼코마니

이 활동을 통해

- 색의 혼합에 따른 색깔의 변화를 경험한다.
- 그림의 대칭적인 효과를 경험한다.
- 크레파스의 성질을 알고, 열에 의해 새로운 형태로 나타나는 과정을 경험한다.

이 활동을 하려면

1 물감을 이용한 데칼코마니

① 물감

- 어린 유아의 경우에는 색깔이 선명한 포스터물감을 진하게 타준다. 물감이 묽으면 색이 선명하지 않으므로 짙은 농도로 타준다.
- 4·5세의 경우에는 종이에 직접 짤 수 있는 튜브형 물감을 준비해 준다.

② 종이: 다양한 색의 도화지

- 어두운색보다 밝은색이나 흰색의 도화지가 더 선명하게 표현된다. 다만 유아의 다양한 표현을 위해 검은색 도화지를 제공해 줄 수도 있다.

③ 물감 그릇, 붓

- 팔레트보다 낮은 컵이나 그릇을 이용하는 것이 더 편리하다.
- 물감 그릇과 붓은 색깔별로 구분한다.

④ 건조대, 스펀지나 걸레

2 크레파스를 이용한 데칼코마니

① 크레파스

- 쓰다 작아진 크레파스, 고장 난 색연필, 잘 쓰지 않은 크레용 등을 이용한다.
- 칼이나 뾰족한 기구로 크레파스나 색연필을 가루보다는 약간 덩어리지게 갈아준다.
- 못 쓰는 커터기, 치즈 가는 기계를 사용하면 좀 더 쉽게 갈 수 있다.

② 용기, 작은 숟가락

- 크레파스가 섞이지 않도록 용기에 색깔별로 구분한다.
- 손으로 집어서 뿌리는 것보다 작은 숟가락을 이용해 뿌리면 더 편리하다.

③ 종이: 도화지, 복사용지, 트레이싱 페이퍼 등

④ 다리미

이 활동을 할 때는

① 유아의 수준에 적절한 활동 자료·방법을 선택한다.

	3세	4세	5세
연령별	• 종이에 물감을 떨어뜨려서 한다.	• 종이에 물감을 직접 짜서 한다.	• 크레파스 가루를 이용해서 한다.
학기별	• 데칼코마니는 어느 연령이나 어떤 주제에서도 할 수 있으므로 연령별, 주제별로 유아가 다른 경험을 할 수 있도록 물감의 색, 활동 자료, 접는 방법, 누르는 방법 등을 다양하게 계획한다. • 3세의 경우, 초기에는 한쪽 면에만 물감을 떨어뜨리도록 제한하지 말고, 양쪽 면에 물감을 다 떨어뜨릴 수 있도록 한다. 점차 한쪽 면에 물감을 떨어뜨릴 수 있도록 지도하고, 원하는 경우에는 종이에 물감을 직접 짜서 작업하도록 한다. • 활동이 진행되면서 종이를 접는 방법(예 가로로 접고, 세로로 다시 접기)에 따라서 대칭의 효과가 달라진다는 점을 알게 해준다. • 종이를 덮고 나서, 손바닥으로 문지르지 말고 일정한 방향으로 밀도록 지도한다.		

② 그림을 그린다.

[방법 1. 물감을 이용한 데칼코마니]

- 종이를 반으로 접는다.
- 종이를 펴고 한쪽 면에 직접 물감을 짠다.
- 한 가지 색의 물감으로만 하지 말고 두세 가지 색의 물감을 떨어뜨린다.
- 물감이 묻어 있지 않는 반대쪽의 종이를 덮고 손바닥으로 골고루 눌러 준다.
- 건조대에 눕혀서 말린다.

[방법 2. 크레파스를 이용한 데칼코마니]

- 종이는 반으로 접고 한쪽 면에 가루를 적절한 양으로 뿌린다. 너무 많이 뿌리거나 너무 적게 뿌리면 원하는 모양대로 나오지 않는다.
- 접은 선을 따라 반으로 접고 종이가 움직이지 않도록 손으로 잘 잡는다.
- 신문지를 종이의 위에 덮고 다림질한다. 다림질 온도는 중~상 정도가 적당하다.

| 데칼코마니 활동(4세)

| 데칼코마니 활동(5세)

③ 작품을 전시한다.

- 완성된 작품은 나타난 그림에 따라 형태를 오려내어 전시할 수 있다.

| 아세테이트지에 활동한 작품

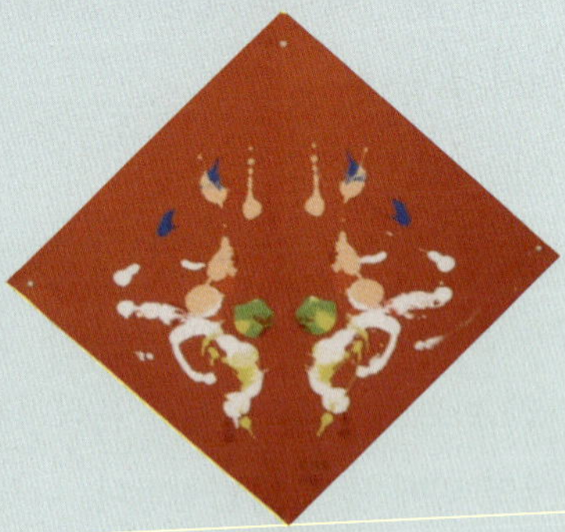

바탕 종이의 색과 모양에 따라 느낌이 다른 작품

안개 그림

이 활동을 통해

- 활동에 필요한 재료와 도구를 탐색한다.
- 물감을 뿌림으로써 돋보이는 여러 가지 모양에 흥미를 갖는다.

이 활동을 하려면

|안개 그림 세팅

① 그림본

- 유아가 관심 있는 다양한 대상의 모양 본을 준비한다.
- OHP 필름 위에 그림본을 대고 그린 후 손잡이를 붙여 준다. 여러 번 사용할 경우에는 물감이 흘러내릴 수 있으므로 휴지로 자주 닦아 준다.
- 한 번만 사용할 경우에는 그림본을 두꺼운 종이에 붙여서 준비한다.

② 필요한 도구

- 물감 뿌릴 체와 솔
  - 둥근 철사에 철망이나 헝겊 망사를 씌운 체를 만들거나 시중에 나와 있는 체를 구입한다.
  - 다양한 크기의 솔(칫솔, 바닥 솔 등)을 준비한다. 헌 솔을 사용하는데 심하게 마모되지 않은 솔을 준비한다.
  - 솔과 체에 색깔 표시를 해주어 색이 섞이지 않게 한다.
  - 3세 이하인 경우에 물감을 담은 분무기를 준비한다.

• 다양한 색(짙은 색, 옅은 색)과 크기의 종이
• 물감, 물감 그릇
– 진한 색의 종이 위에 흐린 색의 물감으로 하면 다른 느낌을 줄 수 있다.
– 크리스마스 장식을 만들 계획인 경우, 관련 있는 모양의 색 켄트지에 하얀 물감을 사용하면 크리스마스 느낌이 잘 표현된다.
– 물감 담는 그릇은 얕고 넓은 것으로 준비하고, 물감 그릇 바닥에 부직포를 깐다.
– 물감이 흘러내리지 않게 부직포가 촉촉해지도록 탄다.
• 작업복, 건조대

이 활동을 할 때는

① 유아의 수준에 적절한 활동 자료·방법을 선택한다.

	3세 이하	4세	5세
연령별	• 조작이 쉬운 분무기를 준비한다.	• 체와 다양한 크기의 솔을 준비한다.	• 체 대신에 사용할 수 있는 물건(예 머리빗, 그물망 등)을 찾아본다.
학기별	• 분무기나 체를 이용하여 물감을 뿌릴 수 있는 대·소근육 협응력이 발달했는지 고려한다. • 처음에는 재료를 골고루 늘어놓고 해보다가 익숙해지면, 여러 개의 그림본을 적절하게 배치하여 그림의 형태로 모양을 만들도록 유도한다. • 활동이 진행되면서 준비된 그림본뿐만 아니라 자연물(예 나뭇가지, 열매 등)이나 못 쓰는 놀잇감(예 퍼즐 조각, 플라스틱 장난감 등)을 활용할 수 있도록 격려해 준다. • 교사가 체를 잡아주는 것은 의미가 없다. 유아가 스스로 할 수 있을 경우에만 체를 제공해 주고, 그렇지 않다면 물줄기가 가늘게 나오는 물뿌리개를 준비해 준다. • 어린 연령일 경우에는 투명 이젤에 분무기로 뿌려 그려 보거나 바닥에 큰 전지를 깔고 분무기로 뿌려 그려 보는 경험을 제공해 줄 수도 있다. • '불기 활동', '솔 그림'과 관련지어 같은 점과 다른 점에 대해 이야기를 나누어 본다.		

② 자료를 탐색한다.
• 체와 솔의 명칭 및 사용 방법에 대해 이야기를 나눈다.
• 도화지 전면에 물감이 골고루 퍼지게 하는 방법에 대해 알게 한다.
– 한 곳을 오래 비비지 않도록 한다.
– 솔에 물감이 너무 많으면 그대로 떨어지므로 알맞게 묻혀야 함을 알게 한다.

③ 그림을 그린다.
• 종이 위에 하고 싶은 모양의 그림본을 적절히 배치하여 올려놓는다.
• 도화지에 올려놓은 그림본이 움직이지 않도록 고정시킨다.

- 원하는 색의 솔과 체를 가져와 물감을 묻혀 체에 대고 비빈다.
- 올려놓았던 그림본을 조심스럽게 떼어 제자리에 놓는다.
- 작품을 말린다.

분무기로 그리는 유아(3세)

솔과 체로 뿌려 그리는 유아(4세)

④ 작품을 전시하고 감상한다.

- 공동 작품으로 한 경우에는 유아들과 의논하여 완성된 작품 위에 동시를 써서 전시하거나 각자 그리고 싶은 그림을 그려서 전시한다.

판화

이 활동을 통해

- 물감을 이용해 찍어내는 경험을 통해 판화에 대한 기본적인 이해를 한다.
- 판화의 종류에 대해 안다.
- 판화를 제작해 보는 경험을 갖는다.

이 활동을 하려면

■ 판화 틀 제작

① 종이 판화

- 양각: 종이에 찍어낼 모양 부분을 붙여서 만든다.
  - 두꺼운 도화지 대신에 엠보싱이 된 실크 벽지나 골판지를 이용하면 판화를 찍어낼 때 입체감이 살아난다.
  - 상자 골판지 띠, 두꺼운 매듭실, 털실, 노끈으로 무늬를 만들어 붙여 놓을 수도 있다.
- 음각: 종이 모양 부분을 칼로 파내어 만든다.
- 생활 주제에 맞추어 종이 판화를 제작한다. 교사가 제작하기보다는 유아가 직접 제작해 보도록 격려한다.

② 고무 판화

- 16절지 크기의 고무판에 밑그림을 그리고 양각, 음각의 효과를 살려 새긴다.

다양한 재질의 종이를 원하는 형태로 오려 만든 작품

다양한 머리 모양, 눈, 코, 입을 활용하여 유아들이 만든 표정 작품

교통기관 고무판

③ 스티로폼 판화

- 스티로폼 판에 연필이나 못, 볼펜 등으로 그림을 그릴 수 있도록 준비한다.

필요한 도구

- 물감, 물감 접시 준비
- 롤러, 큰 붓, 스펀지
  - 물감은 색깔별로 2~3개씩 준비하며, 손잡이에 각각의 색깔을 표시하는 띠를 둘러 물감이 섞이지 않게 한다.
  - 3세인 경우에는 롤러 대신에 스펀지를 준비해 준다. 스펀지의 윗부분을 집게로 집어서 손잡이로 쓸 수 있게 준비한다.
- 도화지나 복사지: 판화 틀보다 약간 크거나 같은 것으로 준비한다.
- 빈 상자
  - 종이 판화 판이 들어갈 수 있도록 높이 2~3cm의 상자를 준비한다.
  - 종이 판화는 빈 상자를 넣어서 사용해야 물감이 책상 위에 묻는 것을 방지할 수

있으며, 찍어내는 종이가 움직이는 것을 방지해 준다.

- 신문지, 걸레, 작업복, 건조대

이 활동을 할 때는

① 유아의 수준에 적절한 활동 자료·방법을 선택한다.

	3세	4세	5세
연령별	• 단순한 형태나 윤곽이 잘 나타나는 고무 판화가 적절하다. • 물감이 잘 묻는 스펀지가 적절하다.	• 원판의 제작이 쉬운 종이 판화를 함께 만들어 본다. • 2~3색의 물감을 준비한다.	• 여러 종류의 판화를 경험해 보고, 새로운 판화 틀을 구성해 본다. • 3~4색의 물감을 준비해 주고, 붓도 첨가해 준다.
학기별	• 교사가 준비해 주기보다는 유아가 관심 있는 대상이나 사물을 활용한다. • 유아의 발달을 고려하여 다양한 판화(예 종이, 고무, 스티로폼 등) 중 적절한 것을 선택한다. • 학기 초에는 전 연령에서 사용했던 자료와 새로운 자료를 함께 사용할 수 있도록 배려해 준다. • 판화 틀은 첫날 모두 내주는 것이 아니라 활동이 이루어지는 동안 매일 몇 개씩 바꾸어 가며 제시해 주고, 물감의 색도 바꾸어 준다.		

② 판화에 필요한 기본적인 개념을 이해한다.

- 종이에 직접 그리지 않고 같은 그림을 여러 장 찍어낼 수 있는 특성을 알려 준다.
- 판화 틀의 그림과 찍어낸 그림은 좌우가 바뀐다는 것을 이해하도록 한다.
- 한 가지 물감만 사용해야 한다는 점을 알려 준다. 물감 색은 판화 틀에 표시해 놓은 색깔과 같은 것, 롤러 손잡이에 표시해 놓은 색깔과도 같은 것을 사용하도록 한다.
- 롤러에 물감을 넉넉히 묻혀서 종이 판화 위에 물감이 골고루 칠해지도록 한다. 물감을 너무 많이 칠하면 판화 틀의 그림이 새겨진 부분에 물감이 고여 잘 찍히지 않으므로 물감을 묻힐 때와 판에 칠할 때 주의하도록 한다.

③ 판화를 찍어낸다.

- 신문지를 깔고 그 위에 원하는 모양의 판화 틀을 올려놓는다.
- 롤러나 스펀지에 물감을 묻혀 판화 틀 위를 골고루 칠한다.
- 물감이 마르기 전에 얼른 종이를 덮고, 손바닥으로 골고루 문지른다. 이때 종이는 이름을 쓴 면이 위로 오도록 덮는다.
- 종이를 들어내어 찍혀 나오는 모양을 살펴본다.
- 건조대에 말린다.

| 고무 판화(3세)

| 고무 판화(4세)

| 종이 판화(4세)

| 종이 판화(5세)

④ 작품을 전시하고 감상한다.

- 유아들이 찍어낸 그림을 오려 벽면에 붙인다. 이때 색지를 이용하여 배경을 만들어 준 다음 그림을 붙일 수 있다.
- 다양한 얼굴의 표정을 찍어낸 것을 코팅해서 역할놀이 때 활용할 수 있다.

도장 찍기

이 활동을 통해

- 다양한 자료를 잘 찍는 경험을 통해 손과 눈의 협응력 및 손의 조절 능력을 발달시킨다.
- 찍기에 적절한 사물을 주변에서 찾아보고 활용하는 경험을 갖는다.
- 구성력을 기르고, 도구를 이용한 표현 기법을 경험한다.

이 활동을 하려면

① 도장 준비

- 제작한 도장

– 모루, 스펀지, EVA를 활용해서 제작한다.

– 바닥이 넓고 평평한 소재(예 요구르트병, 요플레 통, 필름 통의 플라스틱, 우유 통 등)에 모루, 스펀지, EVA 등을 붙여 도장을 만든다. 연령이 어릴수록 넓고 튼튼한 소재를 선택한다.

– 도장의 종류가 많을 경우에는 보관이 어려우므로 뚜껑이 있는 통(예 포스터물감 통)에 모루 등을 붙여 만들고 사용 후 뚜껑만 보관할 수 있다.

– 도장 밑면이 네모, 세모 등 여러 종류의 재료를 선택하여 다양한 모양을 만든다.

– 도장에 색깔 표시를 해주어 유아들이 색을 구분하여 사용할 수 있도록 한다.

제작한 모루 도장

- 구입한 도장
  - 패턴 도장, 스펀지 도장, 고무도장, 그림 도장 등을 인터넷이나 화방을 통해 구입한다.

② 물감과 종이

- 물감, 물감 접시
  - 물감 접시에 부직포를 깔고 부직포가 축축하게 젖을 정도로 물감을 탄다.
  - 물감의 농도와 양을 적당하게 조절하여 찍기에도 적절하고, 찍어낸 물감이 빨리 마를 수 있도록 한다.
- 종이
  - 도화지, 골판지, 모조지, 달력, 한지 등 종이의 특성이나 크기를 다양하게 준비한다. 공동 작업인 경우에는 전지 크기의 모조지를 준비한다.
  - 종이 대신에 OHP 필름이나 유리창에 직접 찍어 창문을 꾸밀 수 있다. 실외라면 아크릴판을 준비하여 도장을 찍고 물로 씻어내는 색다른 경험을 줄 수 있다.

③ 기타

- 크레파스, 색연필, 사인펜
- 걸레, 건조대

이 활동을 할 때는

① 유아의 수준에 적절한 활동 자료·방법을 선택한다.

	3세 이하	4세	5세
연령별	• 무늬가 잘 나오는 스펀지 도장이 적절하다. • 무늬가 잘 나오도록 물감의 농도를 약간 진하게 타준다.	• 다양한 재료와 크기의 도장을 준비해 준다. • 유아와 함께 부직포 접시에 물감을 타본다.	• 원하는 모양을 구상해서 도장을 만들어 본다. • 물감의 농도와 양을 조절해 가면서 물감을 타보도록 한다.
학기별	• 도장을 처음 내준 날은 모조지를 내주어 넓은 공간에서 마음대로 찍어 보게 한다. 점차 개인적으로 여러 가지 모양의 종이를 가져와서 개별적으로 찍어 보게 한다. • 첫날은 물감 색과 도장의 수를 적게 하고 익숙해지면 물감 색과 다른 모양의 도장을 추가할 수 있다. • 학기가 진행되면서 창의적인 모양으로 구성하도록 격려해 주고, 원하는 모양대로 도장을 직접 만들어 보도록 한다. 도장을 찍을 경우에는 그림이나 글자의 좌우가 바뀌는 점을 감안하여 제작하도록 한다.		

② 찍기에 필요한 기본적인 개념을 이해한다.

- 물감을 고루 묻힌 도장을 선명하게 찍어내기 위해서는 손의 힘을 적절하게 조절해야

함을 알게 한다.

- 유아가 창의적으로 모양을 구성할 수 있도록 적절하게 상호작용을 한다.
  - 도장을 잘 찍으려면 어떻게 하면 좋을까?
  - 연결해서 찍어 보면 어떨까? 어떤 모양처럼 되니?

③ 도장을 찍는다.

- 찍어 보고 싶은 도장을 선택하고, 찍으면 어떤 모양이 나올지 생각해 본다.
- 찍힌 모양들을 관찰해 본다.
- 도장을 연결해서 새로운 모양을 찍어 본다.
- 도장 찍은 것이 어느 정도 마른 후에는 원하는 유아는 완성된 작품에 크레파스나 색연필, 사인펜으로 색을 칠하거나 그림을 그려서 꾸며볼 수 있도록 한다.
- 손의 힘을 잘 조절하면서 손수건이나 옷감 위에 염색용 물감으로 찍어 보게 한다.

찍기로 만든 공동 작품(3세)

개별 유아의 찍기 그림으로 만든 공동 작품

④ 작품을 전시하고 감상한다.

꽃 모양 모루 도장을 이용하여 꾸민 유리창

바다 생물 고무도장을 이용하여 바닷속을 꾸민 작품

⑤ 도장 정리

- 사용한 도장을 깨끗이 씻고 말린 후, 정리하는 방법을 가르쳐 준다.

여러 가지 물건으로 찍기

이 활동을 통해

- 소근육 발달을 돕는다.
- 찍기에 적절한 사물을 주변에서 찾아보고 활용하는 경험을 갖는다.
- 여러 가지 사물을 찍어내면서 형태의 다양함을 발견한다.

이 활동을 하려면

① 찍기에 적절한 물건들

- 병뚜껑, 필름 통, 병마개, 요구르트 통, 끈, 털실, 클립, 단추 등
- 각종 블록, 플라스틱 끼우기, 장난감(예 태엽 감는 인형), 동물 모형, 자동차, 주사위, 여러 가지 공 등

② 종이와 물감

- 다양한 재질과 크기의 종이
  - 도화지, 모조지, 복사지, 창호지 등 다양한 특성을 가진 종이를 준비한다.
  - 종이 크기를 결정할 때는 영유아의 발달을 고려한다.
- 물감, 물감 접시
  - 종이, 골판지 등을 찍을 경우에는 물감을 잘 흡수하므로 물감을 충분히 준비한다.
  - 큰 물건을 찍을 수 있도록 커다란 접시를 준비한다.
  - 물감 대신에 스탬프나 인주를 준비해 줄 수도 있다.

③ 기타

- 크레파스, 색종이
  - 다 마른 후에는 크레파스로 그림을 그려서 보충하거나 꾸며줄 수 있도록 한다.
  - 빈칸에 색칠을 하거나 색종이를 오려 붙여도 색다른 구성이 된다.
- 작업복, 건조대

이 활동을 할 때는

① 유아의 수준에 적절한 활동 자료·방법을 선택한다.

	3세 이하	4세	5세
연령별	• 잘 찍히는 물건들을 준비해 준다.	• 주변에 있는 물건 중에서 무늬로 찍어낼 수 있는 것을 함께 찾아본다.	• 다양한 특성을 가진 물건을 제공해 준다. 다양하게 변형하거나 조작하면서 찍어 보도록 한다.
학기별	• 학기가 진행되면서 주변에서 찍기에 적절한 물건을 찾아보고, 찾은 물건을 어떻게 찍을 수 있는지 의논해 보고, 창의적인 방법으로 찍을 수 있도록 격려해 준다. • 유아가 독창적인 모양이나 생각을 표현할 수 있도록 격려한다. • 큰 종이에 여러 명의 유아가 공동 작품으로 구성할 수도 있다.		

② 찍기에 적절한 물건에 대해 탐색한다.

- 찍어도 되는 물건인지 아닌지를 구별하도록 처음에는 교사와 함께 찾아 본다.
- 물건을 선택할 때에는 종이의 크기나 재질을 고려하도록 한다.

③ 여러 가지 물건으로 찍어 본다.

- 자유롭게 모양과 무늬를 만들어 찍는다.
  - 여러 가지 무늬를 자유롭게 찍거나, 일정한 패턴의 연속적인 무늬를 만들어 보거나, 큰 모양과 작은 모양을 반복해서 찍고, 색깔을 달리해서 찍는다.
- 완성된 작품이 다 마른 후에 꾸미기를 원하는 경우에는 크레파스로 그림을 그려서 보충하거나 색종이로 꾸며볼 수 있도록 한다.

| 다양한 재료로 찍어 그리는 유아(4세)

| 솜으로 찍어 그리는 유아(4세)

④ 작품을 전시하고 감상한다.

- 완성된 작품을 보고 어떤 물건을 이용하여 표현했는지 비교해 본다.
- 어떤 모양이 잘 찍혔는지, 어떻게 꾸민 모양이 재미있었는지 등을 감상한다.

⑤ 사용한 물건을 정리한다.

- 활동에 사용했던 물건들을 유아 스스로 정리하도록 지도한다.
- 매일 씻을지, 활동이 끝나고 씻을지에 대해 의논한다.
- 각종 물건을 분류하여 다음 자료로 활용할 수 있도록 깨끗이 씻고 정리한다.

솜으로 찍어 그린 작품

종이를 이용하여 찍기

이 활동을 통해

- 다양한 특성의 종이를 구길 때 느껴지는 촉감을 경험한다.
- 구긴 종이를 찍을 때 다양한 무늬가 나타남을 경험한다.
- 여러 가지 종이를 이용하여 구기거나 말기의 다양한 방법으로 무늬를 찍어 본다.
- 종이를 구겨 보는 경험을 통해 대·소근육 발달과 정서적인 긴장감 완화를 경험한다.

이 활동을 하려면

① 찍기에 적절한 종이

- 구겨서 쓸 수 있는 종이: 신문지, 신문지 간지, 잡지, 한지, 주름 종이, 포장지 등 다양한 재질의 종이
- 말아서 쓸 수 있는 종이: 골판지 등

② 필요한 도구

- 모양을 찍어낼 종이: 모조지, 도화지 등
- 물감, 물감 접시: 종이는 물감을 흡수하므로 물감을 충분히 준비한다.
- 건조대

이 활동을 할 때는

① 유아의 수준에 적절한 활동 자료·방법을 선택한다.

	3세 이하	4세	5세
연령별	• 잘 구겨지는 종이를 준비한다. • 대·소근육을 사용하여 찍는 것 자체에 관심을 갖도록 해 준다.	• 다양한 재질의 종이를 준비한다.	• 구겨보고 말아보면서 다양하게 찍을 수 있는 종이를 준비한다. • '여러 가지 물건으로 찍기'와 통합해서 진행할 수 있다.
학기별	• 처음에는 어떤 형태를 만들기보다는 종이를 구겨서 찍어낸 모양을 탐색해 보게 한다. • 학기가 진행되면서 종이를 창의적으로 구기는 방법을 고안하여 자유롭게 표현할 수 있도록 격려해 주고, 같은 모양을 연속적으로 찍어서 어떤 형태를 만들어 보거나 물감 농도의 차이를 느껴 보게 한다. • 새로운 종이를 준비해 주는 것보다는 종이 찢기 놀이를 하고 난 후, 그 종이를 재활용하여 찍기를 해보게 한다.		

② 종이의 특성을 탐색한다.

- 종이의 크기, 구김새에 따라 찍히는 모양이 다르다는 것을 경험해 보게 한다.
- 같은 모양으로 계속해서 찍을 때 물감이 적어짐에 따라 찍히는 모양이 어떻게 달라지는지 경험하게 한다.
- 재질에 따라 흡수되는 물감의 양과 찍히는 모양이 어떻게 다른지 비교해 보게 한다.

③ 종이로 찍어 본다.

- 종이를 자유롭게 구겨서 모양을 만든다.
- 구긴 종이에 물감을 묻혀 종이에 찍어낸다.
- 건조대에 말린다.

구긴 종이를 찍어서 연속적인 무늬 만드는 유아

종이를 이용하여 찍기

④ 작품을 전시하고 감상한다.

종이를 이용해 찍어 그린 그림

여러 색을 섞어 찍어서 만든 작품

손바닥 찍기

이 활동을 통해

- 신체를 이용하여 간단히 찍는 경험을 갖는다.
- 협력하는 경험을 갖는다.
- 손바닥의 모양이나 지문을 관찰해 본다.
- 손바닥을 미술 도구로 이용해서 표현해 본다.

이 활동을 하려면

① 종이

- 다양한 재질(예 도화지, 복사용지, 창호지 등), 색상(예 검정, 남색, 흰색 등)과 크기(예 전지, 4절지, 8절지)의 종이

② 농도가 짙은 그림물감, 크고 넓은 접시

- 물감을 찍은 손바닥이 돋보이도록 종이의 색상(예 검은색 종이와 흰색 물감, 남색 종이와 노랑 또는 흰색의 물감, 흰색 종이와 흰색을 제외한 선명한 색의 물감)을 고려하여 준비한다.
- 손바닥 전체에 물감을 칠해야 하므로 손바닥 크기보다 큰 접시와 부직포를 준비한다.

③ 물과 걸레, 수건

이 활동을 할 때는

① 유아의 수준에 적절한 활동 자료·방법을 선택한다.

	3세 이하	4세	5세
연령별	• 찍는 것 그 자체에 관심이 많기 때문에 큰 종이를 준비한다.	• 찍어서 실제 손바닥의 크기와 지문을 비교해 볼 수 있도록 물감의 농도나 종이를 잘 선택한다.	• 여러 형태로 찍어 보면서 그림으로 완성해 볼 수 있도록 개별 종이를 준비한다.
학기별	• 학기 초에는 찍기 자체에 관심을 갖게 해주고, 연령이 높아질수록 찍은 손바닥을 모양대로 오리게 하거나 실제의 손바닥을 대보고 손의 지문이나 크기를 비교해 보도록 한다. • 활동이 진행되면서 손바닥을 다양한 형태로 만들어서 찍어 보고, 원하는 그림으로 표현해 보도록 격려한다. • 학기가 진행되면서 손바닥을 다양한 방법으로 찍으면서 나타나는 무늬를 관찰하게 하거나 어떤 무늬를 만들겠다는 의도를 가지고 찍어보게 격려한다. • 물감을 적당량을 묻혀야 제대로 잘 찍힌다는 점을 알게 한다. • 봄에 핀 목련나무 그늘 아래에서 흰 물감으로 손바닥이나 주먹 쥔 손의 옆면을 찍어 목련꽃으로 꾸며볼 수도 있다.		

② 손바닥에 대해 탐색한다.

• 쥐기, 펴기 등의 다양한 방법으로 손 모양을 만들어 본다.
  – 손가락을 쫙 펴거나 오므리면 어떤 모양일까?
  – 손등, 주먹을 쥔 옆면은 어떤 모양일까?
  – 어떻게 하면 손바닥의 여러 모양이 찍힐까?

③ 손바닥을 찍는다.

• 작업복을 입는다.
• 손바닥으로 물감을 찍어 종이 위에 다양한 방법으로 찍어 보도록 격려한다.
  – 손가락을 쫙 펴거나 오므리고 찍는다.
  – 손등으로 찍는다.
  – 주먹을 쥐고 옆면으로 찍는다.
• 다른 색으로 하고 싶을 때는 준비된 수건에 손을 닦거나 물로 씻고 난 후에 한다.

손바닥과 손가락을 찍어서 꽃을 그리는 유아(5세)

바닥에서 큰 종이에 손바닥 찍기(영아)

④ 완성된 작품을 감상한다.

- 나무 꾸미기: 유아가 전지 크기의 종이에 나무줄기와 가지를 그리고, 손바닥으로 물감을 찍거나 크레파스나 풀 물감으로 그릴 수 있다. 봄에는 연두색, 여름에는 녹색이나 진한 초록색, 가을에는 노란색이나 빨간색으로 표현할 수 있다.
- 성탄목 꾸미기: 큰 종이로 원뿔 형태의 나무를 만들고, 만든 나무에 오린 손바닥 그림의 끝을 말아서 나뭇잎을 꾸밀 수 있다.
- 손바닥을 오려서 창문이나 문 둘레에 붙여 전시할 수 있다.

손바닥 찍어 그린 작품

손바닥을 찍어 이야기를 만든 작품

발바닥 찍기

이 활동을 통해

- 자신의 신체를 이용해 찍는 경험을 한다.
- 발바닥 모양에 관심을 갖고, 발바닥도 미술의 도구가 될 수 있음을 안다.

이 활동을 하려면

발바닥 찍기 활동 세팅

① 그림물감, 부직포나 솜을 바닥에 깐 물감 쟁반(유아의 발바닥 크기보다 큰 것)

② 비닐, 종이

- 마당이나 화장실 가까운 곳에 비닐을 깔아 놓는다.
- 비닐 위에 전지 크기의 종이를 깔아 준다.

③ 작은 바구니: 양말을 벗어놓은 작은 바구니를 준비한다.

④ 수건과 비누

⑤ 건조대: 발 찍은 도화지를 말릴 수 있는 건조대를 실외에 준비한다.

이 활동을 할 때는

① 유아의 수준에 적절한 활동 자료·방법을 선택한다.

	3세 이하	4세	5세
연령별	• 발바닥, 손바닥을 찍어볼 수 있도록 큰 쟁반에 물감을 준비한다.	• 다양한 종류의 신발(구두, 여성 구두, 운동화 등)을 신고 찍어 보도록 준비한다.	• 찍은 발자국의 지문이나 발바닥 모양을 탐색할 수 있도록 돋보기를 준비해 준다.
학기별	• 어린 연령에게 더 적절한 활동인데, 연령이 높아질수록 단순히 찍기가 아니라 찍은 발바닥끼리 크기를 비교해 보거나 실제 발바닥의 모양이나 크기와 비교해 보도록 한다. • 큰 종이 위에 다양한 종류의 신발을 신고 걸어 다니거나, 손발바닥에 물감을 묻히고 기어가는 방법 등으로 자연스럽게 찍기로 이어질 수 있도록 지도한다. • 유아의 관심이 지속되면 물감의 색을 첨가하여 발바닥 찍기 활동을 한다. • 날씨가 좋은 날에는 실외의 수돗가에서 발바닥 찍기를 할 수 있고, 물 그림 차원에서 물감 없이 진행할 수도 있다.		

② 발바닥을 찍는다.

- 전지를 깐다.
- 종이 위를 걸어가면서 유아가 발바닥을 찍어본다.
- 다양한 종류의 구두를 신고 걸어보면서 발자국을 나타내는 그림으로 구성할 수 있다.
- 발을 씻고 발바닥이 찍힌 종이를 건조대에 말린다.

| 물감으로 발바닥 찍는 영아

③ 완성된 작품을 감상한다.

- 다 말린 발바닥 모양을 오려서 다양하게 꾸며볼 수 있다. 이때 교사는 상호작용을 통해 유아 개개인의 창의력을 신장시킬 수 있도록 한다.
- 벽화 꾸미기: 비닐 끈을 나무줄기처럼 꼬아 벽면에 붙이고 동화 이야기(잭과 콩나무)처럼 벽화를 꾸밀 수 있다.
- 막대 인형 만들기: 다 말린 발바닥 모양을 오리고, 그 위를 여러 가지 얼굴 모양으로 꾸민다.
- 찍은 발바닥을 오려서, 계단 오르고 내리기 표시나 줄서기 표시 등으로 활용할 수 있다.

손바닥과 발바닥 그림을 활용해 만든 작품

야채로 도장 찍기

이 활동을 통해

- 야채를 이용하여 도장 찍는 경험을 한다.
- 야채의 여러 모양을 조합하여 창의적으로 구성하는 경험을 한다.
- 같은 무늬라도 색이나 배열에 따라 전체적인 느낌이나 효과가 다름을 경험한다.

이 활동을 하려면

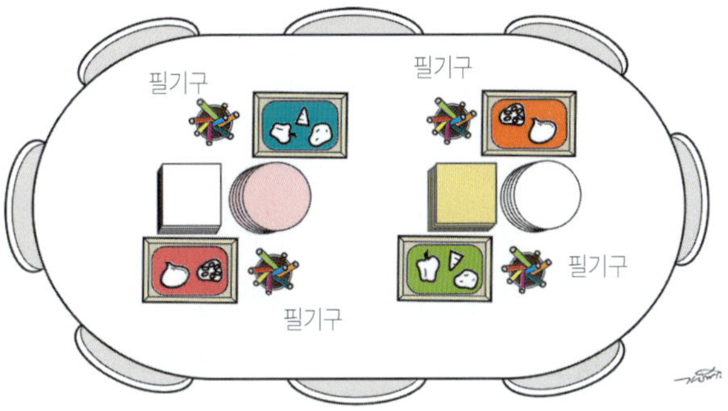

야채로 도장 찍기 세팅

① 여러 가지 야채

- 단면 자체에 모양이 있는 야채: 연근, 피망, 양파, 고추, 통마늘, 브로콜리, 샐러리, 아스파라거스, 옥수수 등
- 단단한 단면에 조각도로 무늬를 새길 수 있는 야채: 감자, 고구마, 당근, 무, 가지 등

다양한 야채 도장

② 종이와 물감

- 각종 재질의 종이: 도화지, 복사용지, 창호지 등
- 물감이나 스탬프, 물감 접시(납작한 접시에 스펀지, 부직포 등을 얹어 만든 것)

이 활동을 할 때는

① 유아의 수준에 적절한 활동 자료·방법을 선택한다.

	3세 이하	4세	5세
연령별	• 손에 잡고 찍기 쉬운 야채를 준비한다. 준비된 야채를 하나씩 찍는 것에 관심을 갖도록 한다.	• 친숙하지 않은 다양한 종류의 야채를 준비한다.	• 다양한 형태의 야채를 준비하여 유아가 원하는 무늬를 만들어 찍어 보도록 한다.
학기별	• 계절 야채 중 선명한 무늬가 있는 야채를 유아가 함께 골라본다. • 처음에는 대근육을 활용해서 모양이 잘 나타나게 찍고, 준비된 야채가 어떤 형태로 찍히는지에 대해 관심을 갖게 한다. • 일정하고 연속적인 무늬, 자유로운 무늬 또는 형태를 가진 무늬를 찍어 보는 과정에서 같은 무늬라도 색의 배열에 따라 무늬가 주는 느낌이나 효과가 다름을 알도록 한다. • 찍기 활동에 익숙해지면 학기 말에는 아크릴 물감을 이용하여 흰색 면 셔츠 위에 무늬를 찍을 수 있는 기회를 제공해 줄 수도 있다. • 전지 크기의 종이에 공동 작업으로 구성해 주면 색다른 표현이 나타나며 협동심을 기를 수 있다. • 『야채로 도장 찍기』(글·요시다 기미마로, 번역·김세희, 한림출판사: 1997)와 연관시켜 활동할 수 있다.		

② 야채를 탐색한다.

- 유아와 함께 야채의 이름과 모양 등에 대해 탐색한다.
- 야채를 여러 가지 방법으로 잘라보고 단면의 모양을 살펴본다.
- 야채를 이용한 판화의 방법에 대해 이야기하고 찍어 본다.
  - 단면의 모양을 사용하여 찍어 본다. 피망, 고추, 양파, 연근 등은 단면 자체가 특징이 있어서 재미있는 모양이 나온다는 것을 안다.
  - 감자, 무, 고구마 등 단단한 야채의 단면에는 조각도로 무늬를 새겨서 모양을 만들 수 있다는 점을 안다.

야채의 단면을 탐색하기(영아)

③ 도장 찍기를 한다.

- 야채의 단면에 물감을 묻혀 종이에 찍는다.
- 다양한 색깔을 사용하여 모양이나 무늬를 만들면서 찍어 본다.

④ 작품을 전시하고 감상한다.

야채로 도장 찍기(영아)

다양한 야채로 찍어서 만든 작품

나뭇잎 모양 찍기

이 활동을 통해

- 나뭇잎마다 모양과 잎맥이 다르다는 것을 안다.
- 물감을 이용해서 나뭇잎 모양 찍기를 경험한다.

이 활동을 하려면

① 말린 나뭇잎

- 은행잎, 단풍잎, 백합나무잎, 플라타너스잎, 벚나무잎, 목련나무잎, 떡갈나무잎, 후박나무잎 등 잎맥이 선명한 나뭇잎
- 너무 많이 말리면 칠할 때에 부서지므로 반나절 정도만 헌 잡지에 끼워 두었다가 쓰는 것이 좋다.

② 종이와 물감

- 흡수가 잘 되는 종이: 모조지, 복사용지, 도화지, 한지, 창호지 등
- 물감과 붓
  - 계절에 맞는 여러 가지 색(예 가을: 노랑, 주황, 빨강, 황토색, 카키색 등)
  - 스펀지 붓, 일반 붓: 색깔 띠를 해주어 다른 색과 섞이지 않도록 한다.

이 활동을 할 때는

① 유아의 수준에 적절한 활동 자료·방법을 선택한다.

	3세 이하	4세	5세
연령별	• 물감 접시에 나뭇잎을 눌러 물감을 묻힌 후 종이에 찍도록 준비한다.	• 스펀지 붓을 준비하여 나뭇잎에 물감을 묻힐 수 있도록 한다.	• 일반 붓을 준비하여 나뭇잎에 물감을 칠하도록 한다.
학기별	• 학기 초나 활동 초기에는 찍혀진 나뭇잎 모양에 관심을 갖도록 하고, 점차 연령이 높아질수록 여러 나뭇잎으로 구성하여 다양한 형태(예 물고기, 공작새 등)를 만들어 보도록 격려해 준다. • 단풍이 들기 전에 수집한 나뭇잎도 함께 제공해 주면 활동을 하는 동안 나뭇잎의 변화 과정에 대해 이야기를 나눠 볼 수 있다. • 어린 연령인 경우에는 나뭇잎을 뒤집어 찍는 것이 어려우므로 나뭇잎 위에 종이를 올려주고, 나뭇잎이 잘 찍히도록 손으로 밀지 말고 두드리도록 도와준다. • 유아가 지속적인 관심을 보일 경우에는 마른 나뭇잎을 점토에 눌러 베껴내어 잎맥을 관찰하는 경험을 제공해 준다.		

② 나뭇잎을 탐색한다.

- 나뭇잎의 이름과 생김새에 대해 알아본다.
- 단풍이 들기 전과 비교해 보면서 나뭇잎의 색이 변화하는 이유를 알아본다.
- 손으로 문질러 보면서 잎의 특성과 재질감을 느낀다.
- 물감을 너무 많이 묻히면 잎맥이 뚜렷하게 나오지 않으므로 적당히 묻혀야 함을 알려 준다.

③ 종이로 찍어 본다.

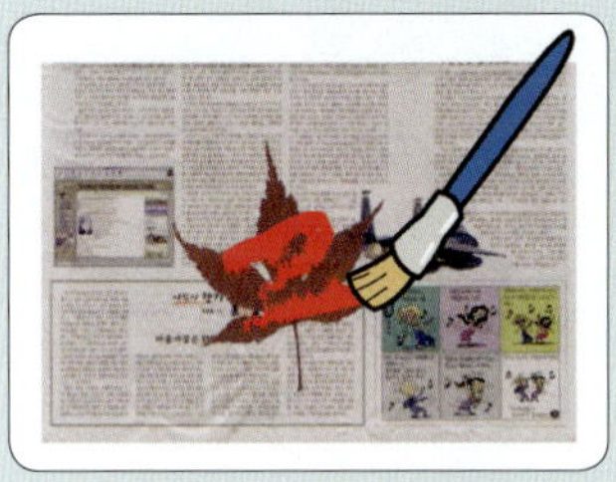

1 | 나뭇잎의 뒷면에 물감을 칠한다.

2 | 어떤 모양을 만들까?

3 | 종이를 덮고 문지른다.

4 | 말린다.

5 | 가위로 오린다.

6 | 종이의 뒷면에 이름을 쓴다.

- 찍어내고 싶은 나뭇잎을 고르고, 그 나뭇잎을 찍기에 적당한 종이를 고른다.
- 잎맥이 뚜렷한 나뭇잎의 뒷면을 물감으로 골고루 칠한다.
- 신문지 위에서 색칠을 한 여러 모양의 나뭇잎을 자유롭게 구성한다.
- 찍을 종이를 덮고 손으로 문지른다.
- 말리고 오린 후 뒷면에 이름을 쓴다.

④ 작품을 감상한다.

- 찍어낸 나뭇잎을 오린 후 창문에 구성하면 스테인드글라스 효과를 낸다.
- 찍어낸 나뭇잎은 비닐로 코팅하여 출석판 자료, 책꽂이 등으로 이용할 수 있다.

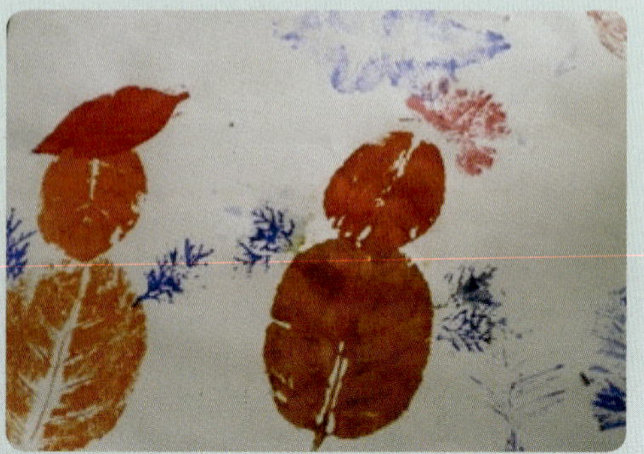

나뭇잎 모양을 찍어 만든 작품(4, 5세)

마블링

이 활동을 통해

- 물과 기름이 섞이지 않다는 점을 이해한다.
- 서로 다른 특성을 가진 물질을 이용해서 다양한 무늬를 만들어 본다.

이 활동을 하려면

① 물감

- 유성 물감
  - 유성 물감의 농도가 너무 진할 경우에는 식용유나 테레빈유를 넣어 묽게 한다.
  - 물 위에 떨어뜨려 사용한다.
- 마블링용 물감(구입)
  - 물 위에 마블링용 물감을 떨어뜨려 바로 사용한다.

② 종이와 도구

- 종이
  - 흡수가 잘 되는 재질의 종이(예 도화지, 창호지, 모조지 등)를 준비한다.
  - 찍고 난 후 종이를 잘 꺼낼 수 있게 양쪽 끝을 살짝 접어놓는다.
- 그릇, 집게, 젓가락
  - 그릇은 종이가 충분히 들어갈 수 있게 넓고 큰 것으로 준비한다.
  - 집게는 물감을 찍는 과정에서 물감이 손에 많이 묻기 때문에 준비한다.
  - 젓가락은 물감을 저을 때 필요하므로 준비한다.
- 작업복: 물감이 묻으면 잘 안 지워지므로 꼭 착용하도록 한다.

이 활동을 할 때는

① 유아의 수준에 적절한 활동 자료·방법을 선택한다.

	4세	5세
연령별	• 구입한 마블링 물감을 준비한다.	• 물감과 테레빈유가 섞이는 과정을 탐색할 수 있도록 유아와 함께 마블링 물감을 만든다.
학기별	• 처음에는 1~2가지 정도의 색을 준비하고 점차 색을 늘려간다. • 마블링 물감의 양이 많으면 색이 잘 퍼지지 않기 때문에 1~2방울 떨어뜨리는 것이 좋다. • 점차 활동이 진행되면서 젓는 모양에 따라 다른 무늬가 나오는 것에 관심을 갖게 하고 다양한 방법으로 무늬를 만들어 보도록 격려해 준다. 너무 많이 저으면 색이 어두워지고, 무늬가 잘 나타나지 않는다는 점을 스스로 알게 해준다. • 학기가 진행되면서 마블링 특성에 대해 이해할 수 있도록 다양하게 탐색한다. 물과 기름이 섞이지 않기 때문에 마블링 물감으로 찍을 경우에는 종이에 기름만 묻어 무늬가 생기게 됨을 알게 해준다. • 각 계절과 어울리는 색을 사용하면 사계절의 특성을 표현할 수 있다.	

② 자료를 탐색한다.

- 마블링 물감에 대해 관심을 갖도록 한다.
  - 물감에서 어떤 냄새가 나니?
  - 물에 물감을 떨어뜨리면 어떻게 될까?
- 물에다 물감을 떨어뜨리는 과정을 보여주면서 원인과 결과에 대해 생각해 보도록 한다.
  - 마블링 물감은 왜 물과 합쳐지지 않고 물 위에 뜨는 걸까?
  - 물감을 젓가락으로 저으면 어떻게 될까?
  - 여러 물감을 떨어뜨린 후에 저으면 색이 서로 섞일까? 점점 어떤 색으로 변할까?
- 물감을 종이에 찍어내는 과정을 보여주면서 어떻게 될지 예측해 보도록 한다.
  - 종이로 찍어내면 물감은 어떻게 될까?
  - 한 번 찍고 난 후 연해진 물감을 다시 찍으면 어떻게 될까?

③ 마블링한다.

- 절반 정도 물이 담긴 그릇에 마블링 물감을 몇 방울 떨어뜨린다.
- 나무젓가락으로 휘저어 물감을 여러 가지 모양으로 만든다.
- 준비한 종이를 살짝 담가두었다가 집게로 건져낸다.
- 건조대에 눕혀서 말린다.

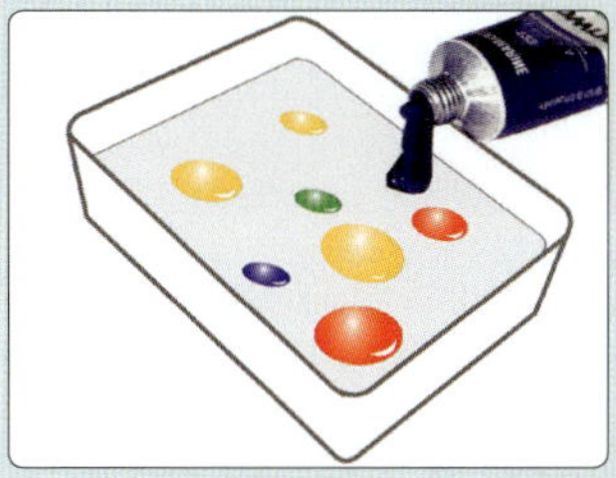

1 | 물 위에 물감을 짠다.

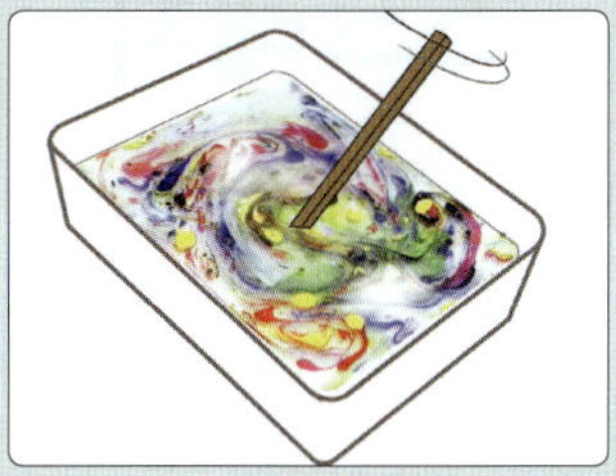

2 | 젓는다.

3 | 원하는 모양을 만든다.

4 | 종이에 모양을 찍는다.

5 | 말린다.

④ 작품을 감상한다.

- 완성된 작품을 전시할 때는 뒷면에 배경 종이를 덧대야 전시하는 벽면이 기름으로 더러워지는 것을 방지할 수 있다.
- 유리창에는 기름이 배지 않으므로 그냥 붙이는 것이 더욱 효과적이다.

마블링 한 종이를 박 모양으로 오려 만든 넝쿨

스크래치

이 활동을 통해

- 여러 가지 재료와 도구를 활용하여 자유롭게 그려 본다.
- 바탕색과 긁어내는 도구에 따라 표현이 달라지는 것을 경험한다.

이 활동을 하려면

① 도화지(16절이나 32절), 크레파스(원색 계통의 진한 색)

② 이쑤시개, 다 쓴 볼펜, 끝이 뾰족한 나무젓가락 등

③ 신문지

- 작은 종이에 할 때는 크레파스가 책상에 묻지 않도록 신문을 깔아 준다.

이 활동을 할 때는

① 유아의 수준에 적절한 활동 자료·방법을 선택한다.

	5세
학기별	• 유아의 발달을 고려할 때 부적절한 활동이고 창의적인 활동도 아니지만 유아가 관심을 보인다면 실시할 수 있다. • 발달상 전체 면을 진하게 채우는 것이 힘들므로 작은 종이를 준비해 주거나, 그림의 일부분을 스크래치 기법으로 표현하도록 한다. • 굵은 선과 가는 선을 골고루 표현하고, 되도록 많은 부분을 긁어내어 바탕색의 효과를 충분히 살리도록 지도한다. • 긁어낸 크레파스 가루가 바닥에 떨어지지 않도록 주의시킨다.

② 견본을 보면서 만드는 방법에 대해 의논한다.

- 어떻게 그린 그림일까? 검은색 아랫부분에는 어떤 색이 칠해졌을까?
- 어떻게 하면 바탕색이 보일까?
- 바탕색은 어떻게 칠해야 할까?

③ 그림을 그린다.

- 원색 계통의 진한 색으로 바탕을 칠한다.
  - 칸을 나누어 여러 색으로 칠한다.

- 직선이나 곡선 물결무늬 형태로 칠한다.
- 바탕색 위에 검은색이나 남색으로 다시 칠한다.
- 크기와 굵기가 다양한 용구를 이용하여 그림을 그린다.
- 굵은 선, 가는 선으로 그리거나 전면을 벗겨내기도 하여 바탕색이 잘 드러나도록 한다.

④ 작품을 감상한다.

- 개인 작품인 경우에는 작품이 돋보이도록 배경 종이를 대고 이름을 써서 전시한다.
- 종이 크기가 작은 작품인 경우에는 여러 명의 작품을 모아 공동 작품화하여 전시할 수 있다.

| 스크래치로 달팽이를 그린 작품

1_ 평면 미술

새로운 바탕에 그리기

- 비닐 그림
- 투명한 재료로 가면 만들기
- 쿠킹 포일 그림
- 나무 그림
- 조개나 돌에 그리기
- 타일 그림
- 창호지 물들이기

'새로운 바탕에 그리기'에서는 그릴 수 있는 다양한 재료를 사용하는
미술 활동을 소개하였다.

비닐 그림

이 활동을 통해

- 비닐에 그림을 그려 보는 경험을 갖는다.
- 다양한 재질을 가진 비닐의 특성을 탐색하고, 그림을 그렸을 때 다양한 표현이 나올 수 있음을 안다.
- 손과 눈의 협응 능력 및 손의 조절 능력을 발달시킨다.
- 빛에 의한 색의 혼합을 경험한다.

이 활동을 하려면

① 다양한 재질, 크기, 색의 비닐

- 다양한 재질의 비닐(예 비닐장갑, 과자봉지, 비닐봉지, 포장지 등)
- 다양한 색깔의 비닐
- OHP 필름(아세테이트), 반투명 파일(예 홀더 파일)

② 그리기 도구

- 유성 매직, 네임펜
- 아크릴 물감, 핑거 페인팅 물감

③ 달력 종이

- 코팅지나 비닐 아래에 달력 종이를 깔아서 유아가 그리는 형태가 잘 보이도록 한다.

이 활동을 할 때는

① 유아의 수준에 적절한 활동 자료·방법을 선택한다.

	3세 이하	4세	5세
연령별	• 잘 움직이지 않고 그리기 쉬운 OHP 필름, 파일 폴더 등을 준비한다.	• 여러 명이 함께 그려볼 수 있는 큰 비닐도 준비한다.	• 재질의 특성을 탐색할 수 있는 여러 종류의 비닐을 준비한다.

	3세 이하	4세	5세
학기별	• 수성펜과 유성펜 중에 어느 펜이 더 잘 그려지는지, 핑거 페인팅 물감이나 아크릴 물감을 이용해서 손가락이나 붓으로 그렸을 때 어떤 느낌이 나는지 다양한 도구를 탐색해 보게 한다. • 학기 말에는 얇은 랩을 준비해 주어 손가락의 힘을 조절하면서 그림을 그려 보게 한다. • 유성 매직으로 그린 후 바로 만지면 손에 묻거나 옷에 묻을 염려가 있으므로, 그린 후에는 바로 손으로 문지르거나 얼굴에 대지 않도록 한다.		

② 자료를 탐색한다.

- 비닐의 굵기, 색, 재질 등을 탐색한다.
- 여러 가지 비닐(투명한 것, 불투명한 것)을 빛에 비춰보면서 어떤 재료가 더 잘 투영되는지 찾아 본다.
- 비닐에 그림을 그릴 수 있는 재료(유성펜, 물감 등)를 찾아 본다.

③ 그림을 그린다.

- 원하는 모양의 비닐이나 OHP 필름을 선택하고, 달력 종이에 고정시킨다.
- 유성 매직으로 비닐에 그릴 때는 유성 매직이 마를 때까지 기다린 다음에 다른 형태를 그리도록 한다.
- 아크릴 물감으로 그림을 그려 보거나, 핑거 페인팅 물감으로 손가락 그림을 그려볼 수 있다.

반투명한 비닐에 그림을 그리는 영아(2세)

공동으로 비닐 그림을 그리는 유아(4세)

④ 완성된 작품을 감상한다.

- 완성된 작품은 유리창에 붙이거나 배경 종이를 대어 전시한다.
- 코르크판이나 쿠킹 포일에 덧대고 전시하거나, 색깔 있는 벽 위에 전시할 수도 있다.
- 유아가 그린 그림을 투시물 환등기(OHP)에 놓고 그림에 대해 설명하게 할 수도 있다.

비닐 그림(2세)

비닐 그림(3세)

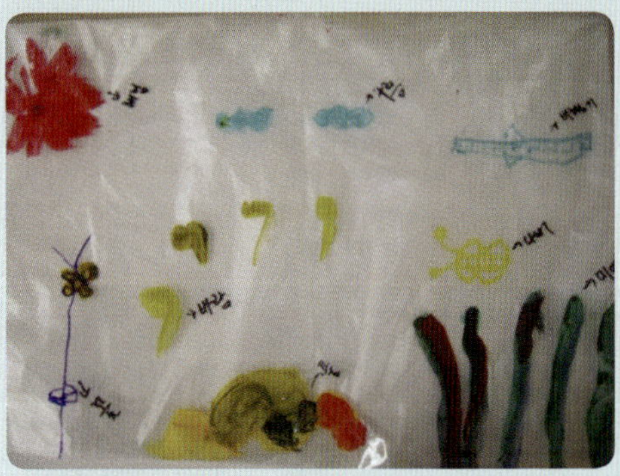

비닐 그림(4세)

비닐 그림(5세)

투명한 재료로 가면 만들기

이 활동을 통해

- OHP 필름을 이용하여 가면을 만들어 보는 경험을 갖는다.
- 사람, 사물, 동물의 특성을 다양하게 표현해 본다.

이 활동을 하려면

① 다양한 모양의 OHP 필름
- OHP 필름 대신에 마닐라지를 준비해 줄 수도 있다.

② 고무줄, 칼, 펀치, 풀

③ 그리기 도구: 유성 매직, 네임펜

④ 꾸미기 재료: 색종이, 털실 등

이 활동을 할 때는

① 유아의 수준에 적절한 활동 자료·방법을 선택한다.

	3세, 4세, 5세
학기별	• 학기 초에는 얼굴을 가리는 가면보다 가리지 않는 투명 가면을 선호하므로 더 어린 연령의 유아는 투명 가면을 만들게 한다. • 유아가 원하는 형태와 표정을 가진 가면을 만들어 볼 수 있도록 격려해 준다. • 얼굴 가리는 것에 답답함을 느끼지 않고, 가면을 쓰고 나서 바뀐 모습에 점차 관심을 보일 때에 다양한 형태의 가면을 만드는 경험을 제공해 줄 수 있다.

② 자료를 탐색한다.
- 준비한 자료를 가지고 가면을 어떻게 만들 수 있을지 이야기 나눈다.

③ 가면을 만든다.
- OHP 필름에 그리고 싶은 가면을 그린다.
- 원하는 경우에 눈과 입 부분을 교사가 잘라 준다.
- 양쪽 귀 부분에 고무줄을 끼운다.
- 매직펜으로 색칠하거나 색종이로 꾸며 본다.

④ 놀이에 활용한다.

- 만든 가면을 쓰고 상상놀이를 해본다.

가면을 만들기 위해 아크릴판에 얼굴 모양을 그리는 유아

쿠킹 포일 그림

이 활동을 통해

- 쿠킹 포일의 특성에 따라 그려지는 그림의 독특성을 경험한다.
- 재활용품을 이용하여 생활에 필요한 장식품을 만드는 경험을 한다.

이 활동을 하려면

① 쿠킹 포일, 크기와 모양이 다양한 은박 접시
- 쿠킹 포일은 얇아서 잘 찢어지므로 두꺼운 종이나 스티로폼에 쿠킹 포일을 감싸서 준비해 준다.
- 가능하면 재활용품을 활용한다.

② 그리기 도구
- 유성 매직, 네임펜
- 아크릴 물감
- 은박 접시일 경우는 다 쓴 볼펜 심과 돗바늘도 함께 준비한다.

이 활동을 할 때는

① 유아의 수준에 적절한 활동 자료·방법을 선택한다.

	3세 이하	4세	5세
연령별	• 은박 접시, 매직펜을 준비한다.	• 감싼 쿠킹 포일, 매직펜이나 네임펜을 준비한다.	• 쿠킹 포일, 아크릴 물감을 준비한다.
학기별	• 쿠킹 포일이나 은박지의 특성을 탐색하고, 쿠킹 포일이나 은박지 위에 그릴 수 있는 재료를 탐색하도록 격려한다.		

② 자료를 탐색한다.
- 구겨진 쿠킹 포일을 펴서 그릴 때나 쿠킹 포일을 감싸거나 베껴 그릴 때 달라지는 느낌을 경험하면서 쿠킹 포일의 특성을 탐색한다.
- 그리기 도구 중에 쿠킹 포일에 그려지는 것과 그려지지 않는 것을 탐색한다.
- 은박 접시에 다 쓴 볼펜 심, 돗바늘로 그려 본 후 울퉁불퉁한 질감을 느껴 본다.

③ 그림을 그린다.

- 은박 접시나 구겨진 쿠킹 포일을 잘 편다.
- 여러 가지 그리기 도구로 그림을 그린다.
- 유성 매직으로 채색할 때는 밝은색부터 칠한다.

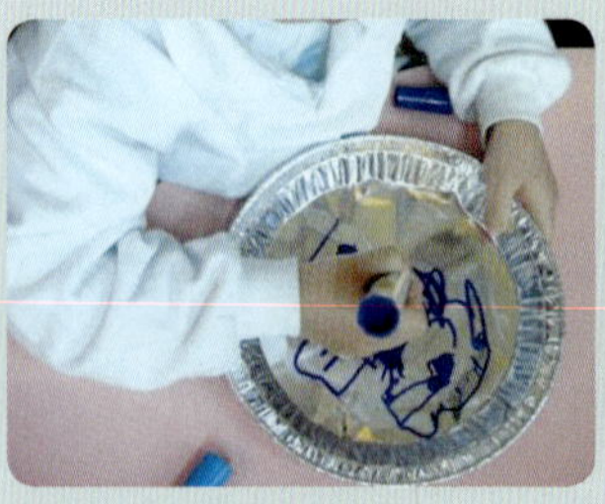

| 쿠킹 포일에 그리기(3세)

| 쿠킹 포일에 그리기(4세)

| 쿠킹 포일에 그리기(5세)

④ 작품을 감상한다.

- 아름답게 꾸민 접시의 뒷면에 클립이나 둥글게 만 모루를 붙여 벽걸이용으로 전시한다.

| 지구와 환경: 우주선 작품

나무 그림

이 활동을 통해

- 나무의 질감을 탐색해 본다.
- 그리기 재료로 나무의 느낌을 다양하게 탐색해 본다.

이 활동을 하려면

① 나무 재질의 자료

- 나무 재질의 자연물
  - 나무껍질, 널빤지 등 나무의 질감을 느껴볼 수 있는 자료를 준비한다.
  - 나무의 가시가 없도록 잘 손질한다.
- 나무 재질의 재활용품
  - 아이스크림 막대, 나무젓가락, 나무 도시락 등 일회용품을 준비한다. 막대나 젓가락인 경우에는 4~5개 정도를 본드로 이어 붙인다.
  - 안 쓰는 나무 주걱, 3단 수납장, 나무로 짜여진 바구니 등을 준비한다.
  - 가정통신문을 통해 여러 가지 재활용품을 미리 수집한다. 집에서 깨끗이 씻어서 말린 후 가지고 오도록 한다.

나무 재질의 재활용품

② 그리는 도구

- 크레파스, 매직펜, 사인펜, 연필 등을 준비한다.
- 아크릴 물감, 진하게 탄 물감, 개별 팔레트, 붓 등을 준비한다.

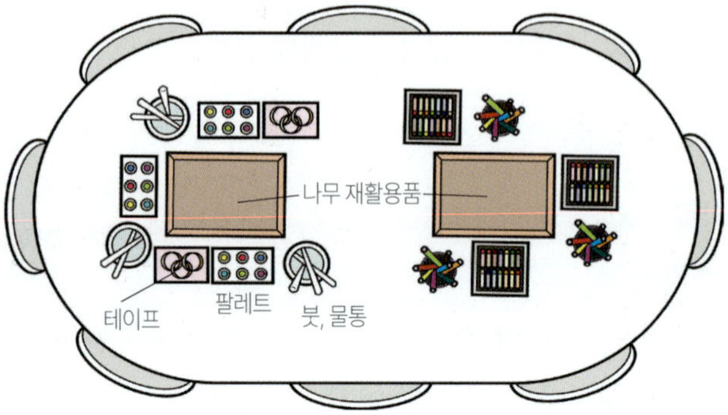

| 나무 그림 세팅

이 활동을 할 때는

① 유아의 수준에 적절한 활동 자료·방법을 선택한다.

	3세 이하	4세	5세
연령별	• 크기가 크고, 표면이 매끄러운 널빤지 등을 준비하고, 크레파스와 매직펜을 준비한다.	• 나무주걱, 나무로 짜여진 바구니 등을 준비하고, 아크릴 물감을 준비한다.	• 나무의 특성을 잘 느낄 수 있는 다양한 재질의 나무를 준비한다. 또한 사인펜이나 연필을 준비한다.
학기별	• 나뭇결에 따라 칠할 때와 반대로 칠할 때의 차이를 인식하고, 나뭇결 방향대로 그림을 그릴 수 있도록 한다. • 그림을 그릴 때 색이 나뭇결에 따라 번지면서 나오는 것을 관찰하며 칠할 수 있도록 한다. • 그림을 그리거나 색칠하는 데 관심이 있는 유아인 경우에는 마스킹 테이프로 붙인 다음에 그 물감을 칠하고, 다 마르면 떼어내도록 한다. 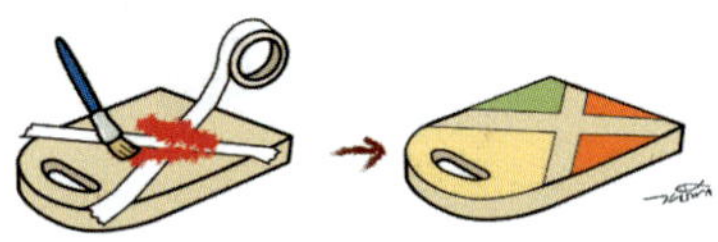		

② 자료를 탐색한다.

- 나무의 표면을 만져보며 나무의 결을 느껴 본다.

• 나무의 표면에 그림이 잘 그려지려면 어떻게 해야 하는지 탐색해 본다.

③ 그림을 그린다.

• 그리고 싶은 도구를 선택하고 그림을 그린다.
• 결 따라 그려 보고, 가로세로 줄 따라 그려 본다.
• 크레파스, 사인펜류, 물감 등으로 색칠한다.

| 나무 그림 그리기(3세)

| 함께 나무 그림 그리기(4세)

| 나무 그림 그리기(5세)

④ 작품을 감상한다.

• 아이스크림 막대나 나무젓가락인 경우에는 4~5개 정도를 실로 연결하여 발처럼 매달아 전시할 수 있다.
• 나무껍질이나 널빤지인 경우에는 작품이 하나의 커다란 나무 형태가 되도록 벽면에 전시할 수 있다.

조개나 돌에 그리기

이 활동을 통해

- 바다에서 주워 온 조개껍데기, 소라껍데기 위에 그림을 그려 보고, 사물의 느낌을 새롭게 경험한다.
- 다양한 구성 방법과 표현 방법을 경험한다.

이 활동을 하려면

① 다양한 종류와 크기의 조개껍데기, 소라껍데기

- 껍데기의 비린내를 없애려면 표백제를 희석한 물에 하루 정도 담가둔다.
- 크고 납작한 조개껍데기(예 키조개, 개조개 등)를 준비한다.

② 다양한 모양과 크기의 돌

③ 그리기 종류

- 크레파스, 유성 매직, 사인펜이나 아크릴 물감, 진하게 탄 그림물감
- 크레파스나 유성 매직 등으로 그림을 그린 돌이나 조개에 니스를 칠하면 색이 더욱 선명해진다.

④ 꾸미기 재료와 본드

- 모루, 수수깡, 빨대, 부직포, 색깔 스펀지 공, 스팽글, 색모래 등

이 활동을 할 때는

① 유아의 수준에 적절한 활동 자료·방법을 선택한다.

	3세	4세	5세
연령별	• 평편하고 넓적한 조개껍데기나 돌을 준비한다.	• 여러 가지 꾸미기 재료도 함께 준비한다.	• 조개나 돌에 그릴 수 있는 도구를 탐색해 보도록 다양한 그리기 종류를 준비한다.
학기별	• 조개껍데기나 돌의 크기가 작을 경우에는 3세보다는 4·5세에게 더 적절하다. • 꾸미기 재료와 그리기 종류를 적절하게 활용해서 창의적으로 표현하도록 격려한다.		

② 그림 그린다.

- 주워온 다양한 모양과 크기의 조개나 돌을 탐색한 후 원하는 것을 고른다.
- 크레파스나 유성 매직으로 그림을 그리거나, 모루, 수수깡, 부직포 조각 등을 본드로 붙여서 꾸민다.
- 작은 모양 종이에 이름을 써서 안쪽에 붙인다.

③ 작품을 감상한다.

- 시원한 느낌이 들도록 낮은 책상에 파란색 비닐을 깐 후 조개와 돌들을 적절히 배치할 수 있다.
- 큰 조개껍데기(예 전복껍데기, 대합껍데기, 키조개 등)는 그림을 그린 후 접시 세우는 받침에 세워 주면 유아의 작품이 돋보인다.

조개를 꾸미는 유아

조개를 꾸며 만든 모빌

조개에 그린 유아 작품

타일 그림

이 활동을 통해

- 주변의 타일을 이용해서 그림을 그려 보고, 사물의 느낌을 새롭게 경험한다.
- 타일의 특성을 경험한다.

이 활동을 하려면

① 타일(20×25cm)

- 타일을 구하기 힘들다면 타일과 비슷한 느낌이 나는 CD 케이스 또는 공CD를 준비해 줄 수도 있다.

② 그리기 도구

- 유성 매직, 네임펜, 크레파스, 색연필, 아크릴 물감 등
- 아크릴 물감인 경우에는 옷에 묻으면 지워지지 않기 때문에 작업복을 준비한다.

이 활동을 할 때는

① 유아의 수준에 적절한 활동 자료·방법을 선택한다.

	3세 이하	4세	5세
연령별	• 타일, 유성 매직을 준비한다.	• 다양한 크기의 타일, 아크릴 물감을 준비한다.	• 타일에 선 그림을 그린 후 여러 타일을 함께 붙여 본다.
학기별	• 활동 초기에는 타일의 표면을 만져본 후, 타일 위에 색을 입힐 수 있는 여러 그리기 종류에 대해 충분히 탐색해 보도록 한다. • 5세인 경우, 여러 타일을 붙여 보는 활동에 대한 관심이 지속되면, 조각 타일을 준비해 주어 쟁반 위에 오공본드나 백시멘트로 구성해 보는 활동을 할 수도 있다. 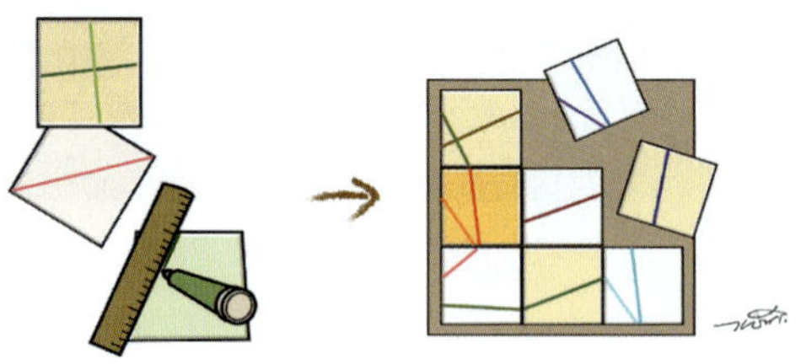		

② 자료를 탐색한다.

- 화장실이나 목욕탕 등 타일이 있는 곳을 찾아보고 색깔, 모양, 무늬를 관찰한다.

- 타일을 탐색하며 그림 그리기를 제안한다.
  - 만지니까 어떤 느낌이 드니?
  - 타일에 무엇으로 그림을 그릴 수 있을까?
  - 연필이나 크레파스로 그리면 색이 입혀질까?

③ 그림을 그린다.

- 타일에 그림을 그린다.
- 아크릴 물감으로 채색한다.
- 그늘에 눕혀서 말린다.

타일 그림 그리는 유아(3세)

④ 작품을 감상한다.

- 여러 유아의 그림을 연결하여 벽화로 구성할 수 있다.
- 접시 걸이를 이용하여 세우거나 테두리를 붙여 액자의 형태로 꾸밀 수도 있다.

CD 그림 작품(5세)

타일 그림(4세)

창호지 물들이기

이 활동을 통해

- 재래 종이의 특성을 경험한다.
- 종이를 물들이는 경험을 통해 종이가 물을 흡수하는 성질을 안다.
- 종이에 물감이 번져서 나타난 우연한 무늬를 경험한다.
- 다양한 종이의 느낌과 종이에 따른 적절한 표현 방법을 경험한다.
- 색이 섞여서 나타난 2차색을 탐색해 본다.

이 활동을 하려면

① 다양한 재질의 종이: 창호지, 화선지

- 적당한 크기(16~32절)와 모양(긴 네모, 네모, 원형 등)으로 잘라 준비한다.

② 식용색소, 천연염료

③ 가위, 네임펜

④ 건조대, 비닐 깔개

이 활동을 할 때는

① 유아의 수준에 적절한 활동 자료·방법을 선택한다.

	4세	5세
연령별	• 다양한 모양의 종이를 준비한다.	• 다양한 크기와 모양의 종이를 준비한다.
학기별	• 학기 초에는 대칭을 생각하여 접기보다는 모서리가 많이 생기도록 여러 번 접어보도록 지도한다. • 학기 말에는 대칭이 되도록 종이를 다양한 방법으로 접어보고, 가위로 여러 부분을 잘라낸 후 물들일 수 있게 지도한다. • 물들이기를 할 때 한 가지 색으로만 하지 말고 각 모서리마다 여러 가지 색으로 물들일 수 있도록 격려한다. • 종이에 색을 물들일 때에는 살짝 담그도록 하고, 두 가지 색이 섞이는 부분에 관심을 갖도록 한다. • 3세 이하의 경우, 종이를 물감에 한꺼번에 담그는 경향이 있고, 찢어지지 않게 종이를 다시 펴는 것이 힘들므로 적절하지 않다.	

② 자료의 특성을 탐색한다.

- 다양한 종이 재질에 따라 물감 흡수율의 차이를 느껴 본다.
  - 이것은 어떤 종이니? 어떤 느낌이 드니?

– 종이를 물감에 넣어보면 어떻게 될까? 종이에 따라 어떻게 달라질까?

- 흡수가 잘 되는 종이를 선택하고 활동 자료로 활용한다.

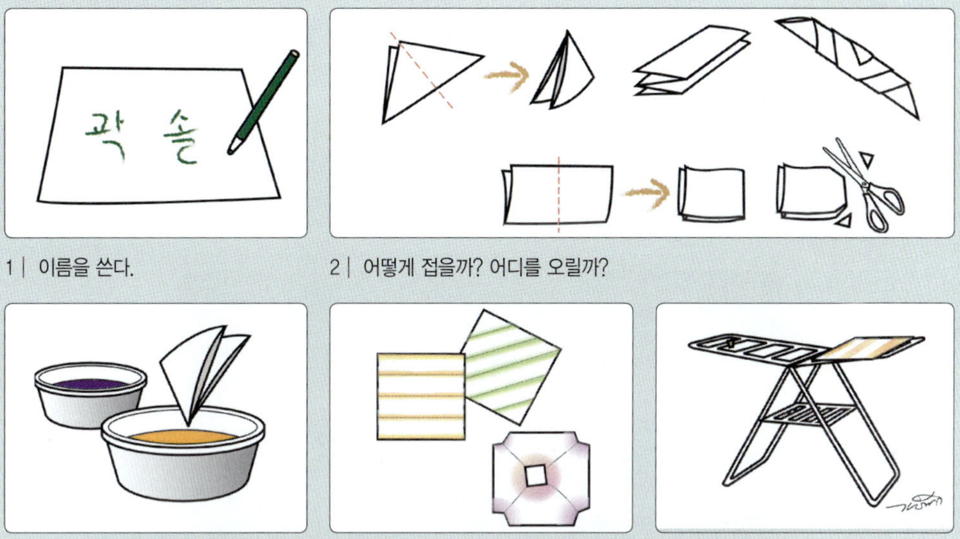

1 | 이름을 쓴다.
2 | 어떻게 접을까? 어디를 오릴까?
3 | 어떤 색을 묻힐까?
4 | 펼친다.
5 | 말린다.

창호지 물들이기 순서도

③ 종이를 물들인다.

- 종이의 크기가 작아지도록 여러 번 접는다.
- 접은 종이에 작게 가위집을 내어 오린다.
- 종이에 물감을 묻힌다.
- 완성된 작품은 찢어지지 않게 잘 펴서 건조대에 말린다.

| 창호지 물들이기 작품(4세)

| 창호지 물들이기 작품(5세)

④ 작품을 전시하고 감상한다.

- 투명한 유리창에 붙여 전시할 수 있다.
- 완성된 작품으로 우리나라와 관련된 모양(예 탑 모양, 전통 집 모양, 가마 모양, 부채 모양 등)을 만들어 전시해 본다.

⑤ 다른 활동으로 확장한다.

- 물들인 창호지를 이용하여 부채 만들기, 가방 만들기 등의 다른 활동으로 연결해 본다.

| 한지 물들이기 후, 큰 부채로 만들어 전시한 작품

2_ 입체 미술

점토(소조)

- 밀가루 점토
- 색점토
- 지점토
- 흙 점토

'점토(소조)'에서는 유아교육기관에서 흔히 사용하는 밀가루 점토, 색점토, 지점토, 흙 점토를 이용한 활동을 소개하였다.

밀가루 점토

이 활동을 통해

- 밀가루 점토에서 느껴지는 감각 경험을 한다.
- 밀가루로 여러 가지 형태를 만드는 과정을 경험하게 한다.
- 밀가루 점토를 다양한 찍기 도구를 이용해 눌렀을 때 나타나는 형태를 경험하게 한다.

이 활동을 하려면

① 밀가루 점토

- 준비물: 밀가루 4컵, 소금 1컵 반, 따뜻한 물 1컵 반, 식용유 1T, 식용색소 2~3가지 색
- 따뜻한 물에 소금과 식용색소를 넣어 녹인다. 밀가루와 식용유를 넣어 반죽을 한다.
- 사용한 밀가루 점토는 밀폐용기에 넣고 냉장고에 보관해야 신선하게 오랫동안 사용할 수 있고, 날씨가 더워지면 쉽게 상할 수 있으므로 유점토나 고무 점토를 내주는 것이 좋다.
- 냉장고에 보관했던 점토는 손으로 오랫동안 주물러 말랑말랑하게 만든 뒤 내준다.

② 점토판, 점토 도구

- 점토 도구: 점토용 가위, 밀대, 플라스틱으로 만든 조각 용구, 요리용 찍기 틀, 마늘 눌러 다지는 도구, 국수 뽑는 기계, 그릇, 빵칼 등

이 활동을 할 때는

① 유아의 수준에 적절한 활동 자료·방법을 선택한다.

	3세 이하	4세	5세
연령별	• 도구 사용에 앞서 밀가루를 충분히 탐색할 수 있게 한다.	• 주변의 다양한 사물 중 밀가루 찍기 도구로 사용할 수 있는 것을 찾아보게 한다.	
학기별	• 어린 연령이나 학기 초, 기관에 적응하는 시기에 적절한 활동이다. • 처음에는 밀가루를 충분히 탐색해 볼 수 있도록 도구 없이 밀가루만 제공한다. 밀가루 주무르기, 떼어 뭉쳐 보기, 굴려서 공 모양 만들어 보기, 비벼서 길게 만들기, 손가락으로 구멍 내기, 눌러서 납작하게 하기 등 다양한 방법으로 탐색해 보도록 격려한다.		

	3세 이하	4세	5세
학기별	• 점토를 충분히 탐색해 보고 난 후에 다양한 점토용 도구를 제공해 주는 것이 좋다. 밀가루를 가위로 자르기, 밀대로 밀기, 찍기 틀로 찍어 보기, 국수처럼 길게 뽑아보기, 조각 용구로 선을 긋거나 무늬 만들기 등 다양한 형태를 만들어 볼 수 있도록 격려한다. • 밀가루 점토의 색과 도구의 종류는 놀이의 활성화 정도에 따라 점차 늘려 간다. • 점토 자르기는 빨대나 종이 자르기보다 우선적으로 경험하는 것이 바람직하다. • 밀가루 점토를 충분히 탐색한 후에 유점토나 고무 점토 등 다른 종류의 점토를 제공해 준다.		

② 자료를 탐색한다.

- 밀가루 점토를 만드는 데 필요한 재료들을 탐색해 본다.
- 준비된 재료들을 섞어서 밀가루 점토를 만들어 본다.

밀가루 점토를 탐색하는 영아

③ 다양한 형태로 만든다.

- 밀가루 반죽을 사용할 만큼 떼어낸다.
- 밀가루 점토를 충분히 주무르고, 밀대로 밀어 본다.
- 밀가루 점토에 다양한 도구를 찍어 나타나는 무늬를 경험한다.
- 여러 모양으로 빚어서 다양한 형태를 만들어 본다.
- 놀이 후 점토놀이 도구를 정리한다.

밀대로 밀어보는 영아

밀가루 점토로 음식 만든 영아

④ 작품을 감상한다.

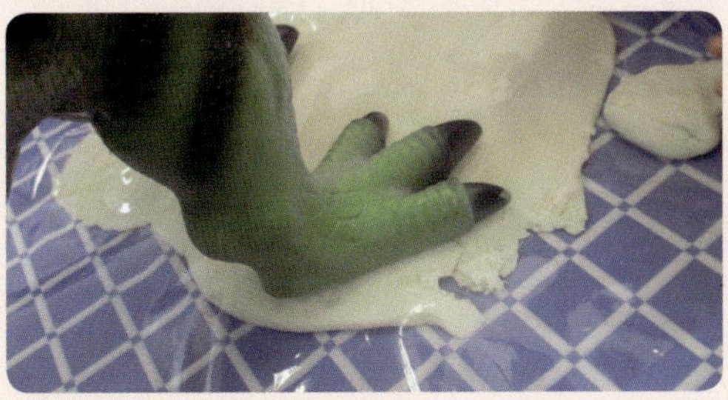

밀가루 반죽을 크게 펴서 만든 공룡 발자국(영아)

색점토

이 활동을 통해

- 색점토에서 느껴지는 감각 경험을 한다.
- 도구를 색점토에 찍었을 때 나타나는 모양을 경험한다.
- 색의 혼합을 경험한다.

이 활동을 하려면

① 색점토(컬러 흙 점토, 컬러 점토), 점토판

- 색점토는 뚜껑이 있는 용기에 보관한다.
- 5세인 경우에는 색점토 대신에 고무찰흙이나 클레이를 준비한다.

| 색점토 http://www.boyuksa.co.kr/

| 고무찰흙 http://www.goodmungu.co.kr/home/index.php?cmn=1&cma=

| 클레이 http://www.goodmungu.co.kr/home/index.php?cmn=1&cma=

② 각종 도구

- 밀대, 찍기 틀, 찍어내는 판, 점토용 칼과 가위, 이쑤시개 등

이 활동을 할 때는

① 유아의 수준에 적절한 활동 자료·방법을 선택한다.

	3세 이하	4세	5세
연령별	• 색점토와 찍기 틀 등을 제공한다.		• 고무찰흙, 매직 클레이를 제공한다.
학기별	• 색점토는 밀가루 점토보다 단단하므로 밀가루 점토에 익숙해지면 제공하는 것이 좋다. • 먼저 색점토를 충분히 탐색한 후, 원하는 형태를 만들어 보도록 지도한다. • 학기 말에는 색의 혼합이 잘 되고 다양한 형태를 만들어 볼 수 있는 매직 클레이나 고무찰흙을 제공한다. • 색점토의 색과 도구의 종류는 놀이의 활성화 정도에 따라 점차적으로 늘려간다. • 색점토나 매직 클레이로 만든 것을 영유아가 집으로 가져가길 원할 수 있으므로 구성 활동이 익숙해졌을 때 내어주는 것이 좋다.		

② 자료를 탐색한다.

- 색점토를 손으로 만져보고, 눌러보고, 색깔을 탐색하고, 냄새를 맡아보고, 둥글게/길게 말아보는 등 자유롭게 탐색해 본다.

③ 자료로 구성한다.

- 색점토를 적당한 양만큼 떼어낸다.
- 점토판 위에 놓고 손바닥으로 동그랗게 말아보거나 밀대로 밀어 본다.
- 찍기 틀로 찍어 본다.
- 여러 가지 모양을 만든다.

④ 작품을 감상한다.

- 완성된 작품은 전시판에 올려놓는다.

지점토

이 활동을 통해

- 지점토의 특성을 이해한다.
- 소근육의 발달을 돕는다.
- 자신의 생각을 표현하는 능력을 기른다.

이 활동을 하려면

① 지점토

② 신문지, 물감, 붓, 투명 래커

③ 꾸미기 재료(예 한지, 색종이, 여러 가지 펄 가루, 여러 종류의 비즈 등)

④ 점토놀이 도구들, 점토판

이 활동을 할 때는

① 유아의 수준에 적절한 활동 자료·방법을 선택한다.

	4세	5세
연령별	• 지점토는 주물러 말랑말랑하게 만든 후 적당한 크기로 제공한다. • 단순한 형태(예 하트, 별, 달, 네모, 원 등)를 만들고, 그 안을 꾸미기 재료를 활용하여 장식해 보도록 지도한다.	• 꾸미기 재료뿐만 아니라 채색 도구도 함께 준비한다. • 원하는 것(예 그릇)을 만들고 점토놀이 도구를 이용하여 문양을 새기거나 꾸미기 재료로 꾸며 보고, 그 다음에 채색 도구로 칠해 보도록 한다.
학기별	• 어린 연령의 유아는 사용하기 어려운 점토이다. • 학기가 진행되면서 다양한 형태를 만들어 보고, 여러 꾸미기 재료나 채색 도구를 이용하여 꾸며 보도록 격려한다. • 투명 래커를 뿌릴 경우에는 유아가 한 작품을 신문지 위에 올려놓고 30cm 정도 떨어진 위치에서 교사가 뿌려 준다. • 가족에게 줄 선물로 목걸이, 젓가락 받침대, 냉장고 자석 등을 만들 수 있다.	

② 자료를 탐색한다.

- 지점토를 두드리고 만지면서 탐색한다.

③ 자료를 구성한다.

- 어떤 모양을 만들지 생각해 본다.
- 지점토를 원하는 크기만큼 떼어, 손바닥으로 굴려 만들고 싶은 모양을 만든다.
- 점토놀이 도구를 이용하여 문양을 새기고, 꾸미기 재료로 모양을 만든다.
- 서서히 말린 다음에 물감으로 색칠할 수도 있다.
- 색칠한 지점토를 신문지 위에 올려놓고 투명 래커를 뿌린다.
- 바람이 잘 통하는 그늘에 말린다.

④ 작품을 감상한다.

- 유아들의 작품을 역할 영역에서 제공해 줄 수도 있다.
- 지점토가 다 마른 후에는 용도에 따라서 옷핀이나 자석을 붙여줄 수도 있다.

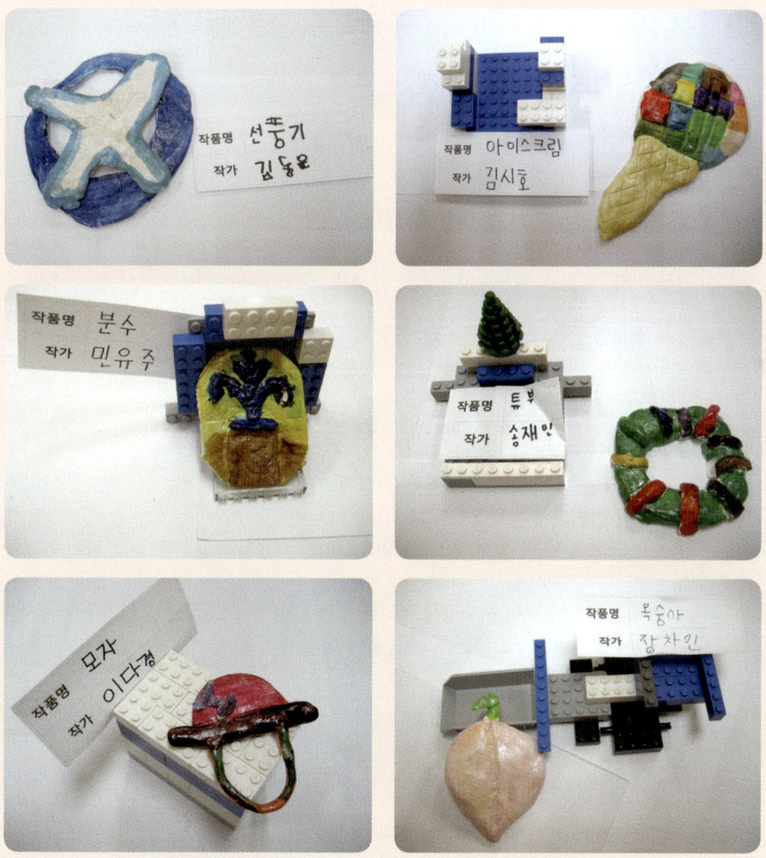

유아가 지점토로 만든 다양한 사물과 유아들이 지은 작품명 전시

흙 점토

이 활동을 통해

- 흙 점토의 특성과 촉감을 탐색한다.
- 창의적 입체 구성력을 발달시킨다.

이 활동을 하려면

① 흙 점토, 흙 점토판(도자기용 점토로 화방에서 구입)

② 다양한 점토 용구: 자르는 용구, 두드리는 용구, 찍는 용구 등

③ 꾸미기 재료: 빨대 자른 것, 수수깡 자른 것, 스팽글, 모루 자른 것 등

④ 만들기 틀: 철사, 빨대, 노끈, 와이어, 요구르트 통, 요플레 통 등

⑤ 전시판(책받침+하드보드지), 깔개, 걸레, 신문지

이 활동을 할 때는

① 유아의 수준에 적절한 활동 자료·방법을 선택한다.

	3세 이하	4세	5세
연령별	• 학기 후반에 흙 점토를 손이나 발로 탐색해 보도록 준비한다.	• 다양한 꾸미기 재료를 함께 제공한다.	• 구체적인 형태(뼈대 있는 사람, 그릇 등)를 구성하도록 만들기 틀을 준비한다.
학기별	• 색, 감촉, 단단함 등의 특성으로 인해 연령이 높은 유아에게 적절한 자료이다. • 흙 점토로 하는 활동은 실내뿐만 아니라 실외의 그늘진 곳에서 하면 더욱 좋다. • 학기 초에는 바닥에 비닐을 깔고 그 위에 흙 점토를 올려놓고, 발로 밟아보거나 손으로 내려치는 등 대근육을 활용하여 다양한 방법으로 탐색해 보도록 지도한다. • 흙 점토를 충분히 탐색해 보고 난 후, 점토 용구나 꾸미기 재료를 이용하여 여러 가지 형태를 만들거나 꾸며볼 수 있다. • 학기 말에는 철사 등을 이용하여 구체적인 형태를 만들고 흙 점토로 살을 붙여가면서 완성하거나, 뼈대를 못 만드는 경우에는 요구르트나 요플레 통 등의 틀 위에 흙 점토를 붙여 원하는 형태를 만들어 볼 수 있다.		

② 자료를 탐색한다.

- 흙 점토를 다양하게 탐색해 본다.
  - 손바닥으로 두드려보고, 다양한 용구를 활용하여 찍어 보고, 잘라보고, 두드려 보고, 공 모양을 만들어 보거나, 공 모양 흙 점토로 막대 모양을 만들어 본다.

| 흙 점토를 발로 밟아 탐색하는 영아

| 흙 점토로 만든 구슬 길

③ 자료를 구성한다.

- 흙 점토를 원하는 크기만큼 떼어 손바닥으로 굴려 만들고 싶은 모양을 만든다.
- 철사로 뼈대를 만들고, 흙 점토를 조금씩 떼어서 살을 붙여줄 수도 있다.
- 다양한 용구를 활용하여 무늬를 새겨보거나, 꾸미기 재료로 꾸며볼 수도 있다.
- 작은 종이에 이름과 작품 제목을 써서 유아들의 작품에 세운 후 한적한 그늘에서 말린다.

| 흙 점토와 꽃과 가지를 이용해 만든 화병

| 흙 점토로 구상한 것을 만드는 유아

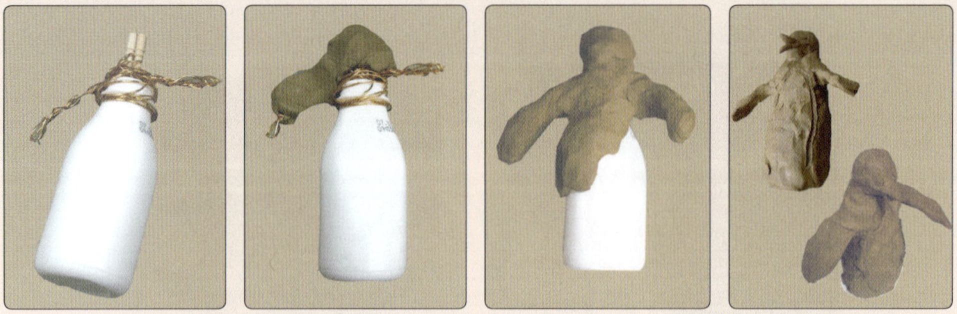

폐품 병에 흙 점토를 붙여 만든 펭귄

④ 작품을 감상한다.

2_ 입체 미술

다양한 재료로 만들기

- 주말 지낸 이야기
- 스티로폼 구조물
- 오아시스 조각품
- 큰 상자로 구성하기
- 다양한 속심으로 구성하기
- 나무 막대 구조물
- 과일·야채로 구성하기
- 쿠킹 포일로 구성하기
- 공예용 철사로 구성하기
- 알루미늄 캔 구조물
- 바느질하기

'다양한 재료로 만들기'에서는 스티로폼, 오아시스, 상자, 과일과 야채, 캔, 플라스틱 등 여러 가지 다양한 재료로 구성할 수 있는 미술 활동을 소개하였다.

주말 지낸 이야기

이 활동을 통해

- 자신의 경험을 다양한 시각적 매체로 표현해 본다.
- 이야기뿐만 아니라 그림, 조형 등 다양한 방식으로 자신의 경험과 생각을 전달한다.
- 표현의 다양성과 즐거움을 느낀다.

이 활동을 하려면

(※그 주의 활동 형태에 따라 선택적으로 준비)

① 표현 도구 예시

- 종이, 색연필, 크레용, 물감, 마커펜, 붓펜 등 평면 표현 재료
- 레고 블록, 카프라 블록, 끼우기 블록 등 다양한 블록
- 유토, 옹기토 등 입체 조형 재료
- 윈도우 크레용(창문이나 투명판에 표현)
- 비즈 놀잇감, 끼우기 판
- 사진, 리본, 잡지, 헌 그림책 등 콜라주 재료 등

이 활동을 할 때는

① 주말에 있었던 일을 함께 떠올려 본다.

- 주말 동안 재미있었던 일 혹은 기억에 남는 일을 하나씩 떠올려 볼까?
- 말로 이야기할 수 있지만, 그림이나 만들기로도 이야기할 수 있어.

② 다양한 재료 중 원하는 방법을 선택하여 표현한다.

- 윈도우 크레용으로 창문에 경험을 그려볼까? 블록으로 표현해도 좋아.

③ 작품을 전시하거나 함께 감상하며 이야기를 나눈다.

- 친구들 앞에서 나의 작품과 주말 경험을 소개해 볼까?

유의 사항

- 다양한 표현 매체를 활용해 창의적 표현을 독려한다.

- 그리기로 표현을 할 때에도 매일 똑같은 도구보다 마커펜, 붓펜 등 새로운 그리기 도구를 추가로 제시하면 유아의 흥미를 이끌어 낼 수 있다.
- 입체 작품, 창문 그림 등은 일시적 전시 또는 사진 촬영 후 기록으로 남길 수 있다. 유아들의 다양한 표현 방식을 기록해 두었다가 이후 면담 자료로 활용할 수 있다.

마카펜으로 세발자전거 탄 경험 그리기

옹기토로 갯벌 다녀온 경험 표상하기

비즈 놀잇감으로 킥보드 경험 표상

레고로 집 앞에서 놀이한 경험 표상

뭉게구름 본 경험을 팝콘으로 표상

덕수궁 다녀온 경험을 마른 나뭇잎으로 표현

웨이블레이로 자동차 표현

전시

스티로폼 구조물

이 활동을 통해

- 여러 가지 크기의 폐품 스티로폼을 이용해 창의적인 표현을 한다.
- 소근육을 발달시킨다.
- 공간 지각력을 기른다.
- 자신의 생각을 표현할 기회를 가진다.

이 활동을 하려면

① 다양한 종류의 폐품 스티로폼

- 여러 모양의 스티로폼 조각, 압축 스티로폼, 스티로폼 공, 스티로폼 포장재 등
- 스티로폼 공의 일부는 반으로 나눠서 준비한다.
- 어린 연령인 경우에는 스티로폼보다 다루기 쉬운 매직콘을 준비한다.

② 이쑤시개, 꽃 철사, 털실, 병뚜껑, 스티로폼 전용 본드 등

③ 아크릴 물감

- 교사가 미리 스티로폼을 색칠해 줄 수도 있다.

이 활동을 할 때는

① 유아의 수준에 적절한 활동 자료·방법을 선택한다.

	3세 이하	4세	5세
연령별	• 만들기 쉬운 매직콘을 준비한다.	• 반입체적으로 구성할 수 있도록 자료를 준비한다.	• 입체적으로 구성할 수 있도록 자료를 준비한다.
학기별	• 학기 초에는 철사나 이쑤시개로 연결하거나 스티로폼 전용 본드를 다루는 데 어려움이 있으므로 물로 붙는 매직콘을 준비해 주어 입체적으로 구성하는 경험을 충분히 제공한다. • 학기가 진행되면서 반입체뿐만 아니라 스티로폼을 철사나 이쑤시개로 서로 연결해서 입체물을 만들어 보도록 격려한다.		

② 자료를 탐색한다.

- 스티로폼의 특성을 탐색한다.
- 스티로폼을 서로 연결하는 방법을 이야기한다.

- 철사를 구부려서 연결한다.
- 이쑤시개를 이용하여 연결한다.

• 기존 작가의 여러 미술 작품을 감상한다.

③ 입체적으로 구성한다.

• 스티로폼을 가지고 어떻게 구성할 것인지 생각해 본다.
• 무게의 중심이 유지되도록 큰 압축 스티로폼으로 지지대를 만든다.
• 철사나 이쑤시개로 스티로폼을 서로 연결하면서 구조물을 만든다.
• 완성된 구조물을 아크릴 물감으로 색칠할 수도 있다.

| 3세 이하

| 4세

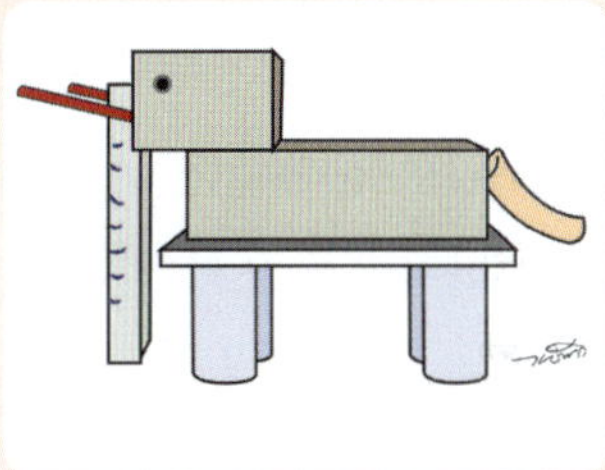

| 5세

④ 작품을 감상한다.

매직콘으로 만들고 놀이하는 영아

오아시스 조각품

이 활동을 통해

- 오아시스의 특성을 탐색한다.
- 손가락으로 원하는 모양으로 떼내는 과정에서 소근육 발달을 촉진시킨다.
- 창의적 입체 구성력을 발달시킨다.

이 활동을 하려면

① 오아시스, 쿠킹 포일

- 어린 연령일 경우에는 오아시스를 사용하기 편한 크기로 자르고 아래 부분을 쿠킹 포일로 감싸준다.
- 오아시스를 조각낼 때 가루가 날릴 수 있으므로 물에 적신 오아시스를 준비해 준다.

② 빵칼

- 조각칼은 위험하므로 날카롭지 않은 빵칼을 준비한다.

③ 꾸미기 재료

- 모루, 빨대, 수수깡, 스팽글, 조화 꽃, 조화 잎사귀, 빵끈 등

이 활동을 할 때는

① 유아의 수준에 적절한 활동 자료·방법을 선택한다.

	3세 이하	4세	5세
연령별	• 도구를 사용하지 않고 손가락으로 탐색해 본다.	• 축축하게 적신 오아시스, 빵칼, 꾸미기 재료를 제공한다.	
학기별	• 오아시스를 물에 적시면 덜 부스러진다는 점을 알려 준다.		

② 자료를 탐색한다.

- 손가락으로 눌러보고, 여러 가지 재료(예 모루, 빨대, 수수깡 자른 것 등)를 꽂아보고, 잘라보거나 부숴보는 등 다양하게 오아시스의 특성을 탐색한다.
- 특정 모양(예 동물 인형의 발바닥, 크레용 등)을 오아시스에 찍어서 자국을 남길 수도 있다.

③ 입체적으로 조각한다.

- 어떤 모양을 만들 수 있을지 생각해 본다.
- 젖은 오아시스를 빵칼로 조각내서 원하는 형태를 만들어 본다.
- 조각낸 오아시스를 꾸며 본다.

3세 이하

5세

오아시스 꾸미는 유아

④ 완성된 작품을 감상한다.

하얀 오아시스에 나뭇가지를 꽂은 후 액자를 놓아 만든 작품

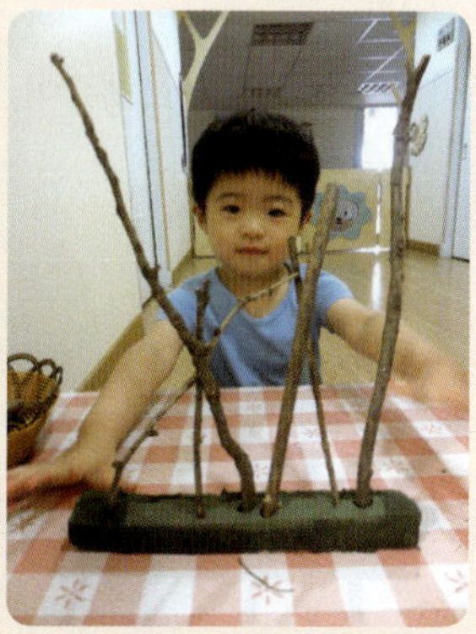
오아시스에 나뭇가지를 꽂아 만든 작품(영아)

큰 상자로 구성하기

이 활동을 통해

- 폐상자를 활용하는 기회를 갖는다.
- 창의력과 상상력을 기른다.
- 서로의 의견을 나누고 문제를 해결하는 능력을 기른다.

이 활동을 하려면

① 큰 상자

- 유아가 그 안에 들어가서 놀 수 있을 정도로 큰 냉장고 상자, 에어컨 상자 등을 준비한다.

② 다양한 폐품

- 두루마리 휴지 속심, 사발면 그릇, 종이컵, 필름 통, 나뭇조각, 달걀 포장 상자, 화장품 상자, 과자 상자, 우유 팩 등

③ 꾸미기 재료

- 다양한 모양의 종이, 색종이, 포장지, 잡지 그림, 수수깡, 스티로폼 공, 빨대, 모루, 노끈, 운동화 끈 등

④ 셀로판테이프, 본드, 본드 받침, 풀, 가위, 실 등

이 활동을 할 때는

① 유아의 수준에 적절한 활동 자료·방법을 선택한다.

	3세	4세	5세
연령별	• 개별적으로 구성물을 만들 수 있도록 준비한다.	• 유아가 함께 의논하여 구성물을 만들 수 있도록 준비한다.	
학기별	• 학기 초에는 여러 사람의 생각을 조율하면서 하나의 구성물을 만드는 것이 어려우므로 작은 상자나 폐품을 이용하여 개별적으로 구성물을 만들도록 계획한다. • 커다란 상자를 이용하여 유아가 들어갈 수 있는 공간을 만들어 볼 수도 있다. • 다양하고 창의적으로 표현할 수 있도록 격려한다.		

② 자료를 탐색한다.

- 여러 가지 크기와 형태의 폐품을 가지고 무엇을 만들 수 있을지 생각해 본다.
- 만들고자 하는 구성물(예 자동차, 로봇, 우주선, 집 등)의 구조에 대해 알아본다.

③ 입체적으로 구성한다.

- 큰 상자를 이용하여 무엇을 만들 수 있을지 의논한다.
- 어떻게 구성할지 계획한 후, 어떤 재료로 만들지 의견을 나눈다.

[방법 1. 우주선 만들기]

- 우주선을 어떻게 만들 것인지 구상한다.
  - 우주선을 다함께 만들어 보려고 하는데 어떻게 만들면 좋을까?
  - 조종석, 날개, 꼬리는 어떻게 만들까?
- 냉장고 상자를 옆으로 눕혀둔다.
- 상자를 잘라서 날개와 꼬리를 만든다.
- 스펀지 붓으로 벽지나 모조지에 밀가루 풀을 펴서 바른 후 종이를 로켓 상체에 붙인다.
- 금색, 은색 종이로 별, 달 모양을 만들어 붙인다.
- 창문을 만들고 싶으면 교사가 칼로 구멍을 뚫어 준다.
- 창문을 셀로판지로 막는다.
- 조정석을 작은 상자, 랩 속심, 유성 매직, 사인펜 등으로 꾸민다.

| 우주선

[방법 2. 상자 로봇]

- 활동 자료를 소개하고 이야기를 나눈다.
  - 너희들은 어떤 로봇을 보았니?
  - 어떤 로봇을 만들고 싶은지 생각해 보자.
- 몸통, 얼굴, 팔, 다리 등 각 부분의 균형에 맞게 계획을 세운다.
  - 몸통은 에어컨 상자로, 얼굴은 전자레인지 상자로, 팔은 우유 팩으로, 다리는 구두 상자로 구성할 수 있다.
- 유아들이 들어갈 수 있도록 입구를 만든다.
- 각 부분을 본드나 실을 이용하여 서로 붙인다.

- 헌 잡지나 색종이를 이용하여 장식한다.
- 작품 겉면에 아크릴 물감을 칠할 수도 있다.

| 다양한 상자로 구성한 로봇

| 유아들이 로봇 안에 들어갈 수 있도록 만든 작품

④ 작품을 감상한다.

- 유아들이 완성된 구성물 안에 들어가서 상상놀이를 한다.

| 큰 상자를 함께 색칠하는 유아

| 큰 상자로 만든 로봇과 블록으로 만든 로봇

| 큰 상자를 이용해서 만든 버스

| 놀이터에 전시한 우주선과 로봇

다양한 속심으로 구성하기

이 활동을 통해

- 폐품을 이용하여 입체물을 구성한다.
- 창의력을 기른다.
- 공간 감각과 구성 능력을 기른다.

이 활동을 하려면

① 다양한 속심
- 랩 속심, 쿠킹 포일 속심, 키친타월 속심, 두루마리 휴지 속심 등 크기가 다양한 것
- 각 가정에서 두루마리 휴지 속심 등을 모아서 보내 주도록 가정통신문을 보낸다.

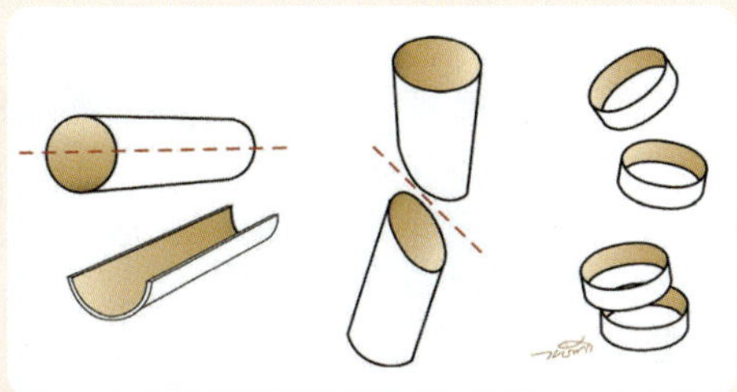

다양한 속심을 자르는 여러 방법

- 두루마리 휴지 속심을 가로, 세로, 대각선 등 다양한 모양과 크기로 자른다.

② 하드보드지, 피자 판, 케이크 판

③ 꾸미기 재료
- 뚜껑, 종잇조각, 실, 깃털, 마카로니 등

④ 물감, 붓, 본드, 가위

⑤ 걸레, 신문지

이 활동을 할 때는

① 유아의 수준에 적절한 활동 자료·방법을 선택한다.

	4세	5세
학기별	• 3~4명의 유아가 함께 협동하여 작품을 구성한다. • 준비된 속심이 두꺼워서 가위로 안 잘릴 경우, 유아가 원하는 크기와 형태로 교사가 잘라 준다. • 만들고자 하는 구조물을 충분히 생각하고 그림으로 설계한 후에 입체적으로 표현해 보도록 격려한다.	

② 자료를 탐색한다.

- 기존 작가의 미술 작품을 감상하는 기회를 통해 작품에 사용한 재료들을 탐색한다.

③ 입체적으로 구성한다.

- 어떤 구성물을 만들지 머릿속에 그려 본다.
- 하드보드지나 피자 판에 휴지 속심을 붙여 자유롭게 구성한다.
- 물감으로 색칠한 뒤 말린다.
- 구성물에 유아의 생각을 기록해 준다.

④ 작품을 감상한다.

다양한 길이의 속심으로 만든 공중 장애물

속심과 색종이, 사인펜을 사용하여 만든 사람

속심으로 세상을 다른 각도로 보는 영아

속심을 통해서 본 다른 각도의 숲 속

속심을 통해서 다른 각도로 본 나무

나무 막대 구조물

이 활동을 통해

- 입체 구성 활동을 통해 미술감과 형태를 구성하는 능력을 기른다.
- 생활에서 익숙하게 쓰이는 도구의 원리를 알고 바르게 사용할 수 있다.
- 선이 연결되면 면이 되는 미술의 원리를 이해할 수 있다.

이 활동을 하려면

- 나무 막대(예 나무젓가락, 아이스크림 막대, 이쑤시개 등), 셀로판테이프, 본드, 사인펜, 물감, 검은 도화지, EVA

이 활동을 할 때는

① 유아의 수준에 적절한 활동 자료·방법을 선택한다.

	5세
학기별	• 반입체물을 만들 때는 나무 막대의 길이를 고려하여 2~3명의 유아가 함께 구성할 수 있다. • 입체물을 만들 때는 EVA에 나무 막대 붙인 것을 지지대로 사용하여 튼튼하게 만들어 볼 수도 있다.

② 입체적으로 구성한다.

- 나무 막대를 그대로 사용하거나 물감을 칠하여 미리 말린다. 사인펜이나 크레파스로 무늬를 그려 넣을 수도 있다.
- 나무 막대로 어떤 형태를 만들지 생각한다.
- 검은 도화지에 나무 막대로 모양을 구성해 가며 반입체물을 만들어 보거나 나무 막대를 셀로판테이프로 연결하여 붙이면서 입체적인 작품을 만들기도 한다.
- 구성한 작품에 제목을 붙인다.

여러 가지 나무 막대를 재활용하여 구성한 집

③ 작품을 감상한다.

과일·야채로 구성하기

이 활동을 통해

- 다양한 과일과 야채를 이용하여 창의적인 입체물을 구성해 본다.
- 주변의 동물을 관찰하고, 관찰한 것을 형태로 만들어 보는 경험을 한다.

이 활동을 하려면

① 다양한 과일, 야채

- 고구마, 오이, 당근, 양파, 귤껍질, 수박 껍질, 속을 파낸 파인애플 등을 사용한다.
- 집에서 요리하다 남은 재료를 가져오게 한다.
- 너무 작거나 덜 여물어서 먹기에 적당하지 않은 것을 활용하면 더 좋다.

② 이쑤시개, 종이, 사인펜, 색연필, 부직포, 수수깡, 색공, 스티로폼 공, 눈알, 본드

이 활동을 할 때는

① 유아의 수준에 적절한 활동 자료·방법을 선택한다.

	5세
학기별	• 수확하는 시기를 고려하여, 수확하는 활동(예 봄에 심은 고구마를 수확하기)과 함께 진행하면 더 효과적이다. • 먹는 음식을 미술의 자료로 사용할 때는 음식의 소중함을 다시 생각해 보는 기회를 갖고, 될 수 있으면 먹지 못하는 부분을 이용하도록 한다.

② 자료를 탐색한다.

- 다양한 종류의 과일과 야채에 대해 알아본다.

③ 입체적으로 구성한다.

- 만들고 싶은 사물(예 동물)을 정하고, 어떻게 연결해서 꾸밀지 생각한다.
- 동물을 만든다면, 각 동물의 특징을 살려 만들고 싶은 형태로 이쑤시개를 꽂아 연결한다.

예 거　북: 몸통은 파인애플로, 얼굴은 키위로 꾸민다.
개구리: 몸통은 애호박으로 꾸민다.
다람쥐: 고구마로 꾸민다.
기　린: 목은 오이, 몸은 당근으로 꾸민다.

• 첨가하고 싶은 부분은 그리거나 부직포를 오려서 붙인다.

④ 작품을 감상한다.

• 유아들이 만든 작품을 모아 종류에 따라 '동물 마을'이나 '숲속' 등의 테마를 가진 공동 작품으로 구성하여 전시한다.

야채와 과일을 이용해 만든 동물

쿠킹 포일로 구성하기

이 활동을 통해

- 쿠킹 포일의 성질을 알고 입체적으로 표현해 본다.
- 관찰한 것을 구성해 보는 경험을 갖는다.

이 활동을 하려면

① 쿠킹 포일
- 쿠킹 포일을 적당한 크기로 잘라 놓는다.
- 쿠킹 포일 대신 신문지, 와이어, 피복선을 준비해 줄 수도 있다.

② 크레파스, 물감, 유성펜

③ 털실, 부직포, 스티로폼, 우레탄 폼, 셀로판테이프 등

이 활동을 할 때는

① 유아의 수준에 적절한 활동 자료·방법을 선택한다.

	3세 이하	4세	5세
연령별	• 쿠킹 포일을 충분히 탐색해 보도록 넉넉히 준비한다.	• 쿠킹 포일로 원하는 형태를 만들어 보도록 격려한다.	• 쿠킹 포일뿐만 아니라 색칠할 도구나 꾸미기 재료를 함께 준비한다.
학기별	• 학기 초에는 쿠킹 포일로 어떤 형태를 만들어 보도록 진행하기보다는 쿠킹 포일의 특성을 탐색해 보는 데 초점을 맞춘다. • 쿠킹 포일을 이용하여 입체적으로 만드는 것을 힘들어하면 두꺼운 도화지에 반입체적으로 만들어 보도록 격려한다. • 학기가 진행되면서 입체 동물 만들기를 계획할 경우에는 만들고 싶은 동물을 정하고 동물을 관찰할 기회를 제공한다. 예를 들어, 동물원 견학, 책, 비디오테이프 등을 통해서 동물의 형태, 움직임, 특징 등을 관찰하도록 한다.		

② 자료를 탐색한다.
- 쿠킹 포일의 특성을 탐색한다.

③ 자료를 구성한다.
- 어떤 모양을 만들지 생각해 본다.

- 잘라놓은 쿠킹 포일을 구긴 후 뭉쳐 원하는 형태를 만든다.
- 각 부분을 따로 만든 경우에는 테이프로 각 부분을 잇는다.
- 크레파스, 유성펜, 물감을 이용하여 전체적으로 색칠하거나 세부적으로 묘사한다.
- 털실, 부직포, 스티로폼, 우레탄 폼 등을 이용해 꾸며볼 수도 있다.

쿠킹 포일을 뭉쳐서 구성하기(영아)

④ 작품을 감상한다.

- 쿠킹 포일로 만든 작품에 끈을 달아 창틀에 매달아 놓는다.
- 여러 종류의 사람과 동물을 만들어 인형극용으로 사용할 수도 있다.

나무판자에 그림을 그리고 쿠킹 포일로 감싸서 만든 작품(유아)

쿠킹 포일로 만든 사람 작품(유아)

공예용 철사로 구성하기

이 활동을 통해

- 공예용 철사의 특성을 탐색하고 자유롭게 구부려 보며 형태를 표현한다.
- 소근육 조절 능력과 조형 감각을 기른다.
- 2차원의 평면이 아닌 3차원의 입체 구조를 직접 만들어 본다.

이 활동을 하려면

① 컬러 철사, 철사 커터(교사가 주로 사용)

② (필요에 따라)점토, 고정용 폼 등

이 활동을 할 때는

① 유아의 수준에 적절한 활동 자료·방법을 선택한다.

	5세
학기 중	• 철사를 탐색하며, 자료의 특징과 사용방법을 익힌다. • 원하는 형태를 구상한 후, 철사를 구부려 원하는 형태를 만든다.

② 자료를 살펴보며, 활동 방법에 대해 안다.

- 철사의 성질을 탐색해 본다.
  - 이 철사를 손으로 구부려 볼까?
  - 동그랗게 원을 만들 수도 있네.
  - 휘었을 때 다시 펴지는 것이 아니라 모양이 그대로 유지가 되는구나.
- 철사로 만들 수 있는 형태를 상상해 본다.
  - 이 철사로 어떤 걸 만들 수 있을까?
  - 길게 뻗거나, 둥글게 말거나, 여러 가닥을 함께 말아도 좋겠어.

③ 나만의 입체 작품을 만든다.

- 손으로 조심조심 철사를 구부려 보자.

유의 사항

- 공예용 철사는 끝이 날카로울 수 있으므로 교사가 사전에 철사 끝을 둥글게 처리하거나, 안전하게 다루는 방법을 유아에게 안내한다.
- 펜치나 커터는 유아가 직접 사용하지 않고, 도움이 필요할 경우 교사가 안전하게 도와준다.
- 선 중심의 조형에 집중된 작품(알렉산더 칼더, 루이스 부르주아 작품 등)을 사전에 감상하게 하여 자유로운 표현을 유도할 수도 있다.

공예용 철사로 만든 작품을 들고 있는 유아와 함께 전시된 작품

알루미늄 캔 구조물

이 활동을 통해

- 여러 종류의 알루미늄 폐품 캔을 이용하여 다양한 구조물을 만든다.
- 여러 가지 형태를 만들고 다양하게 표현해 본다.
- 상상력과 협동심을 기른다.

이 활동을 하려면

① 여러 종류의 알루미늄 캔

- 미리 가정에서 여러 종류의 알루미늄 캔을 모아 온다.

② 나무판이나 하드보드지, 물감, 실리콘 본드, 래커

③ 꾸미기 재료: 알루미늄 재질로 되어 있는 뚜껑 등

이 활동을 할 때는

① 유아의 수준에 적절한 활동 자료·방법을 선택한다.

	5세
학기별	• 5~6명의 공동 작업으로 작품을 구성할 수 있다. • 손으로 깡통을 찌그러뜨리거나 발로 밟을 경우에는 다칠 수 있으므로 주의를 주고, 완전히 납작하게 만들 경우에는 신발을 신고 마당에서 하도록 한다. • 특정한 형태가 아닌 자유로운 기하학적인 형태로 표현한다.

② 자료를 탐색한다.

- 깡통을 이용하여 구성한 작품을 감상하면서 어떤 형태로 어떻게 구성되었는지 탐색한다.

③ 입체적으로 표현한다.

- 준비된 깡통으로 무엇을 만들 수 있는지 이야기한다.
- 준비된 깡통을 그대로 사용하거나, 납작하게 만든 다음에 사용할 수도 있다.
- 깡통을 나무판이나 하드보드지에 배치하여 자유로운 형태를 만든다.

- 실리콘 본드를 이용하여 깡통을 나무판이나 하드보드지에 붙인다.
- 붙인 깡통과 어울리게 배경 그림을 그리거나 래커를 뿌려 완성할 수도 있다.

| 다양한 깡통으로 모양을 구성하는 유아

바느질하기

이 활동을 통해

- 생활에서 많이 사용하는 바늘과 실의 용도를 알고 창의적 표현의 도구로 활용한다.
- 소근육의 협응력과 형태감을 기른다.
- 여러 가지 재료와 도구를 활용하여 창의적으로 꾸며 본다.

이 활동을 하려면

① 일회용 투명 컵이나 접시를 이용한 바느질

- 일회용 투명 컵이나 접시
  - 일회용 투명 컵의 뚜껑 밑부분, 컵 윗부분에 송곳으로 구멍을 크게 뚫는다.
  - 일회용 투명 컵 대신에 뚜껑 있는 상자를 이용할 수도 있다. 상자 뚜껑의 가운데 부분과 상자의 중간 부분에 구멍을 뚫는다.
  - 투명한 일회용 접시의 테두리에 구멍을 뚫는다.
- 리본 테이프
  - 리본 테이프 끝은 셀로판테이프로 말아서 뾰족하고 단단하게 한다.
  - 리본 테이프 대신에 운동화 끈을 사용할 수도 있다.

② 부직포를 이용한 바느질

- 부직포
  - 여러 모양으로 오려놓은 부직포 두 장을 겹쳐서 펀치로 구멍을 뚫는다.
  - 같은 모양으로 자른 부직포의 색을 다르게 해서 준비해 줄 수도 있다.
  - 부직포 대신에 장판을 이용하면 구멍 뚫기가 훨씬 수월하다.
- 리본 테이프나 귀가 큰 플라스틱 바늘과 털실
  - 부직포 한쪽 끝에 리본 테이프를 여러 번 묶어 놓는다.
  - 리본 테이프 끝은 셀로판테이프로 말아서 뾰족하고 단단하게 하여 구멍에 끼우기 쉽게 한다.
  - 바늘을 사용할 경우에는 털실을 바늘구멍에 끼운 다음에 한쪽 털실 끝은 셀로판테이프로 말아서 고정시킨다.

- 꾸밀 재료: 부직포 조각, 여러 가지 색깔의 색공(반 자른 것), 스팽글 등
- 본드, 본드 받침, 네임펜, 가위, 셀로판테이프

③ 두꺼운 종이나 천을 이용한 바느질

- 두꺼운 종이나 천
  - 두 겹의 천 사이에 종이를 넣어서 딱풀로 고정한다.
  - 종이 대신에 OHP 필름이나 클리어 파일을 사용할 수도 있다.
- 끝이 뭉툭한 바늘, 색실
- 크레파스, 사인펜, 색연필, 셀로판테이프

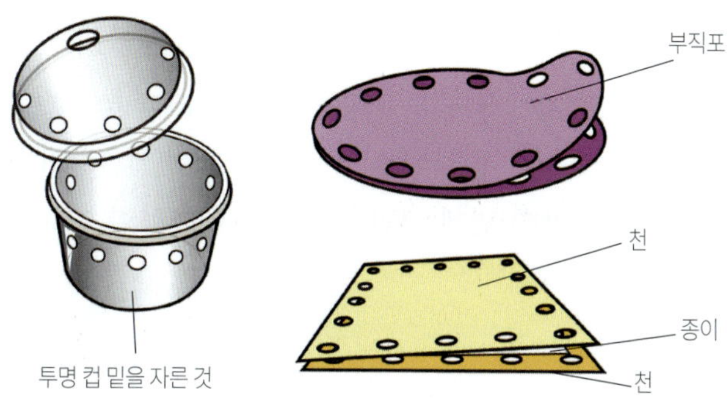

| 바느질할 수 있게 준비된 자료

이 활동을 할 때는

① 유아의 수준에 적절한 활동 자료·방법을 선택한다.

	3세	4세	5세
연령별	• 구멍 뚫린 일회용 접시, 투명 컵과 리본 테이프를 준비한다.	• 구멍 뚫린 부직포나 장판을 준비하고, 리본이나 털실을 끼운 바늘을 준비한다.	• 두꺼운 종이나 천 등을 준비하고, 끝이 뭉툭한 바늘과 색실을 준비한다.
학기별	• 학기 초에는 바느질하기 쉬운 방법으로 해 보게 하는데, 예를 들면 앞뒤를 볼 수 있으면서 단단한 재료를 준비해 주고, 감침질을 먼저 시도해 보게 한다. • 첫 번째 쉬운 방법으로 바느질의 기본을 익힌 다음에 두 번째 방법을 제안한다. 두 번째 방법을 하기 전에 실 꿰기, 구슬 꿰어 목걸이 만들기 등의 다양한 경험을 하게 할 수 있다. • 바느질에 익숙해지면 두꺼운 종이나 천을 이용한 바느질을 계획하고, 감침질과 시침질 등 다양한 방법으로 시도해 보도록 격려한다.		

	3세	4세	5세
학기별	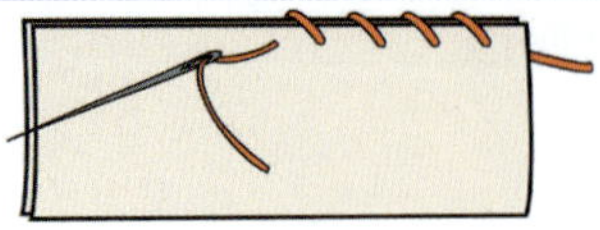 감침질	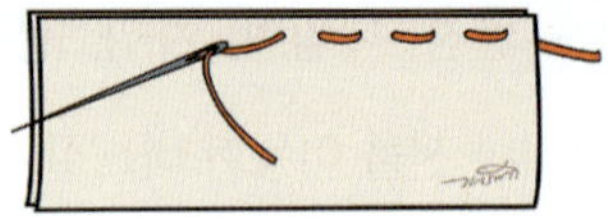 시침질	
	• 바느질은 땀수를 점차 늘리거나 바느질 방법에 변화를 주면서 지속적으로 하도록 계획한다. • 유아가 바늘을 조심해서 다루도록 교사가 바늘에 실을 꿰거나 매듭 짓는 것을 도와준다.		

② 자료를 탐색한다.

- 바늘과 실의 사용법에 대해 알아본다.

③ 바느질을 한다.

- 준비된 재료 안쪽 면에 네임펜으로 이름을 쓴다.
- 재료에 연결해 놓은 리본 테이프나 바늘로 바느질을 한다.
- 바느질을 다 한 후에는 리본 테이프나 실의 끝부분을 매듭지어 빠지지 않도록 한다.
- 원하는 경우에는 재료 양쪽 면에 그림을 그리거나 다양한 재료를 이용하여 꾸민다.

④ 완성된 작품을 감상한다.

| 플라스틱 통에 비닐로 바느질한 작품(3세)

| 나뭇잎 모양 부직포에 리본 바느질로 만든 작품(4세)

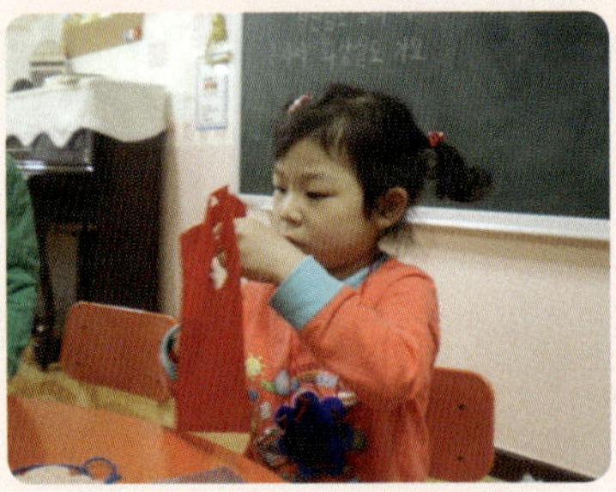

| 부직포를 오려 실로 바느질하는 유아(5세)

| 부직포 바느질 작품

2_ 입체 미술

모빌

- 색종이 모빌
- 모루 모빌
- 여러 가지 모빌
- 자연물 모빌
- 실물 발 만들기
- 폐품 발 만들기
- 모양 종이로 발 만들기

'모빌'에서는 다양한 용도로 사용될 수 있는 모빌을
여러 가지 재료로 만들 수 있는 활동을 소개하였다.

색종이 모빌

이 활동을 통해

- 기본 도형을 이용하여 물체의 모양을 만들거나 꾸미는 경험을 한다.

이 활동을 하려면

- 색종이(다양한 모양으로 잘라 준비), 빨대, 실, 끈, 풀, 스테이플러, 가위, 칼, 모빌 틀(계란판, 옷걸이, 긴 막대, 철사, 나뭇가지 등)

이 활동을 할 때는

① 유아의 수준에 적절한 활동 자료·방법을 선택한다.

	3세	4세
연령별	• 다양한 모양의 색종이를 준비한다.	• 직접 오려서 만들어 볼 수 있도록 색종이, 가위를 준비한다.
학기별	• 3, 4세 연령에게 적절하고, 학기 초에 유아가 놀이하는 주제에 맞게 계획한다. • 학기 초에는 평면적인 것에서 시작하여 점차 입체적인 모형을 구성하도록 격려한다. • 점차 유아가 직접 세로로 오려 자유롭게 길게 붙여 이어보도록 하고, 좋아하는 모양을 자르거나 반으로 접어 가운데를 잘라내는 등 다양한 형태의 모빌을 만들어 볼 수 있도록 격려한다. • 색종이뿐만 아니라 구멍 뚫린 여러 가지 재료도 함께 이용하여 구성할 수 있는 기회를 제공한다.	

② 자료를 탐색한다.

- 매달 수 있는 장식에 대해 이야기해 본다.
  - 위 연령 유아가 만든 모빌이나 시중에서 판매하는 간단한 모빌을 보여 주며 활동실에 장식된 모양을 상상해 본다.
  - 어떤 모양으로 매달면 좋을지 이야기해 본다.

③ 자료를 구성한다.

- 색종이 모양을 고른다.
- 여러 가지 재료를 이용하게 길게 이어간다.
- 색종이를 길게 오려서 여러 가지 모양을 만들거나, 그림을 그려 넣을 수도 있다.

④ 작품을 감상한다.

- 적당한 장소에 매달아 놓는다.
- 여름에는 발의 효과를 낼 수도 있고, 맨 끝부분에 가벼운 종을 달면 풍경 소리를 대신할 수도 있다.

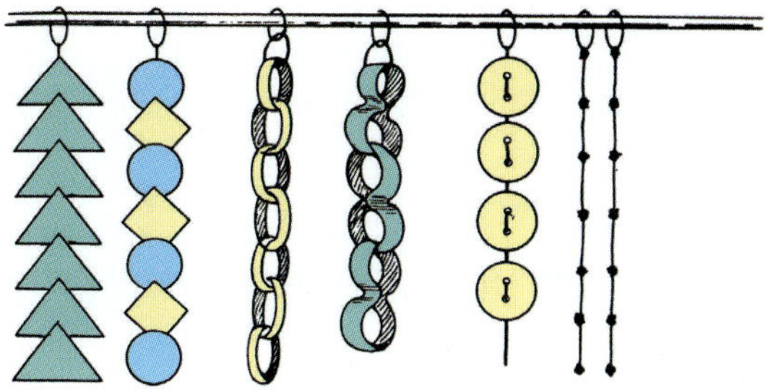

| 색종이로 만든 모빌

모루 모빌

이 활동을 통해

- 재료의 성질을 이용하여 입체적인 표현을 한다.
- 재료 자르는 가위와 재료의 사용법을 안다.

이 활동을 하려면

① 모루, 철사, 피복선, 빵끈, 공작용 안전 와이어 등

- 유아가 사용하기에 적절한지, 잘 구부러지고 형태가 만들어지는지를 고려하여 적당한 굵기의 철사를 준비한다.

② 풀, 테이프, 가위, 철사 자르는 가위

이 활동을 할 때는

① 유아의 수준에 적절한 활동 자료·방법을 선택한다.

	3세 이하	4세	5세
연령별	• 잘 구부러지는 모루, 와이어 등을 준비한다.	• 형태가 잘 만들어지는 피복선을 준비한다.	• 손가락 조절 능력이 필요한 가는 철사, 빵끈을 준비한다.
학기별	• 어린 연령인 경우에는 형태를 만들기보다는 재료의 특성을 탐색하도록 한다. • 학기 초에는 휴지 속심이나 요구르트병도 함께 제공하여 돌돌 감아보고, 스프링 모양으로 만들어 보고, 펴 보는 등 다양하게 탐색하도록 한다. • 철사와 철사 자르는 가위는 유아에게 익숙하지 않고 뾰족해서 위험할 수 있으므로 사용 방법과 사용 시 주의점에 대해 충분히 알려주고 교사가 지켜본다. • 학기가 진행되면서 원하는 형태를 만들어 보고, 만든 형태를 종이 위에 구성해 볼 수 있도록 격려한다.		

② 자료를 탐색한다.

- 철사, 모루, 피복선, 빵끈의 성질에 대해 탐색한다.
- 재료를 사용하여 어떤 모양을 만들 수 있는지, 자르고 싶다면 어떤 도구를 사용하는지에 대해 이야기를 나누어 본다.

③ 자료를 구성한다.

- 모루나 철사를 자유로이 꼬아 여러 가지 모양을 만든다.

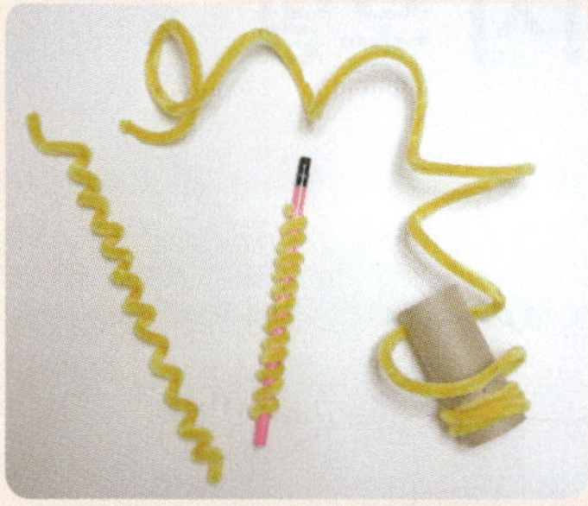

| 휴지 심과 모루로 만든 작품(3세)

| 모루로 만든 오징어(4세)

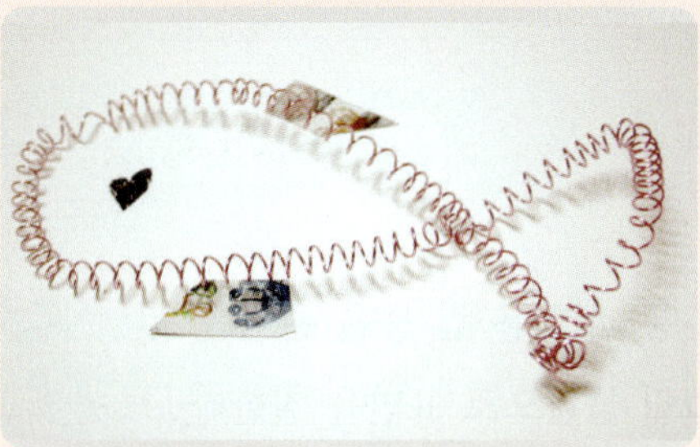

| 모루로 만든 물고기(4세)

| 모루로 만든 바닷가 풍경(5세)

④ 작품을 감상한다.

- 완성된 작품을 유리창이나 천장 등에 매단다.

여러 가지 모빌

이 활동을 통해

- 폐품을 재활용하여 아름다운 미술물을 창조한다.
- 여러 가지 재료와 도구를 활용하여 자유롭게 만들고 꾸민다.
- 협응력과 조절력 및 창의적 구성 능력을 기른다.

이 활동을 하려면

[재료 1] 깡통, 뚜껑 등을 이용

① 재활용품

- 음료수 캔, 필름 통, 요구르트병, 요플레 통, 일회용 컵 등을 준비한다.
- 캔 종류는 스펀지나 솔을 사용하여 아크릴 물감으로 표면을 칠한다.
- 통 종류는 스프레이 물감을 뿌린다.

② 본드, 본드 받침, 셀로판테이프, 도구(송곳, 가위)

③ 헌 옷걸이, 낚싯줄 또는 실, 바늘

- 쿠킹 포일을 옷걸이에 감는다.

④ 크레파스, 사인펜, 수수깡, 모루, 여러 모양의 뚜껑, 헌 털실 등

⑤ 비닐 깔개, 작업복

[재료 2] 플라스틱 용기 이용

① 플라스틱 용기

- 입구 부분을 잘라낸 둥근 음료수 통을 준비한다.

② 고무공(여러 가지 색)

- 고무공의 크기는 플라스틱 우유병의 입구보다 약간 큰 것으로 하고, 고무공을 끼울 때는 약간 눌러 꼭 끼워서 모빌로 매단 후에 빠지지 않도록 한다.
- 공풀용 공을 사용하면 여러 가지 색깔의 공을 사용할 수 있고, 공의 무게가 가벼워 모빌로 사용하기에 효과적이다.

③ 꾸미기 재료

- 금·은가루, 부직포 조각, 색 스펀지 공, 수수깡, 스팽글 등

④ 본드, 본드 받침, 모빌 틀

- 모빌 틀은 2.5cm 두께의 스티로폼을 도넛 모양으로 오려서 성탄 분위기가 나도록 쿠킹 포일로 싸서 사용하면 좋다.

[재료 3] 속심 이용

① 다양한 속심: 두루마리 휴지 속심

[재료 4] 일회용 숟가락, 일회용 접시 이용

① 일회용 숟가락: 요플레용 숟가락, 아이스크림용 숟가락, 커피 젓는 막대 등

② 여러 가지 모양을 자른 일회용 스티로폼 접시: 원, 세모, 네모, 육각형, 별 모양 등

③ 채색 도구: 유성 매직, 크레파스 등

④ 모빌 틀: 굵은 철사를 나선형으로 구부려 모양을 낸 후 모루를 덧감아 사용한다.

이 활동을 할 때는

① 유아의 수준에 적절한 활동 자료·방법을 선택한다.

	4세	5세
학기별	• 모빌 장식을 하려고 하면 어떤 폐품을 활용하여 어떻게 만들 수 있을지 생각한 다음에, 모빌 장식품의 무게를 고려하며 재료를 구성한다. • 여러 가지 재료를 활용하여 창의적인 형태로 만들어 볼 수 있도록 격려한다. • 학기 말에는 모빌 장식품을 만들어 보는 것뿐만 아니라 만든 장식품을 모빌 틀에 직접 달아볼 수 있도록 한다.	

② 자료를 탐색한다.

- 폐품을 활용하여 무엇을 만들 수 있는지 이야기 나눈다.

③ 입체적으로 구성한다.

[방법 1. 깡통, 뚜껑 등을 이용한 모빌]

- 색을 입힌 여러 종류의 통에 수수깡, 각종 뚜껑, 털실 등을 붙여 자유롭게 구성한다.
- 털실의 한쪽 끝부터 천천히 감아 다양한 크기의 둥

| 깡통, 뚜껑으로 만든 모빌

근 공 모양도 만들어 볼 수도 있다.

- 병뚜껑 윗부분에 구멍을 뚫어 실 또는 낚싯줄로 맨다.
- 옷걸이로 만든 모빌 틀에 매단다.

[방법 2. 플라스틱 용기를 이용한 모빌]

- 여러 가지 꾸미기 재료들을 플라스틱 용기 겉면에 본드로 붙여서 꾸민다.
- 플라스틱 용기의 뚫린 부분에 원하는 색의 고무공을 끼운다.
- 플라스틱 윗부분 양쪽에 구멍을 뚫어 낚싯줄로 맨다.
- 도넛 모양의 모빌 틀에 매단다.

플라스틱 용기로 만든 모빌

[방법 3. 속심을 이용한 모빌]

- 두루마리 휴지 속심이나 테이프 속심을 쿠킹 포일로 싼다.
- 가시철사를 길게 잘라 넓은 상자나 쟁반에 담는다.
- 겉면에 풀칠을 해서 가시철사를 잘라놓은 쟁반에 굴린다.
- 여러 가지 꾸미기 재료를 본드로 붙여서 꾸민다.
- 휴지 속심이나 테이프 속심에 구멍을 뚫어 낚싯줄로 맨다.
- 모빌 틀에 매단다.

| 속심과 쿠킹 포일로 만든 모빌

[방법 4. 일회용 숟가락, 일회용 접시를 이용한 모빌]

- 스티로폼 접시 자른 것의 앞, 뒤에 유성 매직이나 크레파스로 그림을 그린다.
- 숟가락 5~6개의 앞, 뒤에 유성 매직으로 그림을 그린다.
- 본드를 이용하여 숟가락을 스티로폼에 돌려가며 눈송이처럼 붙인다.
- 완성된 스티로폼 눈송이의 꼭대기에 구멍을 뚫고 낚싯줄에 연결해 매단다.
- 모빌 틀에 매단다.

④ 작품을 전시하고 감상한다.

- 교실의 입구나 바람이 약간 부는 곳에 매달아 주면 움직임에 있어 효과적이다.

| 스티로폼으로 만든 눈송이 모빌

자연물 모빌

이 활동을 통해

- 자연물에 관심을 갖고 창의적으로 표현할 수 있다.
- 나무 열매나 과일 씨를 이용하여 장식물을 꾸미고 심미감을 기른다.

이 활동을 하려면

① 조개껍데기를 이용한 모빌

- 여러 가지 모양과 크기의 조개껍데기
  - 여름방학이 끝나고 2학기가 시작하자마자 유아가 수집한 각종 해산물의 껍데기 (예 모시조개)를 모은다.
- 색실, 사인펜, 유성 매직, 크레파스

② 나무 열매나 씨를 이용한 모빌

- 여러 가지 모양과 크기의 솔방울, 도토리, 땅콩, 과일의 씨
- 아크릴 물감, 유성 매직

③ 솔방울을 이용한 성탄 장식물 모빌

- 여러 가지 모양과 크기의 솔방울
  - 솔방울에 래커를 뿌릴 때 다른 곳에 묻지 않도록 신문지를 깔고 작업하거나 마당에 나가서 준비한다. 래커 대신에 아크릴 물감으로 덧칠할 수도 있다.
- 꾸미기 재료: 금·은가루, 작은 구슬, 스팽글, 색공, 색 스티로폼 공, 반짝이 모루, 가시철사 등
- 옷걸이, 나뭇가지, 굵은 철사, 실

이 활동을 할 때는

① 유아의 수준에 적절한 활동 자료·방법을 선택한다.

	4세	5세
연령별	• 유아가 손쉽게 잡을 수 있는 크기의 자료들을 준비한다.	• 다양한 크기의 자료를 준비한다.
학기별	• 모빌 틀을 미리 준비하여 모빌에다 직접 달 수 있도록 한다. • 마당에 나가서 유아들와 함께 솔방울에 래커를 뿌리거나 아크릴 물감으로 덧칠한다.	

② 재료를 탐색한다.

- 각 계절마다 볼 수 있는 열매나 자연물의 생김새를 탐색한다.

③ 재료를 구성한다.

[활동 1. 조개껍데기를 이용한 모빌]

조개껍데기를 이용한 모빌

- 껍데기 바깥쪽에 그림을 그리거나 색칠한다.
- 대합과 같은 조개는 껍데기 안쪽에 유성 매직이나 사인펜으로 그림을 그린다.
- 니스 칠을 한다.
- 완성된 조개껍데기를 실이나 고무줄로 연결한다.
- 바다풀 모양으로 만든 모빌 틀에 조개 꾸민 것을 매달아 준다. 조개껍데기의 안과 밖이 모두 잘 보이도록 전시한다.

[활동 2. 나무 열매나 씨를 이용한 모빌]

- 솔방울, 도토리, 땅콩 꼭지에 실을 매단다.
- 꾸미기 재료(과일의 씨, 작은 열매들)로 다양하게 꾸민다.
- 옷걸이나 화분에 꽂은 나뭇가지 등에 매달아 전시한다.

솔방울을 이용한 모빌

[활동 3. 솔방울을 이용한 성탄 장식물 만들기 모빌]

- 원하는 솔방울을 선택한다.
- 꾸미기 재료를 활용하여 솔방울을 화려하게 장식한다.
- 성탄목에 매달아 전시한다.

④ 완성된 작품을 감상한다.

실물 발 만들기

이 활동을 통해

- 평면적인 재료를 이용하여 입체적인 발을 구성하여 본다.
- 발의 의미를 알고 활용하여 본다.

이 활동을 하려면

① 실물 자료

- 도토리깍정이: 도토리의 밑을 싸 받치는 깍정이, 도토리받침
- 작은 솔방울
- 소라고둥
- 빨대 자른 것, 수수깡 등

도토리깍정이

작은 솔방울

소라고둥

- 도토리깍정이나 작은 솔방울에 송곳으로 미리 구멍을 뚫어둔다. 물에 불린 후 송곳으로 뚫으면 좋다.
- 돗바늘에 실을 꿰어 맨 끝에 모양 종이 하나를 셀로판테이프로 고정시켜서 준비해 둔다.

② 돗바늘(쇠로 된 것, 플라스틱으로 된 것 등), 스티로폼 그릇, 실

- 스티로폼 일회용 그릇(폭신폭신한 소재의 일회용 용기)을 바늘쌈 삼아서 돗바늘을 옆쪽에 꽂아둔다. 항상 교사는 바늘 개수와 유아들이 사용하는 방식을 잘 관찰해야 한다.

이 활동을 할 때는

① 유아의 수준에 적절한 활동 자료·방법을 선택한다.

	3세	4세	5세
연령별	• 실물 발은 구멍을 크게 뚫기 힘들고 구멍도 작은데 억지로 작은 구멍을 통과시키려다 다칠 수 있기 때문에 3세에게는 적절하지 않다.	• 도토리깍정이 등에 미리 송곳으로 구멍을 뚫어둔다. 이때 쇠 돗바늘을 이용하는 것이 좋고, 바늘귀 부분이 작은 것이 좋다.	• 모양 종이를 잘라서 실물 재료와 어울리게 구성할 수도 있다.
학기별	• 지역에 따라 쉽게 구할 수 있는 자연물(예 열매나 조개류)을 최대한 이용하면 좋다. • 3세 유아의 경우에는 구멍이 크고 위험하지 않은 자연물은 발로 만들 수 있으나 구멍이 작을 경우는 위험하므로 사용하지 않는 것이 좋다. • 5세 유아의 경우에는 계절 수확물을 활용해 삶은 밤이나 삶은 옥수수 등의 실물을 이용해 끼우기를 할 수도 있다.		

② 우리나라와 세계 여러 나라에서 사용되는 다양한 발의 사진을 보고 특성을 탐색한다.

- 각 나라마다 어떤 재료로 발을 만들었을까?
- 각 나라의 발은 어떤 용도로 사용될까?

③ 재료를 탐색한다.

- 매달 수 있는 장식에 대해 이야기해 본다.
  - 견본을 보여주며 활동실에 장식된 모양을 상상해 본다.
  - 어떤 모양으로 매달면 좋을지 이야기해 본다.

④ 재료를 구성한다.

- 실물 재료를 고른다.
  - 여름에는 조개류, 고동 등을 이용한다.
  - 가을에는 도토리깍정이, 솔방울 등을 이용한다.
- 여러 가지 재료를 이용하게 길게 이어간다.
  - 실물→색 빨대(혹은 수수깡)→실물→색 빨대→ … 순으로 잇는다.

⑤ 작품을 감상한다.

- 완성된 작품을 적당한 장소에 매단다.

발 만들기의 예

폐품 발 만들기

Tip
환경과 생활: 일상생활 속의 폐품을 활용하여 미술 작품을 만들 수 있다.

이 활동을 통해

- 평면적인 재료를 이용하여 입체적인 발을 구성하여 본다.
- 발의 의미를 알고 활용하여 본다.

이 활동을 하려면

① 작은 폐품류

- 단추, 쿠킹 포일 컵, 쿠킹 포일, 젤리 용기, 플라스틱 뚜껑류, 배 싸개(사진 참조: 사과나 배를 싸는 부드러운 스티로폼 소재 부재료) 등
- 폐품 용기도 미리 송곳으로 구멍을 뚫어두는 것이 좋다.

② 돗바늘(예 쇠로 된 것, 플라스틱으로 된 것 등), 스티로폼 그릇, 실

- 스티로폼 일회용 그릇(폭신폭신한 소재의 일회용 용기)을 바늘쌈 삼아서 돗바늘을 옆쪽에 꽂아둔다. 항상 교사는 바늘 개수와 유아들이 사용하는 방식을 잘 관찰해야 한다.

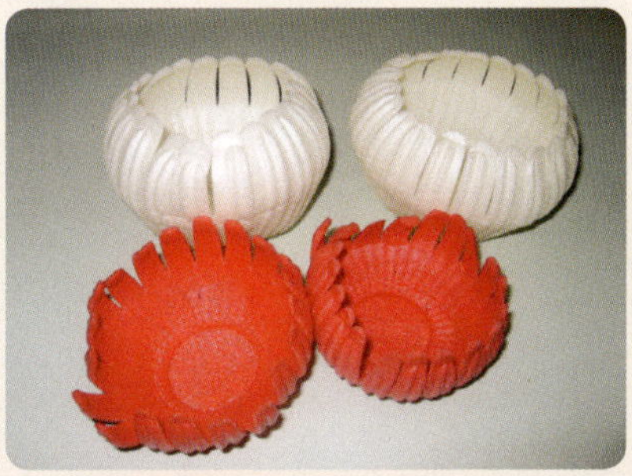

과일 포장지

이 활동을 할 때는

① 유아의 수준에 적절한 활동 자료·방법을 선택한다.

	3세 이하	4세	5세
연령별	• 젤리 용기나 큰 단추 등을 이용하여 발을 만들 수 있다.	• 작은 폐품류에 그림을 그리고 스스로 꾸미면서 한다.	• 교사와 함께 발을 만들기에 적절한 폐품 재료를 찾아서 만들어 본다.
학기별	• 학기 초에는 작은 용기로 개인 발을 만들고, 학기 중반 이후에는 배 싸개나 젤리 용기 큰 것을 이용해 큰 발을 만들어 창문 등에 매다는 것도 좋은 방법이다. • 유아가 찾아오거나 제안하는 새로운 폐품 재료도 활용해 본다. 단, 너무 무겁지 않은 것으로 하고, 발을 만들기로 하면 교사가 구멍을 뚫어 준다.		

② 자료를 탐색한다.

- 매달 수 있는 장식에 대해 이야기해 본다.
  - 견본을 보여주며 활동실에 장식될 모양을 상상해 본다.
  - 어떤 모양으로 매달면 좋을지 이야기해 본다.

③ 자료를 구성한다.

- 폐품 자료를 고른다.
  - 여름에는 투명 용기로 만들면 좋다.
  - 겨울에는 젤리 용기를 은박지로 싸서 크리스마스 분위기를 낼 수 있도록 만들어도 좋다.
- 여러 가지 재료를 이용하게 길게 이어간다.
  - 폐품→색 빨대(혹은 수수깡)→폐품→색 빨대→… 순으로 잇는다.

④ 작품을 감상한다.

- 적당한 장소에 매단다.

모양 종이로 발 만들기

이 활동을 통해

- 평면적인 재료를 이용하여 입체적인 발을 구성하여 본다.
- 발의 의미를 알고 실생활에서 활용해 본다.

이 활동을 하려면

① 종이나 미술 용구 활용 발: 색지, 빨대, 수수깡, 색종이 등

- 작은 모양 종이는 송곳으로 뚫어두고, 돗바늘에 실을 꿰어 맨 끝에 모양 종이를 셀로판테이프로 고정시켜서 준비해 둔다.
- 어린 연령이나 학기 초에는 빨대 자른 것(2~3cm)이 더 좋다. 왜냐하면 빨대는 자르기만 해도 구멍이 커서 쉽게 끼울 수 있기 때문이다. 만약 수수깡 자른 것을 내주려면 어린 연령의 경우에는 수수깡에 미리 송곳으로 구멍을 뚫어 두는 것이 좋다.

② 돗바늘(플라스틱 재질, 금속 재질 등), 스티로폼 그릇, 실

- 스티로폼 일회용 그릇(푹신한 소재의 일회용 용기)을 바늘쌈 삼아서 돗바늘을 옆쪽에 꽂아둔다. 교사는 항상 바늘 개수와 유아들이 사용하는 방식을 잘 관찰해야 한다.

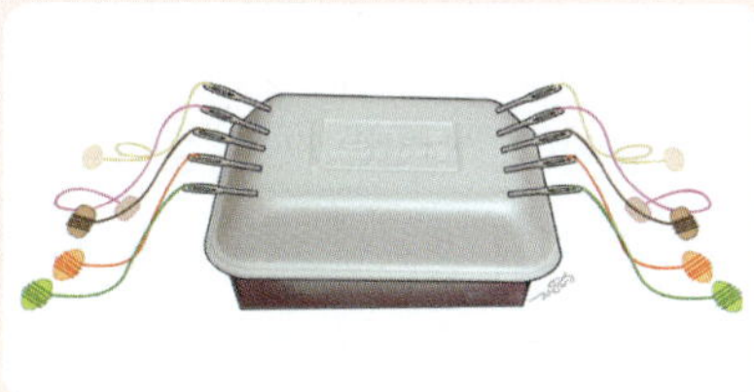
| 돗바늘 꽂이

이 활동을 할 때는

① 유아의 수준에 적절한 활동 자료·방법을 선택한다.

	3세	4세	5세
연령별	• 크고 넓은 구멍이 있는 자료(예 빨대)를 이용한다. • 모양 종이에 교사가 미리 구멍을 뚫어 둔다. • 돗바늘은 플라스틱 재질이 좋고, 끝이 뾰족하지 않은 것으로 사용한다.	• 종이는 유아가 자르고, 구멍은 교사가 뚫어 준다. 이때 구멍은 한 개씩만 뚫어 준다. • 돗바늘은 끝이 뭉툭한 금속 재질도 사용할 수 있다.	• 모양 종이를 그리고 자르는 것은 유아가 하고, 구멍은 교사가 뚫어 준다. • 금속 재질의 돗바늘을 사용할 수 있다.

	3세	4세	5세
학기별	• 어린 유아가 돗바늘을 안전하게 사용하는 것이 중요하므로 유아가 사용하기 편리하도록 돗바늘을 준비해 준다. • 3, 4세 유아는 모양 종이나 다른 재료에 구멍을 한 개만 뚫고, 한 번만 구멍을 통과하도록 한다. • 5세 유아는 모양 종이에 구멍을 뚫을 때에 두 개를 뚫어서 바늘을 두 번 통과시켜 모양 종이가 수직으로 설 수 있게 구성한다.		

② 재료를 탐색한다.

- 매달 수 있는 장식에 대해 이야기해 본다.
  - 견본을 보여주며 활동실에 장식된 모양을 상상해 본다.
  - 어떤 모양으로 매달면 좋을지 이야기해 본다.

③ 재료를 구성한다.

- 모양 종이를 고른다.
  - 봄에는 진달래, 개나리 모양으로 준비한다.
  - 여름에는 투명 용지(코팅지 파지 자른 것 혹은 OHP 용지 등)를 색상지 대신 제공한다.
  - 가을에는 과일이나 야채 사진(전단지 등)을 이용해도 좋다.
  - 수직으로 세워야 모양이 나오는 실물 사진이나 그림은 구멍을 두 개 뚫어서 발을 걸었을 때 모양이 제대로 보이게 하는 것이 좋다.
  - 유아가 스스로 자른 종이를 발로 만들어도 좋다.
- 여러 가지 재료를 이용하게 길게 이어간다.
  - 모양 종이→색 빨대(혹은 수수깡)→모양 종이→색 빨대→ … 순으로 잇는다.

모양 종이로 만든 발

④ 작품을 감상한다.

- 적당한 장소에 매단다.
- 방문 앞에 매달 경우에는 성인(교사 또는 부모)이 발에 부딪히지 않고 지나갈 수 있도록 발을 높게 달고 길이를 짧게 달아 준다.

3_ 놀이에 필요한 그리기와 만들기

- 가면/탈 만들기
- 다양한 통 만들기
- 팽이 만들기
- 제기 만들기

- 자동차 만들기
- 배 만들기
- 비행기 만들기

- 폐품 활용하여 동물 만들기
- 세우는 동물 만들기

- 어버이날 카네이션 만들기
- 부채 만들기
- 색안경 만들기
- 물놀이 용구 만들기
- 연 만들기
- 눈송이 만들기
- 성탄 장식물 만들기
- 리스(wreath) 만들기

'놀이에 필요한 그리기와 만들기'에서는 유아가 놀이에서 사용할 수 있는 사물과 동물을 만들어 볼 수 있도록 제시하였다. 놀이 주제와 관련된 만들기는 영유아 스스로 만드는 것이 최선이나 교사의 지원이 필요할 때 참고할 수 있다.

가면/탈 만들기

이 활동을 통해

- 우리나라와 세계 여러 나라의 문화에 관심을 갖고 표현해 본다.
- 아름답게 구성하는 미적 감각을 기른다.

이 활동을 하려면

① 가면 본

- 수집한 낡은 안경테나 파티 가면을 사용할 수도 있다.
- 두꺼운 종이로 오려서 가면 본을 준비한다.

② 나무젓가락, 고무줄, 펀치

③ 꾸미기 재료

- 염색한 깃털, 단추, 스팽글, 색깔 털공, 리본, 모조보석, 색종이, 반짝이 풀 등

이 활동을 할 때는

① 유아의 수준에 적절한 활동 자료·방법을 선택한다.

	5세
학기별	• 유아들이 원하는 형태로 가면을 직접 디자인해 볼 수 있도록 격려한다. • 가면(탈)의 눈 부분을 가리지 않고 꾸미기 재료를 붙일 수 있도록 지도한다.

② 가면(탈)에 대해 알아본다.

- 우리나라의 탈춤이나 가면을 쓰고 하는 무도회를 담은 동화책이나 비디오를 통해 각 나라의 장식 문화를 간접적으로 경험한다.
- 뒤집어쓰는 탈, 귀에 걸치지 않고 손잡이가 길게 달린 가면, 고양이 모양의 가면, 깃털 모양의 가면 등 다양한 형태의 가면에 대해 이야기를 나눈다.

③ 가면(탈)을 만든다.

- 원하는 가면(탈) 본을 선택하거나 직접 그린다.
- 가면(탈) 본 테두리에 깃털, 모조보석, 스팽글 등을 본드로 붙인다. 잘 붙지 않을 경우에는 교사가 도움을 주면서 글루건으로 붙인다.
- 한쪽 귀 부분에 나무젓가락을 붙이거나 양쪽 귀 부분에 고무줄을 끼워 준다.

④ 놀이에 활용한다.

- 만든 가면(탈)을 역할 영역에 내준다.

| 유아가 놀이 시간에 운영하는 탈 가게

| 유아가 그리거나 만든 탈

| 유아가 그리거나 만든 탈

| 자신이 만든 탈을 쓴 유아

다양한 통 만들기

이 활동을 통해

- 생활에 필요한 물건을 창의적으로 만든다.
- 일상적인 소재를 응용하여 새로운 물건으로 만들어 보는 경험을 한다.

이 활동을 하려면

① 폐품 자료
- 우유 팩, 상자, 랩 말이 속심, 휴지 말이 속심 등
- 큰 깡통(예 분유 통, 과자 통 등), 작은 깡통(예 세로로 홀쭉한 깡통)
- 두꺼운 도화지, 하드보드지 등

② 꾸미기 자료
- 색종이, 색 도화지, 시트지, 습자지 등
- 사인펜, 매직, 색연필 등
- 그림물감, 아크릴 물감, 분무기

③ 도구
- 가위, 풀, 무공해 본드, 셀로판테이프 등

이 활동을 할 때는

① 유아의 수준에 적절한 활동 자료·방법을 선택한다.

	3세 이하	4세	5세
연령별	• 그대로 쓸 수 있는 폐품 자료(예 긴 모양의 깡통)에 조각 색종이나 시트지를 붙여서 꾸미는 것을 해 본다.	• 깡통 이외의 자료 중에서 폐품으로 이용할 수 있는 것으로 만들어 본다.	• 전혀 연필꽂이가 연상되지 않는 자료를 이용하여 만들어 본다. 예를 들어, 휴지 말이 속심과 랩 말이 속심 등을 여러 개 붙여서 만든다. 그림을 그려서 꾸민다.
학기별	• 학기 초에는 필요한 통(예 가위꽂이가 없다면 가위꽂이, 역할놀이 영역의 수저꽂이)를 위주로 만든다. • 학기 말에는 학기 초에 만들었던 것 중 불편하거나 개선이 필요한 것을 종합하여 수정해 본다.		

② 자료를 탐색한다.

- 사물을 꽂았을 때에 넘어지지 않고 잘 서 있을 수 있는 꽂이를 고른다.

③ 꽂이의 형태로 만든다.

- 꽂아 두고자 하는 물건의 길이를 재어서 그 길이보다 약간 낮은 재료를 고른다.
  - 만약 색연필꽂이를 만들고자 한다면, 색연필 길이보다 작고 낮은 깡통을 고른다.
  - 휴지 말이 속심 하나에 가위 한 개가 꽂히는 것이 적당하다면, 휴지 말이 속심 여러 개를 묶거나 붙여서 만들 수 있다.
- 큰 깡통(예 분유 통)은 두꺼운 도화지로 안에 구분 막을 설치하면 한 통에 여러 종류를 꽂을 수도 있다.
- 겉을 꾸밀 때는 입체적인 재료(예 빨대 자른 것, 모루 자른 것, 스팽글 등)보다는 평면적인 재료로 꾸민다. 왜냐하면 꽂이로서의 기능을 하는 것이 중요하므로, 겉에 입체적 재료들로 꾸미는 것은 적절하지 않다.

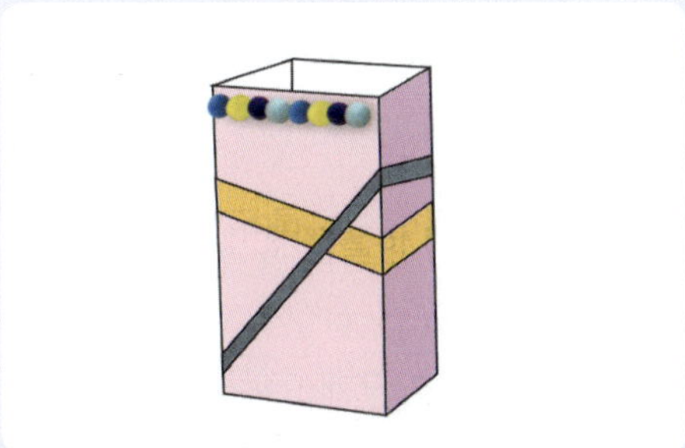

우유갑으로 만든 통(4세)

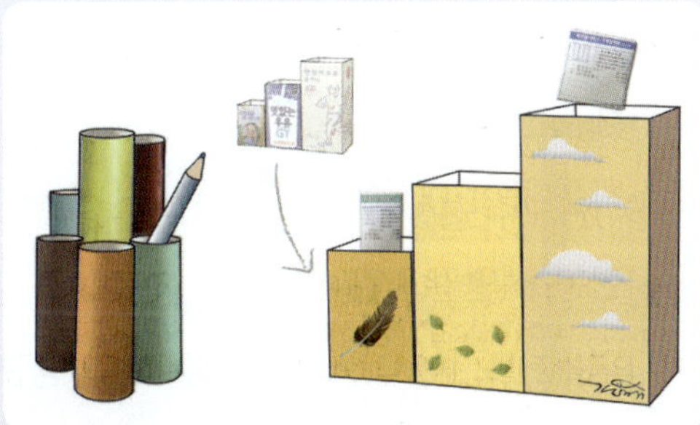

종이상자와 휴지 속심으로 만든 통(5세)

폐품으로 만든 화분

팽이 만들기

이 활동을 통해

- 눈과 손의 협응력 및 손의 조절 능력을 발달시킨다.
- 다양하고 창의적인 모양으로 구성해 본다.
- 팽이의 원리를 이해하고, 잘 돌게 하기 위한 방법을 생각한다.
- 색의 혼합을 경험한다.

이 활동을 하려면

① 두꺼운 종이

- 어린 연령인 경우에는 두꺼운 종이(예 마분지)로 세모, 네모, 원, 별, 타원형 등 여러 종류의 팽이 모양 본을 만들어 제공한다.
- 팽이가 돌 때 균형을 잡을 수 있도록 팽이의 형태는 대칭이 되도록 하고, 모양 본 중앙에 구멍을 뚫어 놓는다.
- 두꺼운 종이 대신에 우드록을 준비해 줄 수도 있다.

② 사인펜, 색연필, 연필, 매직

③ 나무젓가락, 수수깡, 아이스크림 막대, 둥근 막대, 연필 있는 지우개

④ 풀, 색종이, 가위, 송곳

이 활동을 할 때는

① 유아의 수준에 적절한 활동 자료·방법을 선택한다.

	3세	4세	5세
연령별	• 교사가 주로 모양 본을 준비한다.	• 유아가 다양한 재료를 직접 찾아서 창의적인 팽이를 만들어 보게 한다.	
학기별	• 다양한 재료를 유아 스스로 탐색하고 연구하여 창의적인 형태의 팽이를 만들어 볼 수 있도록 격려한다(구 모양의 스티로폼을 반으로 나눈 것, 감자, 고구마, 당근, 양파 등의 야채, 컵라면 용기, 종이 접시 등). • 활동이 진행되면서 유아가 만든 팽이 중에서 어느 것이 가장 잘 돌아갈 것 같은지 함께 예측한 후 직접 돌려보고, 비교하고, 왜 그런지 그 이유에 대해 생각해 보는 과학 활동으로 확장할 수 있다. • 학기 말에는 팽이가 돌아갈 때 색의 혼합이 이루어지도록 패턴에 맞추어 색칠하도록 한다.		

② 팽이를 탐색한다.

- 상품화된 팽이를 내주어 팽이놀이를 경험해 보게 한다.
- 팽이를 만들 수 있는 다양한 재료와 방법에 대해 의논한다.
  - 무엇으로 만들 수 있을까? 어떻게 만들 수 있을까?
  - 어떤 모양으로 만들어야 할까?
  - 잘 돌게 하려면 어떤 점을 유의해야 할까?

③ 팽이를 만든다.

- 유아들이 각자 생각한 방법대로 팽이를 만들어 보게 한다.
- 완성된 팽이를 직접 가지고 놀아보고 잘 돌아가는 팽이의 모양과 만드는 방법 등에 대해 이야기함으로써 유아들이 자신의 팽이를 스스로 수정해 갈 수 있게 한다.

| 두꺼운 종이로 만든 팽이

| CD로 만든 팽이

| 종이를 접어 만든 팽이

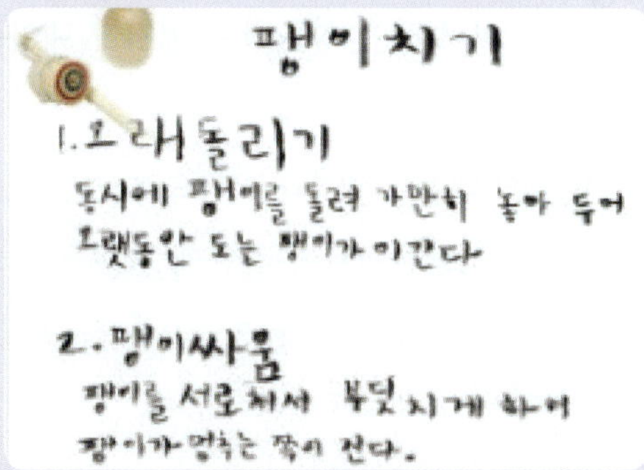

| 유아가 만든 팽이치기 규칙

④ 놀이에 활용한다.

제기 만들기

이 활동을 통해

- 제기를 만드는 데 필요한 다양한 재료와 도구를 스스로 찾아 본다.
- 놀잇감을 만드는 경험을 갖는다.

이 활동을 하려면

- 비닐 끈, 셀로판지, 고무줄이나 끈, 음료수 뚜껑류(납작하게 된 것), 동전, 지우개, 유성 매직, 네임펜 등

이 활동을 할 때는

① 유아의 수준에 적절한 활동 자료·방법을 선택한다.

	4세	5세
연령별	• 비닐 끈을 준비한다.	• 비닐 끈 외에 셀로판지도 준비한다.
학기별	• 학기 초에는 유아 스스로 적당한 자료의 특징에 대해 충분히 탐색하고, 점차 활동에 필요한 자료를 직접 준비해 보는 경험을 가질 수 있도록 교사가 지원한다. • 학기 말에는 유아가 제기 만들기에 필요한 자료를 직접 찾아보고, 그 자료를 이용한다.	

② 제기를 탐색한다.

- 전통 민속놀이 중에 제기놀이에 대한 사진 자료를 제시한다.
- 실외놀이 시간에 상품화된 제기를 내어주어 제기놀이를 경험해 보게 한다.

③ 제기를 만든다.

- 비닐을 적당한 크기와 모양으로 자른다.
- 가장자리를 돌아가며 가운데 방향으로 오린다.
- 음료수 뚜껑에 찰흙을 채우고, 비닐 가운데에 올려놓는다.
- 고무줄이나 끈으로 묶는다.
- 이름을 쓰고 꾸민다.
- 제기에 줄을 매어, 부채나 손잡이 등을 달아 준다.

1 | 비닐을 가운데 방향으로 오린다.

2 | 찰흙을 채운 음료수 뚜껑을 비닐 가운데에 올려놓는다.

3 | 고무줄로 묶는다.

④ 놀이에 활용한다.

- 완성된 제기를 직접 가지고 놀이하는 과정에서 재료의 재질이나 크기, 만드는 방법(예 줄제기, 판제기 등)에 따른 차이를 스스로 비교할 수 있도록 한다.

자동차 만들기

이 활동을 통해

• 구슬을 활용하여 움직이는 물체를 만드는 경험을 갖게 한다.

이 활동을 하려면

① 각종 빈 상자, 구슬, 바퀴

• 구슬을 넣다 뺄 수 있는 뚜껑 있는 상자를 준비한다.

• 5세인 경우에는 굴러가는 바퀴를 준비한다. 바퀴가 없을 경우에는 구멍 뚫린 원기둥과 나무 막대를 준비한다.

② 크레파스, 색종이, 셀로판테이프, 본드, 가위, 풀

이 활동을 할 때는

① 유아의 수준에 적절한 활동 자료·방법을 선택한다.

	3세	4세	5세
연령별	• 바퀴 없는 자동차를 만들어 본다.		• 바퀴 있는 다양한 종류의 자동차를 만들어 본다.
학기별	• 자동차 밑면에 넣는 구슬의 수를 늘리면서 자동차의 속도 변화를 알아본다. • 학기 말에는 경사면을 다양하게 하여 자동차의 속도를 실험할 수 있도록 한다. 또한 자동차에 바퀴가 있을 때와 바퀴가 없을 때 속도의 차이에 대해 알아본다.		

② 자료를 탐색한다.

• 쌓기놀이 영역에 자동차와 경사진 널빤지를 내주어 유아가 사전에 자동차의 움직임을 관찰할 수 있게 한다.

③ 입체적으로 구성한다.

• 빈 상자에 구슬을 넣는다.

• 자동차를 만든다.

• 창문, 문, 헤드라이트 등을 크레파스, 색종이 등으로 장식한다.

• 바퀴를 달아 준다.

1 | 상자 안에 구슬을 넣는다.

2 | 자동차를 만든다.

3 | 경사면에 굴려 놀이에 활용한다.

1 | 병뚜껑, 빨대, 막대를 준비한다.

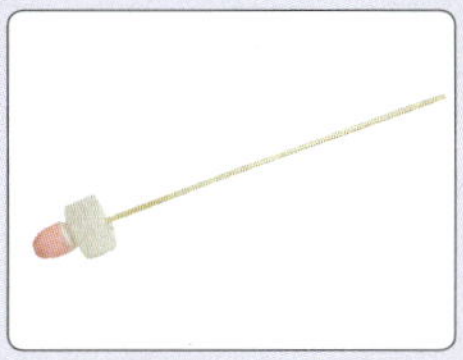

2 | 막대의 한쪽 끝에 음료수 뚜껑을 고정한다.

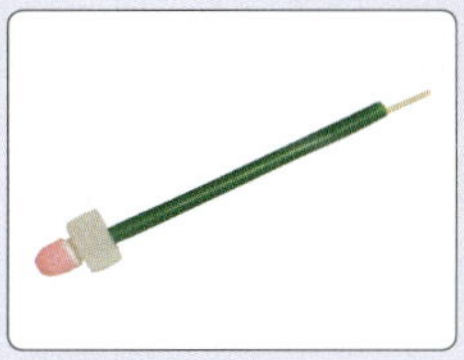

3 | 빨대를 끼운다.

4 | 막대의 나머지 끝에 음료수 뚜껑을 고정한다.

자동차가 굴러갈 수 있도록 바퀴를 만드는 예

④ 놀이에 활용한다.

- 널빤지나 베니어판 등을 경사지게 하여 자동차 경주를 할 수 있도록 한다.

| 상자로 자동차를 만든 후 주차장 표시를 해주어, 상상 놀잇감으로 사용하기

배 만들기

이 활동을 통해

- 폐품을 이용하여 새로운 것을 만들어 보는 경험을 갖는다.
- 배의 각 기관을 이해하고, 부력에 대한 실험을 한다.
- 배가 앞으로 움직이는 원리를 이해한다.

이 활동을 하려면

① 여러 가지 용기

- 다양한 크기의 우유 팩(200㎖, 500㎖, 1,000㎖), 종이 상자, 요구르트병, 종이컵, 스티로폼 접시, 플라스틱 용기 등

② 꾸미기 재료

- 빨대, 수수깡, 코팅된 종이, 색깔 있는 비닐 조각, 코팅 파지, 부직포 조각, 모루, 옷핀, 스펀지 공, 아이스크림 막대 등

③ 기타

- 셀로판테이프, 본드, 칼, 가위, 유성 매직

이 활동을 할 때는

① 유아의 수준에 적절한 활동 자료·방법을 선택한다.

	3세	4세	5세
연령별	• 정해진 방법으로 배를 만들기보다는 스스로 적당한 자료를 찾아 창의적인 방법으로 만들도록 격려한다.		
학기별	• 배에 쓰이는 용기나 붙여서 꾸미는 재료 등은 물에 젖지 않고 가라앉지 않는 것으로 사용한다. • 본드가 완전히 마르면, 활동실이나 실외 물놀이 영역에서 직접 배를 물 위에 띄워보는 확장 활동으로 전개할 수 있다. • 활동이 진행되면서 물놀이 영역 근처에 유아들이 만든 배를 전시할 수 있는 선착장을 구성해 주어도 좋다.		

② 자료를 탐색한다.

- 여러 가지 자료 중에서 물에 젖지 않는 것, 가라앉지 않는 것을 탐색한다.
- 돛단배, 기선, 군함, 통통배 등 다양한 배의 사진을 통해 배의 형태나 구조에 대해 탐색한다.

③ 입체적으로 구성한다.

[방법 1. 돛단배]

- 배를 만들 용기를 고른 후 유성 매직으로 이름을 쓴다.
- 여러 가지 재료를 본드로 붙여서 꾸민다.
- 원하는 모양의 돛을 골라 유성 매직으로 그리거나 부직포 조각을 붙여서 꾸민다.
- 돛을 돛대에 붙이고, 돛대를 배에 붙인다.
- 배의 몸체 부분에 돛대를 붙일 때는 균형이 잘 잡히는 위치에 붙이도록 하고, 쓰러지거나 잘 붙지 않을 경우에는 셀로판테이프로 다시 고정하도록 한다.

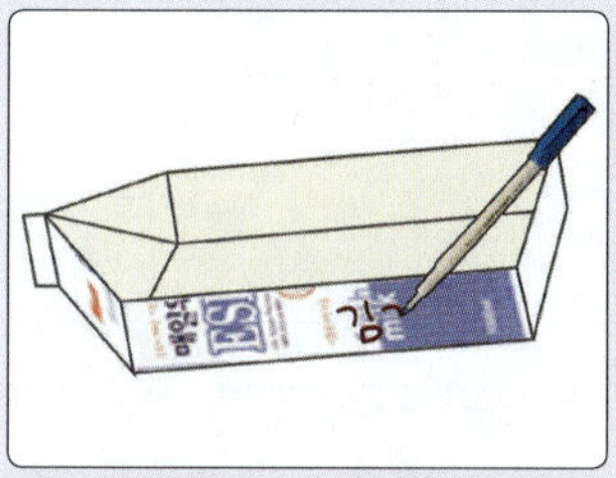

1 | 이름을 쓴다.

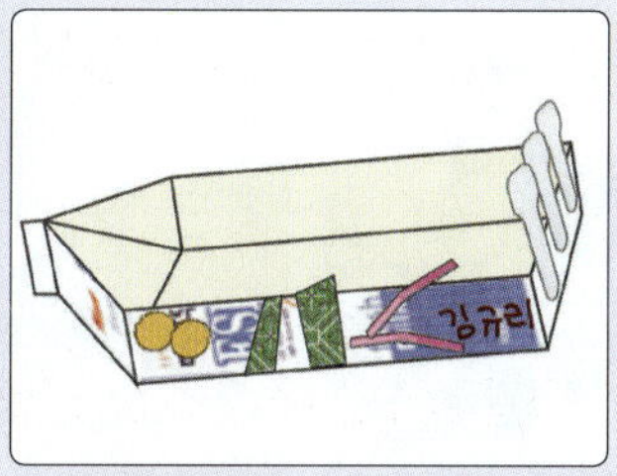

2 | 겉을 꾸민다.

3 | 돛을 꾸민다.

4 | 돛을 돛대에 단다.

5 | 돛을 배에 붙인다.

[방법 2. 통통배]

- 긴 우유 팩을 세로로 자른다.
- 작은 우유 팩을 빨대에 끼워 긴 우유 팩의 뒤로 끼운다.
- 빨대를 막고 작은 우유 팩에 물을 가득 부어 물 위에 띄워 본다.
- 작은 우유 팩에 담긴 물이 밖으로 나가면서 배가 앞으로 나간다.
- 물을 붓는 우유 팩의 크기를 여러 가지로 만들어 보거나 물을 붓는 높이를 변화시켜 배가 물에 뜨는 정도나 속도 등을 실험해 본다.

1 | 우유 통을 자른다.

2 | 빨대를 작은 우유 통에 끼운다.

3 | 큰 우유 통에 끼운다.

4 | 꾸민다.

④ 작품을 전시하고 감상한다.

| 다양한 재료로 배를 만드는 유아

| 다양한 배 작품

| 자신이 만든 배를 띄워보는 유아

| 스티로폼 접시, 상자, 우유 팩 등을 이용하여 만든 배 작품의 전시

비행기 만들기

이 활동을 통해

- 비행기가 나는 원리를 이해한다.
- 공기의 무게와 저항을 느껴 본다.

이 활동을 하려면

- 여러 재질의 종이(예 창호지, 모조지, 갱지, 도화지 등), 색종이, 크레파스, 클립, 풀, 가위, 비닐, 끈(예 15cm 길이로 잘라 쓰기 편하도록 땋아 놓음), 돌이나 나사

이 활동을 할 때는

① 유아의 수준에 적절한 활동 자료·방법을 선택한다.

	3세	4세	5세
연령별	• 색종이로 비행기를 접어보는 활동을 계획한다.		• 비행기 외에 낙하산, 헬리콥터를 만드는 활동을 계획한다.
학기별	• 학기 초에는 교사와 함께 색종이로 천천히 비행기를 접어 본다. 쉬운 방법에서 점차 어려운 방법으로 진행한다. • 깃털처럼 떨어지는 재료를 활용하여 만들어 볼 수도 있다. • 학기 말에는 다양한 재질로 만들어진 다양한 항공 교통기관을 만들어 날려보고 그 차이에 대해 이야기해 본다. • 비행기에 항공사를 나타내 주는 마크가 있는 것처럼 유아가 만든 비행기에도 자신만의 상징을 표시하도록 격려한다.		

② 항공 교통기관에 대해 알아본다.

- 항공기의 종류와 구조에 대해 알아본다.
- 항공 교통기관마다 형태가 다르다는 점을 안다.

③ 입체적으로 구성한다.

[방법 1. 비행기 만들기]

- 종이를 반으로 접는다.
- 원하는 비행기 모양을 그려서 오린다.
- 색종이, 크레파스 등으로 비행기를 꾸민다.

- 동체는 풀로 붙이고 날개와 꼬리는 수평으로 접는다.
- 비행기의 앞날개는 몸체의 중심부에 오도록 주의한다.
- 비행기의 앞부분에 클립을 끼워 무게 중심을 둔다.

1 | 종이를 반으로 접는다.

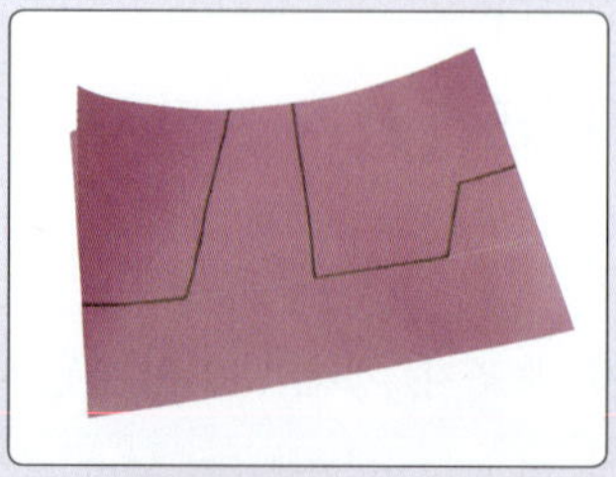
2 | 비행기를 그린다.

3 | 오린다.

4 | 꾸민다.

5 | 등을 붙이고 날개, 꼬리를 접는다.

6 | 클립을 끼운다.

[방법 2. 헬리콥터 만들기]

- 종이(3×15cm)를 세로로 중간 정도까지 자른다.
- 종이 날개를 45°로 하여 서로 반대 방향으로 접는다.
- 밑부분에 클립을 끼워서 무게중심을 둔다.

1 | 자른다.

2 | 접는다.

3 | 클립을 끼운다.

[방법 3. 낙하산 만들기]

- 종이(20×20cm)를 둘로 접어서 삼각형 모양이 되게 한다. 그 후에 또 삼각형으로 접는다.
- 점선을 따라 안으로 접는다.
- 직선으로 잘라낸다.
- 종이를 펴서 끝을 셀로판테이프로 고정시킨다.
- 끈을 모아 끈의 끝에 돌이나 나사를 매단다.
- 손으로 낙하산을 접어 하늘 높이 던져 본다.

1 | 접는다.

2 | 또 접는다.

3 | 가위로 자른다.

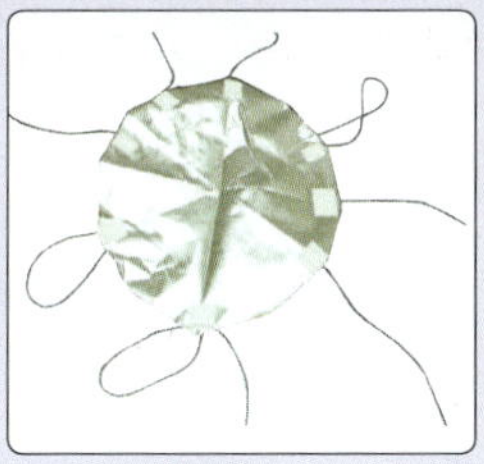

4 | 실을 붙인다.

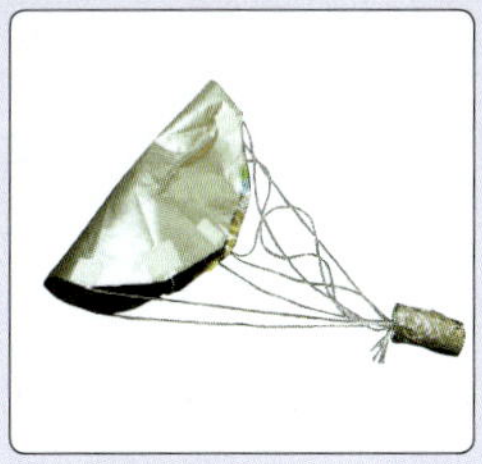

5 | 추를 매단다.

| 접어서 만든 비행기

④ 놀이에 활용한다.

- 비행기를 날리면서 비행기를 띄우는 동작, 비행기가 날아가는 모습 등에 대해 이야기하고, 바람이 부는 방향이나 반대 방향으로 날려 본다.

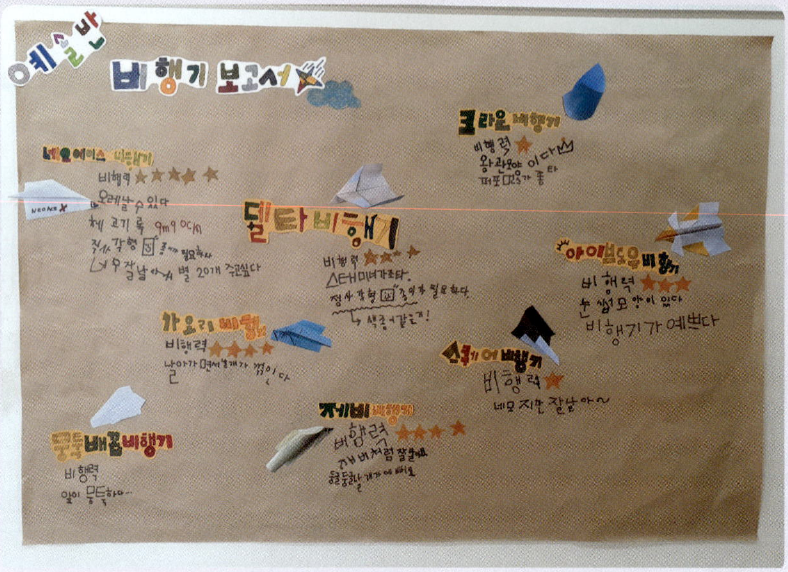

| 각자 만든 비행기에 대한 특징을 적은 전시

폐품 활용하여 동물 만들기

이 활동을 통해

- 폐품을 활용하여 새로운 것을 만드는 경험한다.
- 입체 자료를 구성해 보는 활동을 통하여 심미감을 기른다.

이 활동을 하려면

- 색깔 종이컵이나 상자, 잡지, 도화지, 색종이, 부직포, 사인펜, 눈알, 스티로폼 공, 색공, 가위, 풀, 테이프, 본드, 본드 받침, 나무젓가락 등 유아가 선택한 자료

이 활동을 할 때는

① 유아의 수준에 적절한 활동 자료·방법을 선택한다.

	4세	5세
연령별	• 원하는 동물 그림을 잡지에서 오리거나 종이에 그려서 막대 인형을 만들어 보도록 준비한다.	• 원하는 동물을 직접 만들어 보도록 격려한다.
학기별	• 대상의 특징을 살려 창의적으로 꾸미도록 격려한다.	

② 자료를 탐색한다.

- 유아가 관심을 가진 동물의 특성을 다양한 매체(예 책, 동영상)를 통해 탐색한다.
- 어떤 자료로 만들면 원하는 동물의 특성을 잘 표현할 수 있을지 이야기 나누거나 생각해 보도록 격려한다.

③ 인형을 만든다.

- 자신만의 방법으로 인형을 만든다.

④ 놀이에 활용한다.

- 극놀이 영역에 인형극을 해볼 수 있도록 꾸며 본다.

| 폐품으로 원하는 동물을 만들어 상상놀이 하는 유아

| 폐품으로 만든 동물

세우는 동물 만들기

이 활동을 통해

- 입체적 미술 작업을 경험한다.
- 다양한 재질의 자료를 이용하여 창의적으로 입체 동물을 표현한다.
- 집에서 키우는 동물의 특징을 자세히 살펴보고 표현해 본다.

이 활동을 하려면

① 종이: 다양한 크기 및 재질의 사각형 종이를 준비한다.

② 두루마리 휴지 속심: 휴지 속심을 3~4등분하여 준비한다.

③ 크레파스, 스테이플러

④ 작업 순서도

이 활동을 할 때는

① 유아의 수준에 적절한 활동 자료·방법을 선택한다.

	4세	5세
학기별	• 동물 그림을 그리기 힘들어할 경우에는 동물 모양 본이나 잡지의 동물 사진을 준비해 줄 수도 있다. • 학기 말에는 유아가 원하는 방법으로, 창의적으로 만들어 보도록 한다. 예를 들어, 동물 그림을 머리나 등이 붙도록 그려 보고 싶으면 두 겹을 함께 오린 후에는 앞뒷면에 동물의 앞모습과 뒷모습을 그려 넣게 한다.	

② 입체적으로 구성한다.

[방법 1. 등이 붙지 않는 경우]

- 동물 그림을 그리거나 동물 모양 본이나 동물 사진을 대고 그린다.
- 그림을 그린 안쪽에 이름을 쓴다.
- 원통이나 두꺼운 종이를 붙여 세운다.

지지대를 이용해 만든 세우는 동물

[방법 2. 등이나 머리가 붙은 경우]

- 종이를 반으로 접는다.
- 동물 그림을 그린다.
- 동물의 등이나 머리가 붙게 가위로 오린다.
- 뒤에는 똑같은 동물을 그린다.
- 원통을 붙여 세운다.

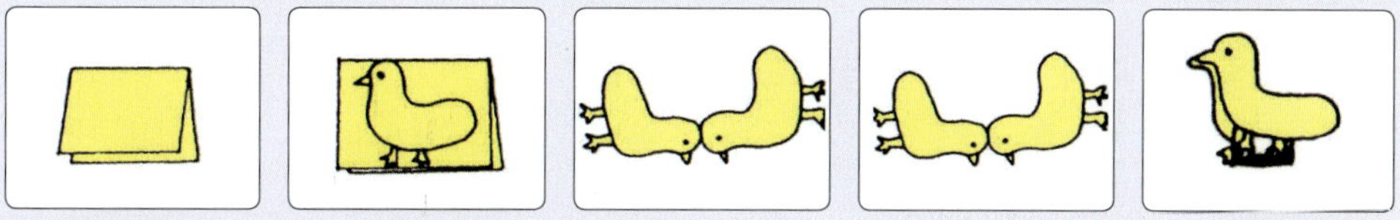

1 | 종이를 반으로 접는다. 2 | 동물 그림을 그린다. 3 | 가위로 오리고 뒤에도 똑같은 동물을 그린다. 4 | 그림을 그린 안쪽에 이름을 쓴다. 5 | 원통을 붙여 세운다.

③ 놀이에 활용한다.

- 울타리, 집, 동물 우리 등을 내주거나 플라스틱 끼우기로 만들게 하여 유아가 만든 '세우는 동물'로 목장, 동물 농장, 동물원 등을 공동으로 꾸밀 수 있다.

| 상상놀이를 할 수 있도록 산, 바다, 숲을 배경으로 만든 입체 동물 작품

어버이날 카네이션 만들기

이 활동을 통해

- 어버이날의 의미를 알고, 감사한 마음을 표현하는 경험을 가진다.

이 활동을 하려면

① 종이(색종이, 도일리 페이퍼, 엽서 크기의 종이 등)

② 물감, 색연필, 매직, 네임펜, 연필 등 그리기 도구

이 활동을 할 때는

① 유아의 수준에 적절한 활동 자료·방법을 선택한다.

	3세	4, 5세
5월	• 찍기 도구를 활용해 도일리 페이퍼를 염색한다. • 염색된 종이가 마르면 유아와 교사가 함께 종이를 구기고 후에 교사가 꽃 모양을 잡는다.	• 카네이션을 그리거나 색종이를 접어 카드 규격의 종이에 부착한다. • 이후, 메시지 카드를 적어 함께 전달한다.

② 어버이날에 대해 이야기를 나눈다.

- 어버이날의 의미와 꽃을 선물하는 마음에 대해 이야기를 나눈다.
  - 우리는 왜 어버이날에 꽃을 드릴까?
  - 감사한 마음을 담아 꽃을 선물하는구나.
- 카네이션을 만드는 방법에 대해 안다.
  - 어떻게 카네이션을 만들 수 있을까?
  - 색종이를 접어 만들어 보자.

③ 메시지 카드를 붙이거나 그려서 함께 전달할 수 있다.

- (3세) 그림을 그려서 마음을 표현할 수 있다.
  - 아빠의 얼굴을 그렸구나. 선생님이 그림 옆에 무슨 말을 써줄까?
- (4세) 그림 혹은 짧은 글로 마음을 표현할 수 있다.
  - 감사한 마음을 전하는 메시지를 직접 써볼 수 있겠니? 선생님과 함께 써볼까?
- (5세) 짧은 메시지와 함께 전달할 수 있다.

– 감사한 마음을 카드에 함께 적어보도록 하자.

유의 사항

- 상업적인 키트를 가정에 전달하기보다는 유아의 정성과 마음이 들어간 미술 활동을 계획할 수 있도록 한다.
- 가능하다면 교사 회의를 거쳐, 각 연령별로 어느 수준의 카네이션을 준비할 것인지 상의하는 것도 좋다.
- 4, 5세의 경우, 유아의 수준에 따라 간단한 쓰기를 시도하여 글로도 마음을 전할 수 있도록 지원할 수 있다.

도일리 페이퍼를 염색하는 3세 유아와 작품

종이를 접어 꽃을 만드는 5세 유아와 작품

부채 만들기

이 활동을 통해

- 소근육의 발달을 돕고 구성력을 기른다.
- 우리나라와 세계 여러 나라의 전통 물건을 직접 만들어 보는 경험을 한다.
- 부채의 쓰임새를 안다.
- 공기의 움직임인 바람을 느껴 본다.

이 활동을 하려면

① 종이

- 두꺼운 종이에 다양한 부채 모양을 그려서 오린다.
- 접이식 부채를 만드는 경우에는 잘 접히는 달력 종이나 잡지 등을 준비한다.
- 어린 연령인 경우에는 상품화된 부채를 준비한다.

② 손잡이: 아이스크림 막대

③ 테이프, 풀, 한지, 색 습자지, 깃털, 유성 매직

이 활동을 할 때는

① 유아의 수준에 적절한 활동 자료·방법을 선택한다.

	3세 이하	4세	5세
연령별	• 상품화된 부채 위에 그림을 그리거나 붙일 수 있도록 준비한다.	• 다양한 부채 모양의 종이를 준비한다.	• 부채 모양이 그려진 종이를 준비하고 직접 오릴 수 있도록 한다.
학기별	• 부채 모양을 오려 만들거나 종이를 앞뒤로 접어서 만드는 등 다양한 방법으로 부채를 만들도록 격려한다. • 부채를 지나치게 많이 장식하면 부채의 기능이 떨어질 수도 있으므로 이 점을 고려하도록 한다.		

② 자료를 탐색한다.

- 옛날에 여름을 시원하게 지내는 방법에 대해 이야기를 나눈다.
- 옛날에 우리나라와 세계 여러 나라에서 사용했던 부채 그림이나 사진을 소개한다. 부채 제작 비디오를 보여줘도 좋다.
- 부채를 만들기에 적당한 자료를 수집한다.

③ 부채를 만든다.

[방법 1. 평면 부채]

- 원하는 종이에 유성 매직으로 그림을 그린다.
- 손잡이를 끼울 곳에 수평으로 칼집을 세 곳 낸 뒤 손잡이를 끼운다. 칼집을 낼 때 손잡이의 폭보다 너무 넓지 않도록 주의한다.
- 칼집 사이로 손잡이를 끼운 후 테이프로 고정시킨다.
- 여러 가지 색깔과 모양의 한지와 색 습자지로 겉을 꾸민다.
- 유성 매직으로 그리고 싶은 것을 보충해서 그린다.

1 | 부채 모양을 오린다.

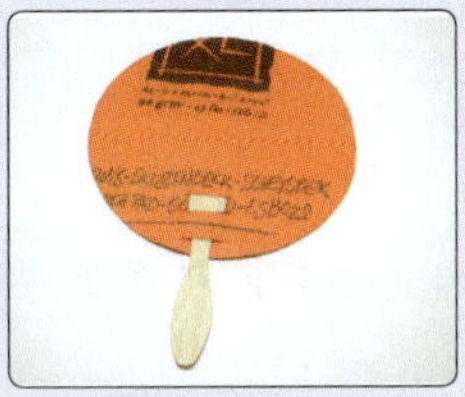
2 | 손잡이를 끼운다.

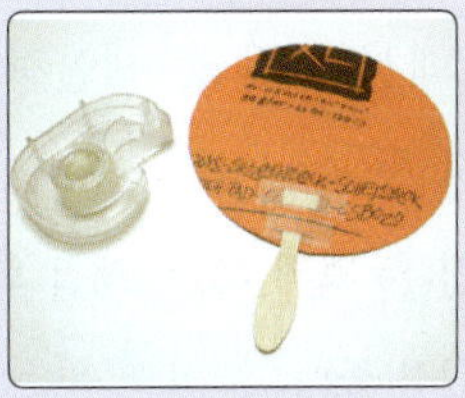
3 | 손잡이를 고정시킨다.

4 | 꾸민다.

[방법 2. 접이식 부채]

- 종이에 그림을 그리거나 잡지에서 그림이 아름다운 부분을 오린다.
- 종이를 아코디언처럼 앞, 뒤로 접는다.
- 아래 손잡이 부분을 스테이플러로 한 번 찍은 후 테이프나 풀로 붙인다.
- 아이스크림 막대를 손잡이로 붙인다.
- 부채 끝부분을 깃털로 장식할 수 있다.

1 | 앞, 뒤로 접는다.

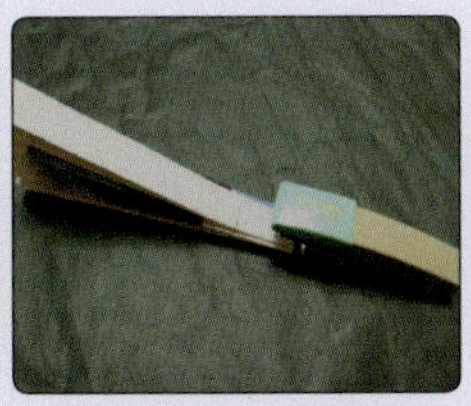
2 | 스테이플러로 찍는다.

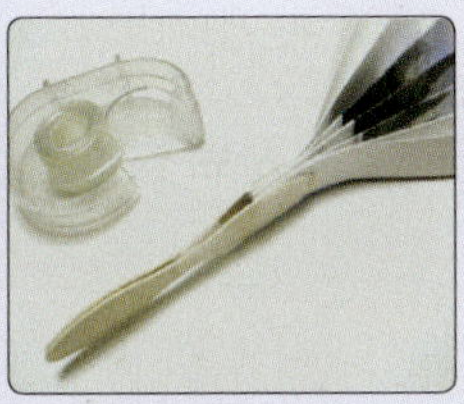
3 | 손잡이를 붙인다.

4 | 깃털을 붙인다.

색안경 만들기

이 활동을 통해

- 심미적으로 아름답게 안경을 만들어 본다.
- 색안경의 기능을 이해한다.
- 셀로판지의 특성과 색의 변화를 탐색한다.

이 활동을 하려면

① 사진 자료

- 색안경 광고 사진, 패션 잡지 중 색안경 쓰고 찍은 사진
- 다양한 색안경 사진 등
- 기능성 색안경 사진(예 스키 고글, 제철 회사나 용접할 때 쓰는 색안경, 비치발리볼이나 사이클 선수들이 쓰는 색안경 등)

② 실물 자료

- 선글라스, 스키 고글, 사이클이나 등산용 등 스포츠 색안경 등

③ 만들기 자료

- 다양한 안경 모양 본, 두꺼운 종이(예 마분지, 우유 팩 용지, 마닐라지 등)
- 가위, 풀, 무공해 본드
- 셀로판지, 투명 파일(낡은 투명 파일)
- 사인펜, 색연필, 매직, 색종이, 스티커, 스팽글 등
- 송곳, 펀치, 고무줄

이 활동을 할 때는

① 유아의 수준에 적절한 활동 자료·방법을 선택한다.

	3세	4세	5세
연령별	• 미리 안경 본을 잘라서 가운데 눈 부분을 칼로 오려내어 준다. • 유아는 원하는 셀로판지를 선택하고 붙이고 꾸민다.	• 유아는 본을 대고 원하는 모양으로 오린다. • 교사는 안경의 눈 부분은 칼로 오려 주지만 그 외 부분은 유아 스스로 해보도록 격려한다.	• 유아가 본을 만들거나 직접 마분지에 그려서 모양을 만든다. • 색 셀로판지는 양쪽에 같은 색을 붙였을 때와 다른 색을 붙였을 때, 2장 이상 겹쳤을 때 어떻게 다른지 변화를 탐색한다.
학기별	• 학기 초에는 자신이 쓸 색안경을 자신의 마음에 들도록 아름답게 만들어 보는 데에 초점을 둔다. • 학기 말에는 색안경의 다양한 기능성을 알아보고 기능성 색안경은 어떤 점이 다른지 살펴본 후 제작해 본다.		

② 색안경에 대해 알아본다.

• 사진을 보고 함께 색안경의 모양, 기능, 특징 등에 대해 간단히 이야기 나눈다.

– 색안경은 보통 안경이랑 어떤 것이 다르니?

– 왜 렌즈가 검은색이거나 색깔이 있을까?

– 어떤 모양이 제일 마음에 드니?

③ 자료를 탐색한다.

• 모양 본을 탐색한다.

– 어떤 안경 모양이 제일 마음에 드니?

– 어떤 모양이 네 얼굴에 어울리니?

• 적당한 셀로판지를 선택한다.

– 어떤 색의 셀로판지를 선택할까? 그 색깔 셀로판지를 눈에 대면 어떻게 보일까?

④ 색안경을 만들고 꾸민다.

• 모양 본과 셀로판지를 선택한다.

• 가운데 구멍은 교사가 칼로 뚫어 준다.

• 색안경의 겉면에 그림을 그리거나 스팽글, 색종이, 스티커 등을 붙여서 꾸민다.

• 셀로판지를 고르고 붙인다.

• 양쪽 끝에 고무줄을 유아의 얼굴 크기에 맞게 달아서 쓸 수 있도록 한다.

❙ 셀로판지를 이용해 만든 색안경

⑤ 놀이에 활용한다.

- 역할놀이 영역에서 '안경점' 놀이로 확장해도 좋다.
- 셀로판지나 OHP 용지 등으로 렌즈를 대신하므로, 유아가 장시간 안경을 쓰거나 색 안경을 쓰고 야외에 머무는 것은 눈에 나쁠 수 있으므로 너무 오래 쓰거나 태양 아래서 쓰지 않도록 지도한다.

물놀이 용구 만들기

이 활동을 통해

- 다양한 폐품을 이용하여 물놀이 용구를 만들어 보는 경험을 갖는다.
- 소근육을 발달시킨다.

이 활동을 하려면

① 다양한 폐품 자료
- 플라스틱 용기: 요구르트 통, 우유 통, 샴푸 통 등
- 종이 상자: 우유 팩, 비누 상자 등
- 스티로폼 용기, 스티로폼 접시 등

② 송곳, 호스

③ 꾸미기 재료: 빨대, 수수깡, 코팅된 종이, 색깔 있는 비닐 조각, 코팅 파지 등

④ 셀로판테이프, 본드, 칼, 가위

이 활동을 할 때는

① 유아의 수준에 적절한 활동 자료·방법을 선택한다.

	4세	5세
학기별	• 학기 초에는 여러 가지 자료들을 직접 탐색해 보고 물이 스며들지 않고 잘 뜨는 자료를 찾아보는 데 의미를 둔다. 자료를 충분히 탐색한 후에 물놀이 용구를 만들 수 있도록 한다. • 학기가 진행되면서 물놀이 용구 만들기에 적절한 재료를 다양한 형태로 변형시키거나 창의적으로 만들어 보도록 지도한다. • 송곳을 사용할 때는 손에 찔리지 않도록 조심하고 교사가 있는 곳에서만 사용하도록 한다. • 물놀이를 할 때에 사용한 물놀이 용구는 햇볕에 말렸다가 자유놀이 시간에 재사용할 수 있다.	

② 자료를 탐색한다.
- 여러 가지 자료 중에서 물이 스며드는 것과 스며들지 않는 것을 찾아 본다.
- 여러 자료를 이용한 다양한 모양의 배(예 돛단배, 기선, 통통배 등)를 구성해 보거나 물놀이에 적당한 용구를 생각해 본다.

③ 물놀이 용구를 만든다.

[방법 1. 분수 만들기]

- 송곳으로 플라스틱 통과 우유 팩에 구멍을 뚫는다.
- 구멍의 크기를 다양하게 뚫는다.
- 구멍을 위, 아래, 옆 등 여러 위치에 뚫는다.

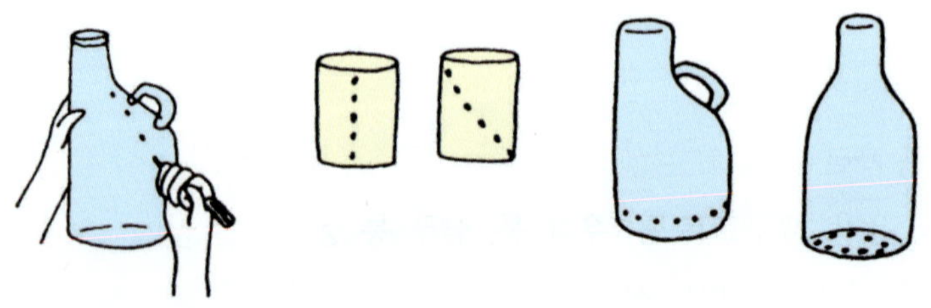

| 우유 통을 이용해 만드는 분수

[방법 2. 다양한 배 만들기]

- 반으로 자른 우유 팩, 빈 통, 스티로폼 용기 등을 이용하여 배를 만든다.
- 래미네이팅 된 종이를 이용하여 종이배를 접는다.
- 배의 균형 잡는 방법을 유아들이 직접 경험해 보고 함께 평가해 본다.

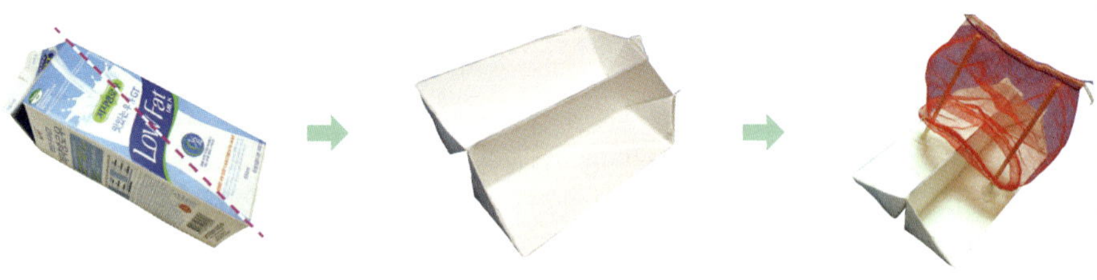

| 우유 팩을 연결하여 만드는 배

| 다양한 재료를 이용하여 만드는 배

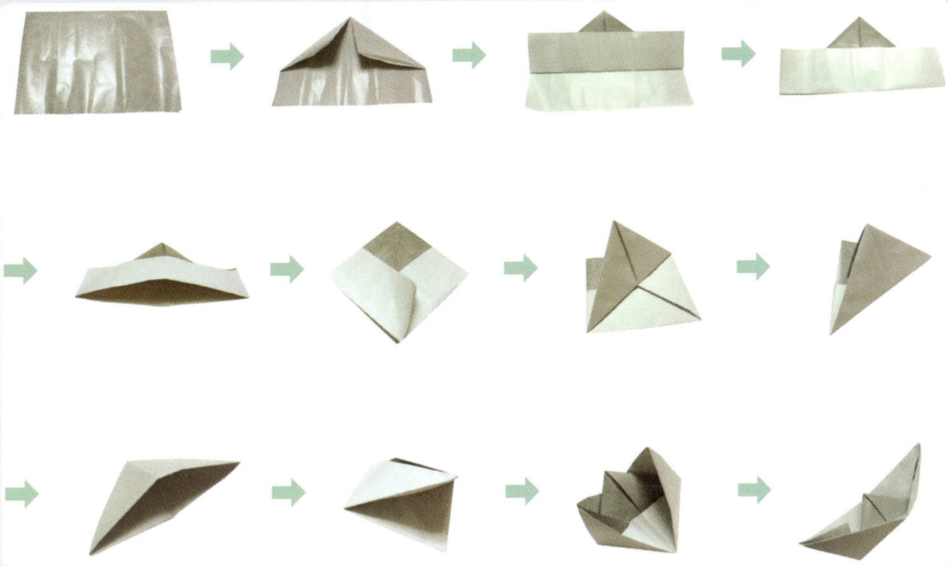

| 종이 접어 배 만들기

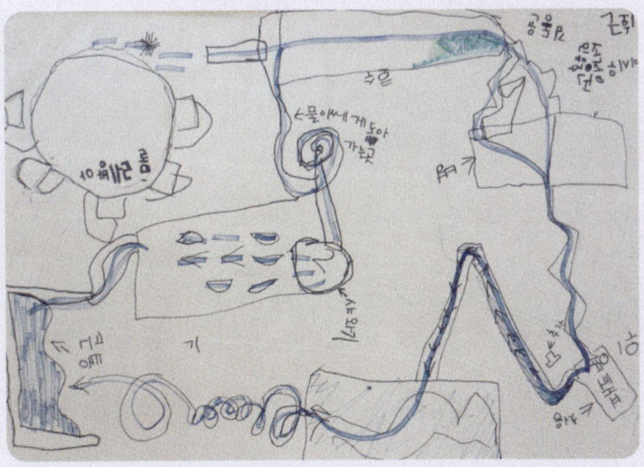

| 유아가 공동으로 만든 물놀이터 설계도

설계도에 맞게 물놀이 용구를 만들어 설치하는 유아

연 만들기

이 활동을 통해

- 우리나라 전통놀이에 관심을 갖는다.
- 우리나라뿐만 아니라 세계 여러 나라의 연 모양에 관심을 갖는다.
- 소근육이 발달된다.

이 활동을 하려면

- 무늬 없는 상품화된 연(예 방패연, 거북선연, 가오리연, 세계 여러 나라의 다양한 연 등), 네임펜, 사인펜

이 활동을 할 때는

① 유아의 수준에 적절한 활동 자료·방법을 선택한다.

	3세	4세	5세
연령별	• 연을 꾸며 보거나 소원을 그림으로 표현하게 한다.		• 소원을 글로 적어 본다.
학기별	• 다양한 연 모양에 관심을 갖도록 지도한다. • 연을 꾸밀 때 꼼꼼하게 색칠하도록 강요하지 않는다.		

② 연을 탐색한다.

- 다양한 모양의 연이나 그림 자료를 벽면에 게시해 놓는다.
- 연날리기 유래나 놀이 방법에 대해 소개한다.

③ 연을 꾸며 본다.

- 좋아하는 모양의 연을 고른다.
- 연 위에 자신의 소원을 글로 적거나 그림으로 그린다.

④ 작품을 감상한다.

- 연날리기를 하거나 꾸민 연을 천장에 전시한다.

눈송이 만들기

이 활동을 통해

- 종이를 이용하여 입체적인 구성의 경험을 갖는다.
- 눈송이의 결정체 모습을 형상화시켜 보는 경험을 갖는다.

이 활동을 하려면

① 평면 활동

- 흰 종이
  - 10×15cm 정도로 자른 얇은 모조지나 창호지(흰색)
- 가위, 실, 풀

② 입체 활동

- 요플레용 숟가락, 아이스크림용 숟가락 등의 일회용 숟가락
- 원, 세모, 네모, 별 모양, 육각형 등 여러 가지 모양으로 자른 스티로폼 접시나 마닐라지(직경 6×7cm)
- 본드, 유성 매직, 크레파스 등

이 활동을 할 때는

① 유아의 수준에 적절한 활동 자료·방법을 선택한다.

	4세	5세
연령별	• 입체 활동을 할 수 있도록 준비한다.	• 평면 활동을 할 수 있도록 준비한다.
학기별	• 집에서 쓰지 않은 일회용 숟가락이나 스티로폼 접시를 모아 두었다가 사용하면 폐품을 활용하는 경험을 하게 된다. • 본드를 스티로폼에 직접 칠하면 녹게 되므로 본드를 칠할 때에는 숟가락에 칠해야 함을 알려준다.	

② 자료를 탐색한다.

- 눈송이의 결정체 모습을 사진이나 실물을 통해 관찰한다.

③ 그림을 그린다.

[방법 1. 평면 눈송이]

- 종이를 부채처럼 접는다.
- 종이의 가운데 양옆을 세모꼴로 오린다. 양옆의 종이를 오릴 때에는 너무 오려서 모양이 끊어지지 않도록 주의한다.
- 오려낸 가운데 부분을 실로 묶는다.
- 양편의 종이를 가위로 군데군데 대칭이 되도록 조금씩 오려낸다.
- 종이를 펴서 붙지 않은 두 군데의 양옆을 풀칠하여 붙인다.

1 | 부채처럼 접는다.

2 | 가운데 양옆을 오린다.

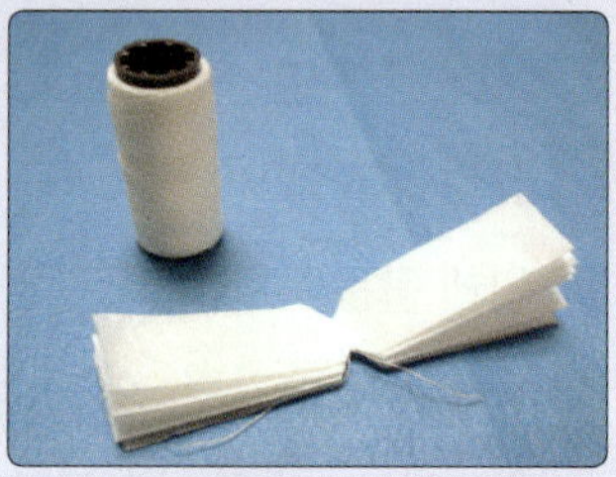

3 | 가운데를 실로 묶는다.

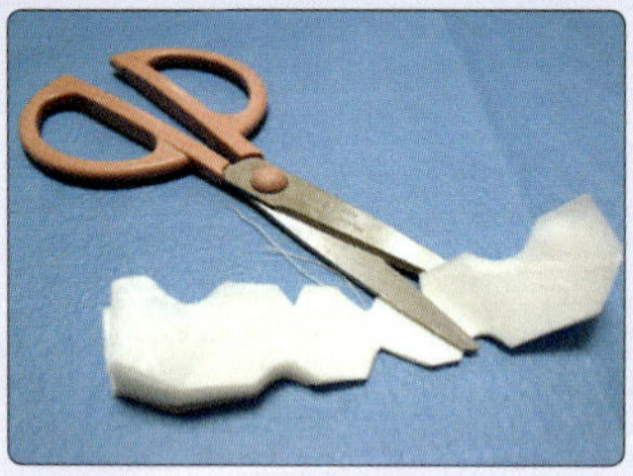

4 | 오린다.

5 | 펴서 양옆을 풀칠한다.

[방법 2. 입체 눈송이]

- 스티로폼 접시나 마닐라지 자른 것의 앞, 뒤에 유성 매직이나 크레파스로 그림을 그린다.
- 숟가락 5~6개의 앞, 뒤에 유성 매직으로 그림을 그린다.
- 본드로 숟가락을 스티로폼에 돌려가며 눈송이처럼 붙인다.
- 완성된 스티로폼 눈송이의 꼭대기에 구멍을 뚫고 낚싯줄을 연결한다.

다양한 폐품으로 6각형을 표현해서 만든 눈송이

④ 작품을 감상한다.

- 낚싯줄에 매달아 활동실 출입문에 전시한다.
- 창문에 눈이 내리는 느낌이 나도록 전시할 수도 있다.

입체적으로 꾸민 눈송이의 전시

플라스틱 폐품과 끼우기 블록으로 만든 눈송이를 모아 전시한 박물관: 눈송이 형성 과정과 6각형 비밀의 기록

성탄 장식물 만들기

이 활동을 통해

- 여러 가지 재료를 활용하여 다양한 장식물을 만들어 본다.
- 아름답고 화려한 크리스마스의 분위기를 살릴 수 있는 장식물을 만들어 본다.

이 활동을 하려면

① 성탄목 장식물

- 금지, 은지
- 모빌 틀(나뭇가지를 금색이나 은색 래커 스프레이로 칠한 것)
- 풀, 펀치, 반짝이 줄

② 종 모빌

- 작은 종이컵, 젤리 통, 쿠킹 포일
- 돗바늘, 실
- 스테이플러
- 작은 방울, 리본 테이프

③ 솔방울 모빌

- 솔방울(솔방울을 금색이나 은색 래커 스프레이로 칠한 것)
- 작은 크기의 색공, 모루 자른 것, 스팽글
- 본드, 글루건, 낚싯줄
- 모빌 틀(나뭇가지를 금색이나 은색 래커 스프레이로 칠한 것)

④ 산타클로스

- 모양 종이(빨강 종이: 중심각 120°의 부채꼴 모양, 반지름은 13cm 정도)
- 성탄절과 관련된 그림들(성탄절 포장 종이의 그림 등)
- 둥근 스티로폼 공(지름 5~6cm 정도)
- 그리기 도구들(네임펜, 사인펜, 색연필 등)
- 솜, 눈알 장식, 풀

⑤ 점토 장식

- 점토(시중에 파는 점토 중 굳히는 것이 가능한 점토)
- 밀대, 찍기 틀(별, 하트, 천사, 성탄목 등)
- 쟁반, 이쑤시개

이 활동을 할 때는

① 유아의 수준에 적절한 활동 자료·방법을 선택한다.

	3세 이하	4세	5세
연령별	• 성탄목 장식물이나 점토 등 단순한 작업을 선택한다.	• 솔방울을 이용하여 모빌을 만들 수 있다.	• 종 모빌이나 산타클로스 만들기처럼 더 어려운 장식물 만들기를 선택하도록 격려한다.
학기별	• 성탄 장식물은 전시할 방법을 고려하여 선택한다. 예를 들어, 한 연령에서 모빌만 여러 개 하는 것보다는 다른 방법으로 전시할 수 있는 작업을 선택하도록 한다.		

② 선택한 장식물을 만든다.

[방법 1. 성탄목 장식물]

- 금지와 은지에 공, 종, 천사, 성탄목 등의 그림을 좌우대칭이 되도록 그려서 오려둔다.
- 원하는 한 가지 종류의 그림 여러 장(3~5장 정도)을 고른다.
- 오린 모양을 반으로 접어서 반(금지, 은지의 뒷면)에만 풀칠을 한 후에 다른 종이와 맞붙인다.
- 같은 방법으로 붙인 후에 마지막에는 제일 처음에 붙였던 모양 종이의 남은 반과 서로 붙여 완성한다.
- 풀이 마른 후에는 위쪽에 펀치로 구멍을 뚫고 반짝이 줄을 단다.
- 모빌 틀에 매달면 모빌이 될 수도 있고, 성탄목에 매달면 성탄목 장식이 될 수도 있다.

다양한 모양 종이

모양 종이로 만든 성탄 장식물 전시

[방법 2. 종 모빌]

- 젤리뽀 통이나 작은 종이컵을 깨끗이 씻어서 말린다.
- 겉을 쿠킹 포일로 잘 싼다.
- 방울에 실을 매고, 바늘을 꿴다.
- 방울이 달린 실의 바늘은 컵의 안쪽에서 바깥쪽으로 끼운다.

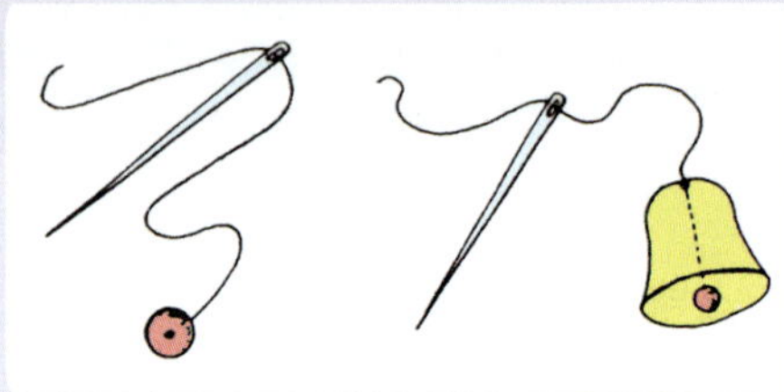

종 모빌 만드는 과정

- 컵을 거꾸로 들어서 방울이 살짝 보일 정도로 실을 늘어뜨린다.
- 바닥 안과 밖에서 실을 매듭지어 고정시킨다.
- 종 모양이 된 컵에 장식하여 매단다.
- 모빌 틀에 매달 수도 있고, 성탄목 장식으로 사용할 수도 있고, 문에 달아서 발 같은 효과를 낼 수도 있다.

다양하게 장식한 종 모빌

[방법 3. 솔방울 모빌]

- 래커 칠을 한 금색이나 은색 솔방울 중 마음에 드는 것을 고른다.
- 솔방울에 스팽글, 모루(모루를 두 가지 색을 서로 꼬아서 사용해도 좋다), 색공 등을 붙여서 꾸민다.
- 낚싯줄을 적당히 잘라서 끝에 셀로판테이프를 붙인 후에 글루건을 이용하여 솔방울과 셀로판테이프를 붙여서 줄을 잇는다.
- 나뭇가지나 모빌 틀에 매달아 모빌을 완성한다.

[방법 4. 산타클로스]

- 동그란 스티로폼 공에 산타클로스 얼굴을 네임펜으로 그린다. 이때 눈은 눈알 장식을 사용할 수도 있고, 솜을 붙여서 수염 장식을 할 수도 있다.
- 빨간 부채꼴 모양 종이에 여러 가지 작은 성탄 장식을 붙이거나 그림을 그려서 꾸민다.
- 부채꼴 모양 종이의 양 끝 선을 붙여서 원뿔 모양을 만들어 산타클로스 모자로 사용한다.
- 모자에 산타클로스 얼굴을 붙여 완성한다.

빨간색 종이와 솜 공을 이용해 만드는 산타클로스

[방법 5. 점토 장식]

- 밀대를 이용하여 점토를 적당한 두께(1~1.5cm 정도)로 민다.
- 찍기 틀을 이용하여 원하는 모양으로 찍어 낸다. 혹은 직접 모양을 만들 수도 있다.
- 반죽이 완전히 마르기 전 위쪽에 이쑤시개로 구멍을 뚫어 걸 수 있도록 만든다.
- 2~3일 그늘에서 말린다.
- 다 마른 후에는 모빌 틀에 걸어 모빌로 전시할 수도 있고, 뒷면에 자석을 붙여 냉장고 자석을 만들 수도 있고, 목걸이 줄을 달아 어머니께 선물로 드릴 수도 있다.

| 여러 가지 그림본

| 성탄 장식물 꾸미는 유아

다양한 재료로 만든 성탄 장식물

다양한 재료로 만든 성탄 장식물

리스(wreath) 만들기

이 활동을 통해

- 크리스마스에 어울리는 장식들을 알아본다.
- 다양한 재료를 사용하여 둥근 벽걸이를 만들어 본다.

이 활동을 하려면

[재료 1. 가시철사 리스]

- 압축 스티로폼(약 3cm 두께) 자른 것(도넛 모양, 별 모양, 하트 모양, 지팡이 모양 등), 가시철사
- 은박지
- 리본

[재료 2. 은박 접시 리스]

- 은박 접시, 리본, 작은 종
- 시침핀, 가위, 실

[재료 3. 스티로폼 리스]

- 스티로폼(둥근 것), 전나무
- 솔방울, 구슬, 리본
- 본드, 풀, 가위

[재료 4. 한지 리스]

- 스티로폼(둥근 것), 리본
- 한지, 물감, 조각 색종이, 스티커, 스팽글
- 풀, 가위, 칼

이 활동을 할 때는

① 유아의 수준에 적절한 활동 자료·방법을 선택한다.

	3세 이하	4세	5세
연령별	• 가시철사 리스처럼 유아가 간단히 가시철사를 꽂아서 만들 수 있는 재료를 선택한다.	• 스티로폼 리스처럼 유아가 대·소 근육을 이용하여 리스를 만들 수 있도록 한다.	• 한지 리스나 은박 접시 리스처럼 일상적인 소재를 활용하여 만들 수 있도록 격려한다.
학기별	• 여러 개의 리스를 만들 경우, 처음에는 가시철사 리스나 스티로폼 리스처럼 기존의 리스 재료를 이용하여 만들고, 나중에는 폐품이나 일상용품을 활용하여 만들어 보는 것이 좋다.		

② 자료를 탐색한다.

- 잘 구부려지는가? 안에 철사가 들어 있는가?
- 부서지는 성질이 있는가?

③ 리스를 만든다.

[방법 1. 가시철사 리스]

- 압축 스티로폼(약 3cm 두께)을 다양한 모양으로 자른다(도넛 모양, 별 모양, 하트 모양, 지팡이 모양 등).
- 은박지를 둘러싼다.
- 가운데 가시철사를 꽂는다.
- 리본으로 장식한다.

[방법 2. 은박 접시 리스]

- 은박 접시의 테두리를 자른다.
- 자른 부분의 끝을 조금만 말아서 올린다.
- 맨 끝에 리본이나 종을 매달아 장식한다.

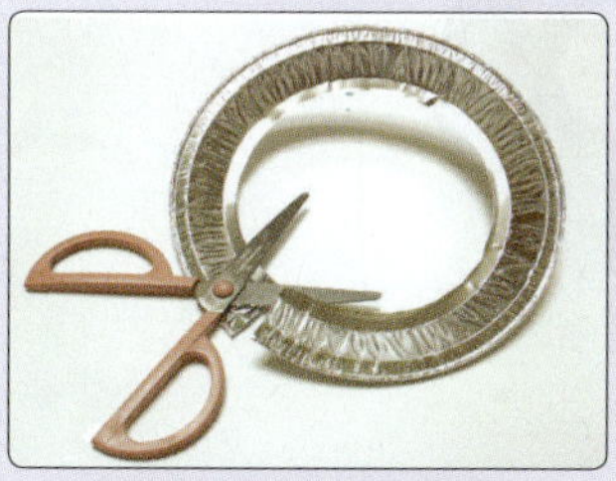

1 | 은박 접시 테두리를 자른다.

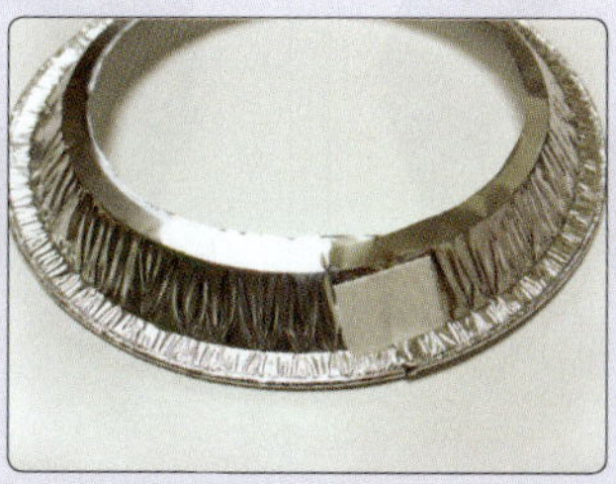

2 | 붙인다.

3 | 리본, 종을 단다.

[방법 3. 스티로폼 리스]

- 스티로폼에 전나무 가지를 감는다(만약 전나무 가지가 없다면 녹색이나 붉은색 리본도 좋음).
- 위에 솔방울을 붙인다(경우에 따라 은박이나 금박으로 래커를 뿌린 솔방울을 붙일 수도 있음).
- 맨 위를 리본이나 종으로 장식한다.

[방법 4. 한지 리스]

- 압축 스티로폼(약 3cm 두께)을 둥근 모양이나 도넛 모양으로 자른다.
- 한지(10×15cm 정도)를 자른다. 이때 한지에 물감으로 물을 들여도 좋다.
- 마른 한지를 3등분으로 접어서 양 끝을 가위로 오린다.
- 스티로폼에 한지를 둥글게 붙인다.
- 조각 색종이로 여러 가지 물방울무늬를 만들어 붙이거나 스팽글과 스티커 등을 이용하여 장식한다.
- 맨 위에 리본을 매어 장식한다.

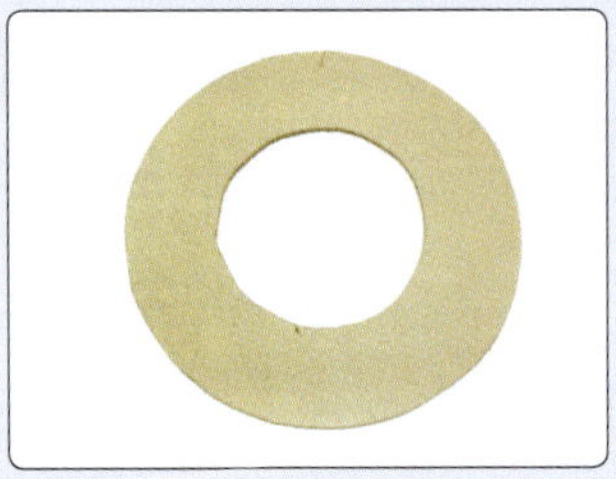

1 | 자른다.

2 | 물들인 한지를 접어서 양 끝을 자른다.

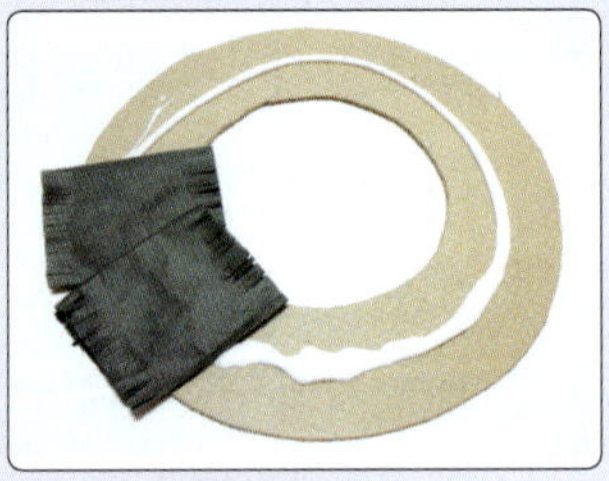

3 | 붙인다.

4 | 색종이를 붙여 꾸민다.

5 | 리본을 단다.

| 스티로폼에 다양한 장식물을 붙여 리스를 만드는 유아

| 남은 천을 원형으로 자르고 장식 리본을 붙여 만든 리스 작품

| 리스처럼 만든 성탄 카드

4_ 감상

분류 기준	감상	
사람	- 레오나르도 다빈치 '젖 먹이는 성모' - 기분 좋은 사람, 슬픈 사람 - 나의 뒷모습 - 나처럼 해봐요	- 이중섭의 '아이들' - 브뤼헐의 '농가의 결혼식' - 조각상 '마른 사람, 튼튼한 사람' - 몸으로 그리는 그림
자연과 풍경	- 꽃 - 과일 그림 - 물방울 그림 감상하기 - 바닷가 그림 감상하기 - 아침, 점심, 저녁의 빛 변화 관찰하기 - 장욱진의 '자동차가 있는 풍경'	- 쇠라의 '옹플뢰르의 항구' - 추수와 관련된 그림 감상하기 - 아름다운 우주 - 벽화 그림 - 현대적 건축물 - 우리 동네 건물 감상하기
색과 느낌	- 마티스의 '붉은 방' - 색상 탐색하기 - 몬드리안 '직선 그림' - 같은 피부, 질감 찾기 - 도자기 - 한국화 중 채색화 그리고 서양의 수채화와 비교하여 감상하기	
상상과 생각	- 앤디 워홀 '수프 깡통' - 피카소 그림 감상하기 - 백남준의 '다다익선'	- 액션 페인팅 - 오브젝트 아트 - 낙서화

'감상'에서는 사람, 자연과 풍경, 색과 느낌, 상상과 생각을 기준으로 작품을 소개하였다.

사람_레오나르도 다빈치의 '젖 먹이는 성모'

이 활동을 통해

- 어머니와 아기의 사랑의 관계를 이해하고 감상해 본다.
- 따뜻하고 사랑스러운 관계를 그림으로 표현하고, 그것을 감상해 본다.

이 활동을 하려면

① 그림 자료

- 레오나르도 다빈치(Leonardo da Vinci, 1452~1519)의 '젖 먹이는 성모'
- 박수근(1914~1965)의 '젖 먹이는 여인'
- 밀레(Jean-Francois Millet, 1814~1875)의 '아이들에게 수프를 떠먹이는 어머니'
- 카사트(Mary Stevenson Cassatt, 1844~1926)의 '아기를 안고 있는 어머니', '안은 아기와의 볼맞춤', '루이스의 아기 젖 먹이기' 등

② 필요한 도구

- 유아의 신생아 시절의 사진
- 다양한 종이
- 그리기 도구: 크레파스, 색연필, 사인펜, 연필 등

이 활동을 할 때는

① 역할놀이에서 아기 인형을 안고 놀았을 때의 느낌을 나눈다.

- 엄마가 되어 아기를 안고 있을 때 기분이 어땠니?
- 아기가 걷지도, 혼자 먹지도, 혼자 화장실 가지도 못하니 엄마가 아기를 위해 어떻게 해주어야 할까?

② '젖 먹이는 성모' 그림 또는 그림 자료 목록 중 선택한 그림을 보여 준다.

- 어떤 그림이니?
- 그림을 보았을 때 어떤 느낌이 드니?
- 젖 먹이는 엄마는 어떤 느낌이 들까?
- 아기는 지금 기분이 어떨까?

- 이 그림의 제목은 무엇일까?(제목과 작자를 소개한다.)

③ 유아들은 어렸을 때 경험을 기억해서 그때의 느낌을 생각해 본다.

- 너희들도 어렸을 때 어땠을까? 지금처럼 잘 걷고, 혼자 밥 먹고, 혼자 화장실 갈 수 있었을까?
- 누가 너희를 위해 다 도와주셨을까?
- 오늘 집에 가서 엄마에게 너희들 어렸을 때, 엄마 젖을 먹었을 때, 기저귀 갈 때, 엄마에게 업혀서 다닐 때의 이야기를 들려달라고 하고, 사진도 한 장씩 가지고 오자(부모님이나 조부모님이 돌봐주시는 사진).

④ 유아들이 자신의 경험을 듣고 온 다음 날 함께 그림을 그려 본다.

- 너희들 사진을 보면서 어렸을 때 엄마에게 업혀서 다니던 모습, 젖 먹던 모습을 그려 보자.
- 표정이 어떠니?
- 그때 기분이 어땠을지 이야기해 보자.

사람_기분 좋은 사람, 슬픈 사람

이 활동을 통해

- 인간에게 다양한 감정이 존재함을 안다.
- 그림으로 인간의 감정을 표현한 작품을 감상하고, 그 특징을 알 수 있다.
- 감정을 표현하고 표출할 수 있는 방식에 대해 알아보고, 그림으로 표현해 본다.
- 다른 사람의 감정을 이해하고 알 수 있다.

이 활동을 하려면

① 다양한 감정이 드러나는 그림을 준비한다.

- 김홍도(1745~1806)의 '서당': 화난 선생님, 우는 아이
- 김홍도의 '춤추는 아이': 흥겹고 즐겁게 춤추는 아이
- 르누아르(Auguste Renoir, 1841~1919)의 '물랭 드 라 갈레트의 무도회': 흥겨운 사람들, 즐겁게 무도회를 즐기는 사람들
- 레오나르도 다빈치(Leonardo da Vinci, 1452~1519)의 '최후의 만찬': 불안해하는 사람, 슬퍼하는 사람
- 존 에버렛 밀레이(John Everett Millais, 1829~1896)의 '로렌조와 이사벨라': 심술을 부리는 사람, 괴롭힘 당하는 개

② 필요한 도구

- 감정을 나타내는 동화
  - 『쏘피가 화나면 정말 정말 화나면』(글·몰리 뱅, 번역·이은화, 케이유니버스: 2003)
  - 『나는 부끄러워』(글·조은수, 아이세움: 2007)
  - 『출렁출렁 기쁨과 슬픔』(글·허은실, 그림·홍기한, 아이세움: 2007)
  - 『감정은 다 다르고 특별해』(글·엠마 브라운존, 번역·정경희, 미세기: 2005)
- 감정이 드러난 사진: 유아의 사진, 잡지나 신문
- 다양한 종이
- 가위, 풀
- 디지털카메라, 프린터 등

이 활동을 할 때는

① 유아와 감정에 대해 이야기를 나눈다.

- 어떤 때에 기분이 좋니? 기분이 좋으면 어떻게 하고 싶니?
- 어떤 때에 슬프니? 슬프면 어떻게 하고 싶니?
- 어떤 때에 화가 나니? 화가 나면 어떻게 하고 싶니?
- 어떤 때에 무섭니? 무서우면 어떻게 하니?

② 교사는 상반되는 다양한 감정이 드러난 그림을 한 장씩만 보여 준다.

- 이 그림의 사람은 지금 기분이 어떤 것 같니?
- 왜 화가 난 사람이라고 생각했어? 왜 기쁜 사람이라고 생각했어?
- 왜 화가 났을까? 왜 기쁠까?

③ 위 그림 목록 중 다른 그림을 준비해 두었다가 유아가 직접 감정이 드러난 사람을 찾아보도록 한다.

- 그림 속에서 기분이 좋은 사람, 화가 난 사람, 슬픈 사람, 무서워하고 있는 사람들을 찾아보자.

④ 우리 반 유아의 사진 중 감정이 잘 드러난 사진을 준비한다. 혹은 유아가 집에서 가지고 올 수도 있다.

- 이때 기분이 어땠니?
- 무슨 일이 있었기에 슬펐니? 왜 기뻤니?

⑤ 자기의 기분을 나타낼 수 있도록 그림을 그리거나 콜라주 등으로 표현해 본다.

- 이때의 기분을 색깔로 표현한다면 무슨 색일 것 같니?
- 이때의 기분을 그림으로 표현할 수도 있니?

기쁜 모습을 표현한 작품

사람_나의 뒷모습

이 활동을 통해

- 사람과 사물을 다양한 각도에서 바라볼 수 있다.
- 각도 변화에 따라 사물이 보여지는 것이 달라질 수 있음을 안다.

이 활동을 하려면

① 프레데리크 바지유(Jean Frédéric Bazille, 1841~1870)의 '분홍 드레스'

② 필요한 도구

- 큰 거울, 손거울, 디지털카메라
- 그리기 도구: 연필, 사인펜, 색연필, 물감 등

이 활동을 할 때는

① 함께 그림을 감상한다.

- 어떤 그림이 있니? 이 사람의 자세가 어떠니?
- 다른 그림이랑 무엇이 다르니?

② 주인공의 포즈를 살펴보고 포즈를 연출해 본다.

- 그림의 주인공처럼 앉아보자.
- 두 사람이 짝이 되어 친구가 그림의 주인공처럼 포즈를 잡을 수 있게 도와주자.
- 친구의 뒷모습을 사진으로 찍어주자.

③ 자신의 뒷모습을 관찰해 본다.

- 너희들 뒷모습을 본 적 있니?
- 어떻게 볼 수 있을까?
- 거울을 2개 가지면 더 쉽게 볼 수 있는 방법이 있을까?
- 엄마나 아빠와 함께 미용실에 가면, 엄마 아빠가 뒷머리를 보시려고 어떻게 하시니?
- 자신의 뒷모습을 사진으로 찍어 보자.
- 친구가 찍어준 뒷모습과 무엇이 다르니?

④ 자신의 뒷모습을 그림으로 그려 본다.

- 자기의 뒷모습을 그림으로 그려 보자.
- 친구의 뒷모습을 그려도 좋아. 서로서로 모델이 되어주자.

사람_나처럼 해봐요

이 활동을 통해

- 그림마다 다른 인물의 느낌을 감상해 본다.
- 그림을 보고 그림 안의 인물처럼 몸을 움직여 표현해 본다.

이 활동을 하려면

① 그림 자료

- 로댕(Auguste Rodin, 1840~1917)의 '생각하는 사람'
- 드가(Edgar De Gas, 1834~1917)의 '꽃다발을 든 무희'
- 서세옥(1929~2020)의 '군무'

② 음악 자료

- 비장한 느낌: 베토벤의 '월광 소나타'
- 춤추고 싶은 느낌: 차이콥스키의 '백조의 호수'
- 신나게 움직이는 느낌: 캐논(슬기둥 가야금 음악단 연주)

이 활동을 할 때는

① 주의집중으로 그림 자료를 하나씩 보면서 이야기를 나눈다.

- 이 그림에 있는 사람은 무엇을 하고 있는 것 같니?
- 어떤 느낌이 드니?
- 이 사람 기분은 지금 어떨까?
- 이 그림의 제목은 무엇일까?(그림의 작자와 제목을 소개한다.)

② 한 명씩 나와서 그림의 동작을 해본다.

- 그림에 나온 사람이 어떤 동작을 하고 있는지 나와서 몸으로 보여줄 사람 있니?
- 친구의 동작과 그림이랑 어떤 점이 비슷하고 어떤 점이 다르니?

③ 음악을 들려주고 동작과 가장 잘 어울리는 음악끼리 연결 지어 본다.

- 음악을 들려줄게. 듣고 나서 어떤 느낌인지 이야기해 주렴.
- 이 음악은 어떤 그림과 어울릴 것 같니? 왜 그렇게 생각했니?

그림 속의 동작을 따라하는 유아

사람_이중섭의 '아이들'

이 활동을 통해

- 은박지의 독특한 느낌을 감상하고 비슷한 기법으로 작업해 본다.

이 활동을 하려면

① 이중섭 그림이 있는 미술 도감이나 미술 관련 서적과 화보
- 『이중섭(어린이와 소의 화가)』(글·최석태, 그림·김우선, 길벗어린이: 2010)의 책을 참고한다.
- 이중섭의 은박지 그림(예 '아이들', '소와 새와 게', '묶인 사람들' 등)을 구한다.

② 필요한 도구
- 은박지, 쿠킹 포일, 은박 접시
  - 은박지나 쿠킹 포일은 잘 찢어질 수 있으므로, 좀 더 두꺼운 은박 접시를 사용해도 좋다.
- 은 숟가락, 은 젓가락
  - 까맣게 변색된 은수저를 가지고 포일에 그림을 그리면 검은색이 묻어난다.
- 이쑤시개, 꼬치 등
  - 유아의 안전을 위해 끝을 조금 잘라서 약간 뭉툭하게 만들어 놓는다.
- 연필
  - 이쑤시개나 꼬치로 그림을 그리기 어려우면 연필로 그린다.

이 활동을 할 때는

① 이중섭(1916~1956)의 그림 중 '아이들'을 보여 준다.
- 어떤 그림이 있니? 무엇을 그린 것 같아?

② 어떤 재료에 그린 그림인지 살펴본다.
- 어디에 그린 그림 같니?

③ 그림을 보고 난 느낌을 묻는다.
- 그림을 보고 나니까 어때?
- 왜 이중섭은 이런 그림을 그렸을까?

④ 어떻게 이런 식으로 그림을 그릴 수 있을지 이야기 나누어 본다.

- 종이 말고 또 어디에 그릴 수 있을까?
- 어떻게 그릴 수 있을까?

⑤ 은박지, 쿠킹 포일에 함께 그림을 그려 본다.

- 이쑤시개나 은수저 혹은 꼬치, 연필 등으로 그린다.

⑥ 채색을 원한다면, 유성 매직 혹은 아크릴 물감을 사용할 수 있다.

- 이쑤시개나 연필 등으로 홈을 내어 그린 후, 아크릴 물감을 칠하고 걸레로 살짝 닦아내면, 틈 사이로 물감이 들어가서 이중섭 그림의 느낌이 나도록 그릴 수 있다.
- 이렇게 홈을 내고 색을 메우는 기법이 도자기에 그림을 그리거나 금속 공예를 할 때 사용하는 기법(입사 기법)임을 이야기해 주고, 이런 방식으로 만든 도자기나 금속 공예품을 찾아 본다(청자 상감 기법, 금속 입사 기법 등).

유의 사항

- 유아가 은박지의 느낌을 잘 알아볼 수 있도록 선명도와 해상도가 높은 자료를 제시한다.
- 은박지가 잘 찢어지므로 힘 조절하는 것을 어려워하는 유아에게는 은박 접시처럼 약간 두꺼운 은박지를 내주고 그리는 도구도 조금 뭉뚝하게 만들어 준다.

사람_브뤼헐의 '농가의 결혼식'

이 활동을 통해

- 문화에 따라 결혼 풍습이 다름을 알아본다.
- 모든 문화에서, 결혼식에서는 흥겹게 서로 음식을 나눠 먹으며 축하해 주는 공통점이 있음을 이해한다.

이 활동을 하려면

- 브뤼헐(Pieter Bruegel the Elder, 1525~1569)의 '농가의 결혼식', 우리나라의 전통 혼례 사진, 엄마·아빠의 결혼사진, 세계 여러 나라의 결혼식 화보 사진, 세계 여러 나라 사람들의 결혼 비디오, 엄마·아빠 결혼 비디오 등

이 활동을 할 때는

① 결혼식에 관한 이야기를 나눈다.

- 결혼식에 가본 적 있니? 어디서 결혼식을 하였니?
- 엄마, 아빠의 결혼식을 보았니? 어떻게 보았니?
- 우리나라 전통 결혼식을 본 적 있니? 어디서 보았니?
- 결혼식은 어떤 날일까? 어떤 사람들이 모일까? 어떤 마음이 들까?

② 그림을 감상한다.

- 그림을 보니 어떤 느낌이 드니?
- 사람들이 몇 명이나 있니? 무엇을 하고 있니?
- 사람들 기분이 어떤 것 같니?
- 언제쯤일까? 어느 나라일까?
- 제목이 무엇일까?
- 제목 및 작가를 소개한다.

③ 세계 여러 나라의 다른 풍습을 가진 결혼식도 함께 살펴본다.

- 우리나라의 결혼식과는 어떻게 같고 다르니?
- 세계 여러 나라의 결혼식의 다른 점은 무엇이었니?
- 세계 여러 나라의 결혼식의 같은 점은 무엇이었니?

④ 내가 커서 결혼식을 한다면 어떤 모습일지 상상하여 그림으로 그려 본다.

- 내가 커서 결혼식을 한다면, 어떤 장소에서 어떤 분위기로, 어떤 사람들을 초대하고 싶은지 그림으로 그려 보자.

사람_조각상 '마른 사람, 튼튼한 사람'

이 활동을 통해

- 건강한 몸에 대한 필요성을 생각해 본다.
- 육체적으로 건강한 이미지에 대해 알아본다.
- 뼈대와 근육으로 이루어진 우리 몸의 특성을 알아본다.
- 세계 여러 나라의 기아와 난민의 문제에도 관심을 가진다.

이 활동을 하려면

① 건강한 육체의 조각품 사진
- 로댕(Auguste Rodin, 1840~1917)의 '칼레의 시민들', '발자크상'
- 미켈란젤로(Michelangelo Buonarroti, 1475~1564)의 '다비드'
- 미론(Myron, B. C. 480~440년경 활동)의 '원반 던지는 사람'

② 마른 육체의 조각품 사진
- 자코메티(Alberto Giacometti, 1901~1966)의 '광장' 등

③ 그리기 도구
- 크레파스, 파스텔, 크레용, 색연필, 연필, 사인펜
- 다양한 도화지

④ 찰흙 도구
- 뼈대(나무젓가락, 아이스크림 막대, 안전 철사 등)
- 찰흙, 찰흙판(하드보드지 자른 것)
- 플라스틱 조각 도구

⑤ 신문 사진 자료
- 기아를 겪는 난민 사진 등

이 활동을 할 때는

① 건강한 몸이나 건강한 식생활에 대한 이야기 나누기를 한다.

- 건강한 몸이란?
- 건강한 몸을 가지려면 어떻게 해야 하나?
- 왜 건강한 것이 중요할까?

② 건강한 몸의 조각상과 마른 몸의 조각상을 함께 살펴보고, 그 특징을 관찰한다.

- 어떤 조각상이 건강한 몸으로 보이니? 왜 그렇게 생각했니?
- 건강한 사람의 특징은 무엇일까?
- 마른 사람의 특징은 무엇일까?

③ 건강한 사람의 그림을 그려보고, 그림에 따라 입체(찰흙)로 만들어 본다.

- 건강한 근육이 있으려면 먼저 무엇이 있어야 할까?
- 근육은 어떤 것으로 표현할까?

④ 신문 사진 자료를 살펴보고 이야기를 나눈다.

- 기아와 굶주림의 문제는 왜 생길까?
- 우리가 매일 먹는 식사를 대할 때 어떤 마음을 가져야 할까?

교사의 Tip

■ 조각

- 입체를 수단으로 공간에 표현하는 조형미술. 구체적인 물질을 소재로 하고 도구를 사용하여 3차원적 입체를 만들어낸다는 의미에서 '조형(plastic)'이란 용어와 밀접한 관련을 맺는다.
- 조각의 종류는 형식에 따라 완전한 3차원적 형태를 갖추고 있는 환조(丸彫), 회화의 고유한 속성인 평면성과 조각 특유의 입체가 결합된 부조(浮彫: relief), 모빌 등이 있다.

사람_몸으로 그리는 그림

이 활동을 통해

- 신체의 움직임을 통해 자유롭게 선과 형을 표현한다.
- 신체의 활용 범위를 다양하게 실험하며, 표현의 즐거움을 느낀다.

이 활동을 하려면

① 이건용(1942~현재) 작가의 작품 이미지

- '신체 드로잉 76-2(1976)', '신체 드로잉 76-3(1976)', '달팽이 걸음(1979)'

② 필요한 도구

- 전지, 테이프(종이 고정용)
- 색연필, 크레용 등
- 이건용의 'Bodyscape' 작업 스케치 영상(국립현대미술관, 갤러리 현대에서 제공하는 동영상)
- 빔 프로젝터, 스피커(배경음악 감상용)

이 활동을 할 때는

① 신체 드로잉 그림을 감상해 본다.

- 이 그림을 보면 어떤 느낌이 드니?
- 선이 쭉쭉 뻗어 있어 시원시원한 느낌이 드는구나.

② 신체 드로잉 기법을 살펴본다.

- 이 그림은 어떻게 그렸을까?
- 작가는 손뿐만이 아닌 몸 전체를 활발하게 움직이며 그림을 그렸다고 해. 몸으로 그림을 그린다는 건 무슨 말일까?
- 하트 모양은 어떻게 그린 걸까?
- 몸을 어떻게 움직이면 이런 선이 그려질까?

③ 색연필과 크레용 중 마음에 드는 재료를 사용하여 그려본다.

- 팔을 쭉 뻗어 선을 그려볼까? 위로도 뻗어보고 옆으로도 뻗어보자.
- 내 몸으로 만든 선이 어떠니? 어떤 느낌이 들어?

유의 사항

- 몸을 활발하게 움직이며 그리기에 적절한 장소를 확보한다.
- 작가는 물감과 큰 붓을 주로 사용해 신체 드로잉 작품을 그렸으나 유아와 함께 활동할 경우, 머리를 비롯한 전신에 물감이 묻을 염려가 있기에 뒷정리 등의 상황도 고려하여 색연필이나 크레용 등으로 그리기 도구를 대체할 수 있다.

자연과 풍경_꽃

이 활동을 통해

- 다양한 꽃을 감상하고 아름다움을 표현해 본다.
- 다양한 방식으로 표현된 꽃 그림을 감상해 본다.

이 활동을 하려면

① 다양한 꽃 그림

- 르누아르(Auguste Renoir, 1841~1919)의 '국화병': 인상파 화가인 르누아르의 유화 그림
- 피카소(Pablo Picasso, 1881~1973)의 '꽃': 단순한 선과 색으로 그린 꽃 그림
- 도상봉(1902~1977)의 '코스모스', '백일홍', '개나리' 등: 한국의 대표적인 정물 및 꽃 그림 화가로서 유화로 꽃과 정물을 많이 그림
- 김충식(1954~)의 '국화꽃': 한국화 중 채색화 작품
- 앤디 워홀(Andy Warhol, 1928~1987)의 '꽃': 꽃의 그림을 실크스크린 기법으로 찍어 낸 작품
- 박정우(1992~)의 '꽃': 실크에 염색 기법으로 꽃을 그린 작품

② 필요한 도구

- 그리기 도구들
- 도장 찍기: 모루 도장, 고무도장, 물감, 도화지, 천(면으로 된 천)
- 꽃 사진이나 그림: 잡지, 인터넷 출력물, 신문 등
- 디지털카메라

이 활동을 할 때는

① 실외놀이 시 유치원·어린이집 마당에 피어 있는 꽃을 감상하고 필요에 따라서 디지털카메라로 찍어 본다.

- 이 꽃을 본 적이 있니? 이 꽃의 이름은 무엇일까?
- 색은 어때?

- 모양이 어때? 모양이 무엇을 닮았니?
- 크기는 어느 정도니?

② 꽃을 그린 그림 중 구상화(사실적으로 그린 그림)를 감상한다. 같은 꽃을 그렸지만 느낌이 다른 그림(르누아르의 국화꽃과 김충식의 국화꽃, 혹은 도상봉의 코스모스와 김충식의 코스모스 등)을 제시한다.

- 무슨 꽃일까?
- 두 그림의 느낌이 어때? 어떻게 다르니?
- 왜 다르게 느껴질까?
- 만약 내 방에 걸어둔다면 어떤 그림을 걸어두고 싶니? 이유는 무엇이니?

③ 꽃을 추상적으로 표현한 그림을 함께 감상하고 어떻게 느낌이 다른지 이야기해 본다(피카소의 꽃, 앤디 워홀의 꽃, 박정우의 꽃).

- 이 그림은 어떻게 그린 그림일까?
- 이전의 그림들과 느낌이 어떠니? 왜 다르게 느껴질까?

사진을 오려 붙여 물감으로 그린 작품

자연과 풍경_과일 그림

이 활동을 통해

- 과일의 부피나 무게가 주는 느낌을 감상해 본다.
- 일상적인 과일이라도 담겨져 있는 공간의 느낌이나 조명에 따라 다르게 보이는 느낌을 감상한다.
- 입체적인 느낌이 들도록(양감을 느낄 수 있도록) 표현하는 기법을 감상한다.

이 활동을 하려면

① 그림 자료

- 윤병락(1968~)의 '탐스러운 상자': 탐스러운 복숭아 그림
- 이중섭(1916~1956)의 '복숭아와 아이들': 선 위주의 그림-아이들과 복숭아
- 주세페 아르침볼도(Giuseppe Arcimboldo, 1527~1593)의 '여름': 과일로 사람의 모습을 그린 그림으로 과일이 농한 듯한 느낌을 줌
- 세잔(Paul Cézanne, 1839~1906)의 '사과 바구니가 있는 정물' 등: 과일을 그린 유화
- 르네 마그리트(Rene Magritte, 1898~1967)의 '리스닝 룸': 녹색 사과를 과장되게 그린 그림으로 매우 밝은 느낌을 줌

② 과일 자료

- 모형 과일(플라스틱 등), 실제 과일과 채소(싱싱한 것, 오래되어서 쭈글쭈글한 것), 과일과 채소 사진

③ 그리기 자료

- 크레파스, 색연필, 물감, 붓, 파스텔, 도화지, 한지 등

④ 찰흙

- 색깔 점토, 점토 칼, 밀대 등

이 활동을 할 때는

① 다양한 과일 또는 채소가 나타난 그림을 보여주고 함께 이야기 나누며 감상한다.

- 어떤 과일 또는 채소가 제일 맛있게 생겼니? 왜 그렇게 생각했니?

- 어떤 과일 또는 채소가 맛이 없을 것 같니? 왜 그렇게 생각했니?
- 어떤 색깔이 맛있어 보이니? 모양은 어떤 것이 맛있게 보이니?

② 싱싱하고 맛있는 과일 또는 채소의 색깔과 모양, 싱싱하지 못한 과일 또는 채소의 색깔과 모양을 비교해 본다.

- 이 두 과일 또는 채소 중에 어떤 것이 싱싱한 과일일까? 왜 그렇게 생각했니?
- 어떻게 하면 같은 과일 또는 채소라도 더 싱싱하고 맛있게 보일 수 있을까?
- 큰 마트나 백화점에서 신선하고 맛있게 보이기 위해 어떻게 전시해 둘까? 한번 주말 동안 가볼 수 있는 유아는 가서 보고 오자.
- 모형 과일 또는 채소 사진과 실제 과일 또는 채소를 구별할 수 있을까? 어떤 점이 서로 다르니?

③ 싱싱한 과일과 싱싱하지 못한 과일을 평면(그림)과 입체(찰흙)로 만들어 본다.

- 싱싱한 과일 또는 채소와 싱싱하지 못한 과일 또는 채소를 그림으로 그려 보자.
- 싱싱한 과일 또는 채소와 싱싱하지 못한 과일 또는 채소를 찰흙으로 만들어 보자.

| 과일과 채소를 그린 작품

| 과일과 채소를 그리는 유아

교사의 Tip

■ 양감

미술에서 대상의 부피나 무게에 대한 느낌이 나도록 그리거나 만드는 것

자연과 풍경_물방울 그림 감상하기

Tip
계절(봄): 봄비가 온 후 창문과 나뭇잎 등에 맺힌 물방울을 관찰하고, 물방울을 그린 작품을 감상해 본다.

이 활동을 통해

- 물방울이 맺힌 모양을 관찰하고 그림으로 표현해 본다.
- 일상에서 흔히 관찰할 수 있는 물방울을 세심하게 관찰하고, 느낌을 표현해 본다.

이 활동을 하려면

① 그림 자료
- 김창열(1929~2021)의 '물방울 그림'(http://www.kimtschang-yeul.com)
- 물방울 실제 사진

② 그릴 수 있는 도구들
- 종이
- 크레파스, 색연필, 파스텔, 물감, 연필 등

③ 기타
- 디지털카메라, 프린터
- 분무기, 확대경

이 활동을 할 때는

① 봄비가 온 다음 유아들과 함께 봄비가 내린 흔적을 관찰해 본다.
- 비가 온 다음에 마당에 있는 사물들이 어떻게 되었을지 자세히 관찰해 보자.
- 물방울이 맺혀 있는 곳은 어떤 곳이 있을까?(놀이터 철봉, 나뭇잎, 나뭇가지, 창문 등)

② 물방울이 맺혀 있는 다양한 곳의 사진을 찍어 본다.
- 물방울이 어떤 모양이니?
- 살짝 건드리면 물방울은 어떻게 될까?

- 확대경으로 물방울을 자세히 살펴보면 어떨까?
- 여러 가지 물방울을 사진으로 찍어 보자.

③ 김창열의 '물방울 그림'을 다른 분위기로 여러 장 준비하여 감상하고, 이야기를 나눈다.

- 이 그림의 제목은 무엇일까?(그림의 작자와 제목을 소개한다.)
- 모두 다 무엇을 그린 그림 같니?
- 어디에 맺힌 물방울 같니?
- 우리가 찍은 사진과는 어떻게 다르니?
- 가까이서 그림을 보면 어떻게 보이니?
- 멀리서 그림을 보면 어떻게 보이니?

④ 물방울을 만들어 보고, 물방울의 특성도 탐색한다.

- 우리가 물방울을 만들 수 있는 방법은 어떤 것이 있을까?
- 어떤 곳에 물을 뿌리면 물방울이 잘 맺힐까?

⑤ 원하는 유아는 물방울 모양을 그림으로 그려 볼 수도 있다.

- 제일 마음에 드는 사진을 가지고 물방울 모양을 그려 보자.

| 물방울 그림 감상

| 물방울로 그림 그리는 유아

자연과 풍경_바닷가 그림 감상하기

이 활동을 통해

- 바닷가(혹은 강가)를 표현한 그림을 감상한다.
- 바닷가(혹은 강가)의 느낌이 계절적 특징, 빛의 유무, 작가의 기법 등에 따라 어떻게 다른 느낌이 드는지 감상해 본다.

이 활동을 하려면

① 그림 자료

- 피카소(Pablo Picasso, 1881~1973)의 '수영복을 입은 여자들': 해수욕을 즐기는 여인을 그린 유화
- 모네(Claude Monet, 1840~1926)의 '베네티유의 여름': 여름 한낮의 물가 풍경을 아름답게 그린 유화
- 모네의 '해돋이': 새벽녘 강가의 어슴푸레함을 그린 유화 작품
- 반 고흐(Vincent van Gogh, 1853~1890)의 '르오노강의 별 달밤': 밤 강가에 불빛과 별빛이 반사되는 아름다운 밤을 그린 유화

② 그릴 수 있는 도구들

- 종이
- 크레파스, 색연필, 파스텔 등
- 물감
- 연필

이 활동을 할 때는

① 여름 방학을 이용하여 바닷가나 강가에 다녀온 유아들의 경험을 나눈다.

- 바닷가나 강가에 놀러가서 물을 보았을 때 기분이 어땠니?
- 바닷가나 강가에서 누구와 놀았니?
- 바닷가나 강가에 갔을 때 날씨가 어땠니?
- 여름철 바닷가나 강가의 색깔은 어떻게 보였니?

② 그림을 보고 그림의 느낌을 서로 나눈다.

- 이 그림의 제목은 무엇일까?(그림의 작자와 제목을 소개한다.)
- 이 그림은 언제 그린 그림일까?
- 지금 바닷가에 있는 사람들의 기분은 어떨까?
- 낮의 바다와 밤의 바다는 어떻게 느낌이 다를까?
- 물에 비치는 그림자의 느낌이 낮과 밤에 따라 어떻게 다르게 느껴지니?

호야킨 소로야(Joaqu n Sorolla, 1863-1923)가 바닷가를 주제로 그린 여러 작품을 감상하는 유아

③ 바다나 강가에 다녀온 경험을 그림으로 그려 본다.

- 너희들도 바다에 다녀온 그림을 그려 보자.
- 아침, 점심, 저녁 중에 언제의 바다(혹은 강가)를 그린 것이니?

자연과 풍경_아침, 점심, 저녁의 빛 변화 관찰하기

이 활동을 통해

- 오전, 오후에 따라 빛이 달라지는 것과 그것에 의해 빛과 그림자의 대조가 어떻게 달라지는지, 사물의 느낌이 어떻게 달라지는지 알아본다.
- 빛의 양과 방향에 의해 사물의 느낌이 달라지는 것을 살펴본다.
- 빛의 변화에 따라 그린 그림을 보고, 느낌이 어떻게 다른지 묘사해 본다.

이 활동을 하려면

① 모네(Claude Monet, 1840~1926)의 그림이 있는 책

- 『클릭, 서양미술사』(글·캐롤 스트릭랜드, 번역·김호경, 예경: 2002)
- 모네를 비롯한 인상파의 그림이 있는 미술 도감이나 미술 관련 서적이나 화보
- 프랑스 오르세 미술관 사이트(http://www.musee-orsay.fr/en/collections/index-of-works)

② 디지털카메라, 프린터

③ 그림물감, 종이

이 활동을 할 때는

① 모네의 그림 중 대성당 시리즈인 '밝은 햇살, 푸른색과 황금색의 조화', '갈색과의 조화', '아침볕, 푸른색과의 조화' 등의 그림을 보여 준다.

- 무엇을 그린 것 같니?

② 대성당 그림을 보고 어떤 점이 같은지, 다른지 이야기해 본다.

- 똑같은 성당인데 느낌이 어떠니?
- 어떻게 다르게 느껴지니? 왜 다르게 느껴질까?

③ 제목을 알려주고, 작가가 그린 때를 생각해 본다.

- 제목을 듣고 나니까, '모네'라는 작가가 언제 그린 그림 같니?
- 이 중에서 아침에 그린 그림은 어떤 것일까? 저녁에 그린 그림은 어떤 것일까? 새벽에 그린 그림은 어떤 것일까?

④ 등원 직후와 정오에 실외로 나가서 관찰해 본다. 이때 한 가지 사물(예 유치원·어린이집 마당의 은행나무)을 디지털카메라로 찍어 보아도 좋다. 그리고 저녁에 하원하는 학급이라면 저녁 즈음에 나가서도 관찰을 해본다.

- 사진을 찍어 보니까 어때?
- 어떤 점이 다르니?

⑤ 함께 관찰한 사물을 그림으로 그려 본다. 그리기 전에 미리 어떤 시기인지 정하고 그려 본다. 두 가지를 비교해서 그려 보아도 좋다.

- 사진 중에서 그리고 싶은 두 가지 시간을 그려 보자.
- 이른 아침에 본 나무와 점심시간에 본 나무를 다르게 표현하려면 어떻게 그려야 할까?

⑥ 사후 활동으로는 날씨가 맑은 날과 흐린 날 비교하기, 겨울에 이른 아침과 저녁 해 질 녘 비교하기 등을 해본다.

자연과 풍경_장욱진의 '자동차가 있는 풍경'

이 활동을 통해

- 그림이 기본적인 도형으로 이루어졌음을 이해하고 안다.
- 자동차가 현대인의 생활에서 차지하는 비중을 이해한다.
- 자동차와 관련된 현대인의 다양한 생활양식을 이해한다.

이 활동을 하려면

① 장욱진(1917~1990)의 '자동차가 있는 풍경'

② 필요한 도구

- 전지, 그리는 도구들
- 작은 상자, 본드 등
- 사진 자료: 자동차 사진(자동차 회사의 카탈로그 등)
- 사진 자료: 자동차가 달리고 있는 고속도로 사진, 톨게이트 사진, 도심지 사진, 국도 사진 등

③ 기타 도구

- 블록: 유닛 블록 등
- 자동차 모형(쌓기놀이 영역의 자동차 놀잇감)
- 블록 소품: 나무, 사람, 건물 등

이 활동을 할 때는

① 장욱진의 '자동차가 있는 풍경' 그림을 감상한다.

- 그림에 어떤 것들이 있니?
- 자동차가 어떻게 생겼니?
- 자동차가 어디로 갈 것 같니? 이 그림에 없는 것은 무엇일까?

② 인터넷에서 그림을 출력한 다음, 전지에 붙이고 연속해서 다른 상황을 상상하여 완성해 본다. 자동차나 건물 사진을 이용해서 콜라주처럼 꾸며도 좋다.

- 이 자동차가 어디까지 갈 수 있을까?
- 이 그림 옆에는 어떤 길, 어떤 건물들이 있을까?
- 그려 보아도 좋고, 사진을 붙여서 더 큰 그림을 완성해 보자.

③ 자동차를 그리거나 사진에서 오려서 반입체로도 자동차를 만들어 본다. 그리고 블록으로 자동차와 그 외의 건물, 도로, 톨게이트 등을 만들어서 블록 영역 전체를 '자동차가 있는 풍경' 테마로 꾸며 본다.

- 그린 그림을 상자에 붙여서 자동차처럼 만들어 보자.
- 이 자동차가 가려면 무엇이 필요할까?
- 길은 어떻게 만들까?
- 집은 어떻게 만들까?
- 길이 계속 길게 있는 도로를 무엇이라고 할까?
- 가다가 돈을 내는 곳은 어떻게 만들어야 할까?

자연과 풍경_쇠라의 '옹플뢰르의 항구'

이 활동을 통해

- 그림을 그리는 다양한 방법을 알아본다.
- 색의 합성에 대해 관심을 가진다.
- 점묘의 기법을 탐색해 본다.

이 활동을 하려면

① 쇠라(Georges Pierre Seurat, 1859~1891)의 '옹플뢰르의 항구', '그랑자트섬의 일요일 오후'

② 필요한 도구

- 도화지
- 그리기 도구들
  - 붓, 면봉: 소독저에 솜을 넣고 천으로 감싸서 만든 큰 면봉, 약국에서 파는 작은 면봉
  - 스펀지(밀도가 높은 스펀지)
- 물감, 물감 접시
  - 납작한 접시에 맞게 부직포를 잘라서 테이프로 붙인 후 부직포 위에 물감을 풀어서 준비

이 활동을 할 때는

① 쇠라의 '옹플뢰르의 항구'나 '그랑자트섬의 일요일 오후'를 감상한다. 자세하게 관찰하는 것이 필요하다면 그림을 확대하여 나눠 본다.

- 이건 무엇을 그린 그림일까?
- 그림을 자세히 보자. 어떻게 그린 것 같니?
- 그림에 작은 점들은 어떻게 해서 만들어진 것일까?

'그랑자트섬의 일요일 오후'를 감상하는 유아

② 교사가 점을 찍어서 모양대로 그린 점묘 그림을 제시한다. 이때 그림은 원색을 동시에 찍어서 그린다. 예를 들어, 연두색을 표현하려면 노랑 점과 파랑 점을 한 공간에 무수히 많이 찍는다.

- 여기 이 그림은 무슨 색으로 보이니?
- 가까이에서도 보고, 멀리서도 보자. 가까이서 볼 때와 멀리서 볼 때 색깔의 차이가 있니?

③ 유아들과 점을 찍어서 그림을 그릴 수 있는 방법에 대해 의논해 보고, 면봉 그림을 그려 본다.

- 어떻게 하면 점을 찍어서 그림으로 그릴 수 있을까?
- 여기 있는 면봉을 이용해서 그림을 그리려면 어떻게 하면 좋을까?
- 같은 공간에 두 가지 이상의 색을 찍어서 그려 보자.

화판을 사용해 점묘법으로 그리는 유아

한 유아가 점묘법으로 그린 그림을 함께 감상하는 유아

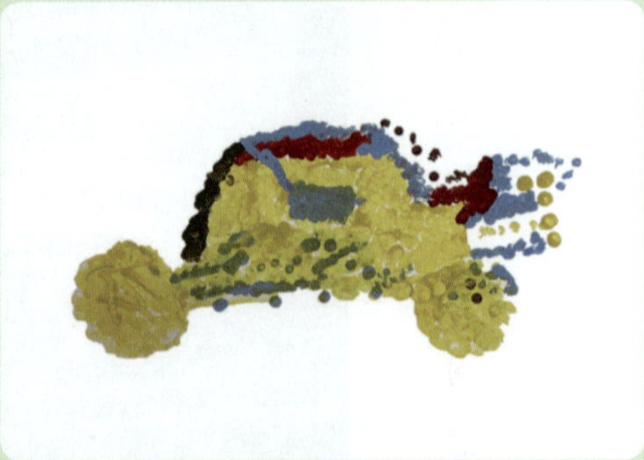

점묘법으로 그린 작품

교사의 Tip

넓은 면을 색으로 칠해야 할 경우에는 스펀지에 물감을 묻혀 톡톡 찍으면 마치 구멍이 숭숭 뚫린 것 같이 그림이 칠해진다. 단, 물감의 농도가 너무 연하면 안 되고 비교적 진해야 한다. 면봉 그림과 느낌을 비교해 보아도 좋다.

■ 쇠라

1849년 파리에서 출생하였으며, 신인상주의 화가의 대표라고 할 수 있다.
그는 시시각각으로 변하는 빛(고유의 색, 대상이 받고 있는 색, 반사에 의한 색, 주위의 영향에 의해 생기는 색, 대상의 주위에서 느껴지는 보색 등)을 새로이 관찰하였다. 또한 흰색과 검정, 선의 조화, 구도, 색의 대조와 조화를 점묘 기법으로 정확히 표현하였다.

■ 점묘 기법(Pointillism)

혼합되지 않은 순색의 점을 캔버스에 수없이 많이 찍어서 형태를 완성해 가는 기법이다. 쇠라는 보색(반대되는 색) 체계를 이론화하여 이것들을 나란히 배치함으로써 보는 이로 하여금 팔레트에서 혼합하는 것보다 더 빛나는 광도의 색채로 보이게끔 했다. 이 이론대로라면 전체의 색 점이 멀리서 보았을 때 혼합되게 보여야 하지만, 사실상 완전히 섞여 보이지 않아서 마치 낱알 부스러기가 흩어진 것처럼 반짝이는 효과를 주고 있다.

자연과 풍경_추수와 관련된 그림 감상하기

이 활동을 통해

- 곡식을 심고 가꾸고 거두는 사람들의 노고에 대해 알아본다.
- 곡식을 추수하는 기쁨과 감사를 이해하고 표현해 본다.

이 활동을 하려면

① 그림 자료

- 밀레(Jean Francois Millet, 1814~1875)의 '씨 뿌리는 사람', '만종', '이삭줍기'

② 사진 자료

- 농사짓는 사진들: 모내기 사진, 농약 살포하거나 비료 주는 사진, 잡초 뽑는 사진, 벼 베는 사진 등
- 쌀로 포장되어 소비되는 사진: 탈곡하는 사진, 포장되는 사진, 쌀로 음식을 만드는 사진 등

③ 신문이나 잡지 기사 및 사진

- 가뭄, 홍수, 태풍 피해 기사들
- 음식 쓰레기가 심각하다는 기사 등

이 활동을 할 때는

① 밥을 먹게 되기까지의 농사의 과정이 담긴 사진을 함께 보면서 이야기 나눈다.

- 이 사진은 무엇을 하는 것일까?
- 벼가 다 자라게 되기까지 사진을 잘 보고 순서대로 놓아보자.
- 이렇게 기계로 벼의 모판을 심는 것을 무엇이라고 할까?
- 벼를 베어낸 다음 어떻게 해야 우리가 먹는 쌀이 될까?

② 밀레의 그림을 감상한다.

- 이 그림은 무엇을 하는 것일까?
- 이 사람들은 무슨 일을 하는 사람 같니?
- 이 시절에는 어떻게 농사를 지었을까?

③ 밀레의 '만종'에서 농부들이 열심히 기도하는 장면과 '이삭줍기'의 여인들이 왜 이삭을 줍고 있는지 이야기를 나누어 본다.

- 여기에 있는 농부들의 표정이 어떤 것 같니? 지금 농부들의 마음이 어떨까?
- 왜 농사짓는 것이 힘들었을까?
- 이삭줍기가 무슨 뜻일까?
- 왜 떨어진 작은 낟알을 하나씩 주워 담고 다녔을까?

④ 신문 기사 중 가뭄, 태풍, 홍수 등의 피해로 농작물이 심하게 피해를 입었던 기사를 검색해서 출력해 본다.

- 가뭄이 오거나 태풍, 홍수가 오면 농작물이 어떻게 될까?
- 그럴 때 농부의 마음은 어떨까?
- 자연적 재해도 다 이기고, 힘든 과정도 다 마치고 벼를 수확했을 때에 농부의 마음은 어떨까?

⑤ 농부의 마음을 이해하고 난 다음에는 밥을 먹을 때 어떻게 하면 좋을지 이야기 나누어 본다.

- 밥을 먹을 때 어떤 마음을 가지면 좋겠니?
- 밥을 함부로 버리거나 남기는 것은 어떤 결과를 초래할까?

자연과 풍경_아름다운 우주

이 활동을 통해

- 우주를 표현한 그림을 감상한다.
- 형태보다 느낌을 위주로 추상적으로 표현하는 방식을 경험해 본다.

이 활동을 하려면

① 그림 자료
- 반 고흐(Vincent van Gogh, 1853~1890)의 '별이 빛나는 밤', '해바라기'
- 아담 엘스하이머(Adam Elsheimer, 1578~1610)의 '이집트로의 도피', '어두운 길 비추는 달빛 있나니'
- 이성자(1918~2009)의 '지구 반대편으로 가는 길', '우주의 노래'

② 그릴 수 있는 도구들
- 종이(전지)
- 크레파스, 색연필, 파스텔 등
- 물감, 빨대, 그릇
- 반짝이 물감, 반짝이 가루, 풀, 쿠킹 포일
- 모래 종이, 소포지, 목탄

이 활동을 할 때는

① 실외놀이 시에 아침, 점심, 저녁(종일반이나 어린이집의 경우)의 하늘을 함께 관찰한다.
- 하늘을 바라보자. 어떤 느낌이니? 색깔은 어떠니? 하늘에 무엇이 보이니?
- 아침의 하늘과 무엇이 다르니?

② 우주와 관련된 비디오 등의 자료를 감상한다.
- 우주는 어디일까?
- 우주에서 본 지구는 어떤 모양이었니? 우주에서 본 별과 달은 어떤 모양이었니?
- 우주의 색깔은 어떠했니?

③ 그림을 보고 느낌을 서로 나눈다.

- 이 그림의 제목은 무엇일까?(그림의 작자와 제목을 소개한다.)
- 이 작가는 왜 달을 이렇게 그렸을까? 왜 태양을 이렇게 그렸을까?

④ 그림의 표현 방식을 탐색해 본다.

- 어떻게 이렇게 빛이 퍼진 것처럼 보이게 했을까?
- 그리기도 했지만 반짝반짝하도록 무엇을 붙인 것 같니?
- 빛이 퍼져 보이게 하는 다른 방법이 또 무엇이 있을까? 반짝거리게 보이는 방법은 또 무엇이 있을까?

⑤ 유아들이 원한다면 공동 작업으로 우주의 모습을 그려 본다.

- 우리도 우주의 모습을 함께 그려 보자.
- 우주의 어떤 행성을 그리면 좋을까?
- 어떤 색을 사용하면 좋을까?
- 빛이 퍼지는 효과를 어떻게 내면 좋을까?
- 반짝이는 것은 어떻게 표현할까?

공동으로 우주를 그리는 유아

분무기로 빛이 퍼지는 효과를 내보는 유아

| 행성 작품

| 검은색 전지 위에 우주를 표현하는 유아

| 암막을 치고 형광색으로 그린 후 만든 우주

교사의 Tip

작품을 감상하고 나서, 우주의 느낌을 잘 표현할 방법을 유아들과 함께 찾아 본다. 빛이 퍼지는 느낌을 위해 물감을 흩뿌리거나 물감 불기 등의 효과를 사용할 수도 있고, 파스텔을 이용해 퍼지는 느낌을 살릴 수도 있다. 또 반짝이는 효과를 위해 쿠킹 포일을 사용하거나 반짝이 가루를 이용하는 등 회화라도 다양한 재료를 덧입혀서 효과를 극대화시킬 수 있다.

자연과 풍경_벽화 그림

이 활동을 통해

- 옛날 그림을 감상하는 경험을 갖는다.
- 함께 협동하여 작품을 만드는 경험을 갖는다.

이 활동을 하려면

① 짙은 색의 전지

- 벽면에 비닐을 전지 크기보다 약간 넓게 하여 붙인다.
- 벽면 비닐 위에 짙은 색(예 회색, 검은색, 진한 갈색 등)의 전지를 붙여 준비한다.

② 흰색과 노란색 펜, 색연필

- 벽면 주위에 매달거나 아래에 놓아 준비한다.

③ 동굴 그림의 사진

- 스페인 알타미라 동굴의 동굴 벽화: 들소 그림
- 프랑스 라스코 동굴의 동굴 벽화: 말 그림
- 고구려 벽화: 안악 1호분·2호분·3호분, 무용총, 강서대묘의 사신 그림, 사람들 그림, 행렬 그림 등

이 활동을 할 때는

① 벽화 그림을 탐색한다.

- 벽화 사진을 보며 이야기를 나눈다.
  - 어떤 그림이 그려져 있니?
  - 이 그림은 어디에 그려져 있었을까?
  - 무슨 생각을 하면서 그렸을까?
  - 옛날 사람은 동굴에서 생활하면서 왜 이러한 그림을 그렸을까?
- 하고 싶은 이야기를 그림으로 그려 표현한 것에 대해 이야기 나눈다.
  - 편지를 보내거나 알리고 싶은 것이 있는데 글씨가 없다면 어떻게 할까?
  - 유아가 벽화를 보며 만든 이야기를 적어주면서 옛날 글씨가 생기기 전에는 사람들

이 그림으로 하고 싶은 이야기를 표현했다는 것을 이야기해 준다.

② 그림을 그린다.

- 하고 싶은 이야기를 그림으로 표현해 본다.
- 그림을 다 그린 후 어떤 그림을 그린 것인지 이야기 나눈다.
- 그림의 제목을 정한다.

③ 완성된 작품을 감상한다.

교사의 Tip

- 3~4세 유아는 감상보다는 벽화를 그리는 활동에 초점 맞추도록 한다.
- 5세 유아의 경우는 고대 벽화를 감상한 후 그리도록 한다.

벽화 그림 작품

자연과 풍경_현대적 건축물

이 활동을 통해

- 건물의 형태에 관심을 가지고 살펴본다.
- 작은 일상적인 물건에서 영감을 받아 크고 아름다운 건축물이 탄생되는 것을 감상한다.

이 활동을 하려면

① 건축물 사진

- 상암 월드컵 경기장: 옛날 마포나루의 황포 돛대를 상징하는 16개의 마스트(기둥)와 방패연이 조화를 아름답고 거대한 경기장
- 예술의 전당 오페라 극장: 갓 모양을 본떠 만든 극장
- 서귀포 월드컵 경기장: 범선의 모양을 본떠 만든 경기장

상암 월드컵 경기장

예술의 전당 오페라 극장

서귀포 월드컵 경기장

② 사물의 사진

- 황포 돛대(과거 한강의 돛대 사진), 방패연 사진, 갓 사진이나 실물, 범선의 사진

③ 건물을 지을 수 있는 도구들

- 블록(기본 형태의 블록: 유닛 블록, 매직 블록 등)
- 아이스크림 막대, 소독저
- 성냥개비
- 다양한 크기의 상자들, 폐품류(요구르트 통, 젤리 통, 요플레 통, 각종 뚜껑 등), 본드
- 찰흙

이 활동을 할 때는

① 대표적인 우리나라 건축물을 살펴보고, 건축가가 어떤 모양을 기본으로 건물을 만들었는지 알아본다. 참고로 삼은 물건(사물)의 사진도 함께 보여 준다.

- 이 곳이 어디인지 아니?
- 무엇처럼 생겼니?
- 이 건물을 지은 분은 무엇을 생각하고 만들었는지 사진을 보여 줄게.
- 어디가 닮은 것 같니?

② 어떤 모양을 미리 염두에 두고 다양한 소재를 활용하여 건물을 만들어 보도록 한다.

- 먼저 어떤 모양의 건물을 만들었으면 좋겠니?
- 대강 어떤 건물이 될 것 같니? 그림으로도 그려 보자.
- 블록으로 지을 때 블록 이외에 필요한 것이 있니?
- 상자나 나무(예 소독저, 아이스크림 막대, 성냥개비 등)로 만들어도 좋아.

건축물 설계도와 작품(5세)

자연과 풍경_우리 동네 건물 감상하기

이 활동을 통해

- 우리 주변에서 볼 수 있는 건물의 모양과 구조에 관심을 가진다.
- 우리 주변의 건물에 관심을 가지고 미술적으로 구성해 본다.
- 우리나라의 건물과 세계 여러 나라의 건물의 공통점과 다른 점도 구분해 볼 수 있다.

이 활동을 하려면

① 국내외의 특이한 건축물 사진들

- 우리 동네 주제일 때는 현대의 건축물 사진을, 우리나라 주제일 때는 전통 건물 사진을 준비
- 우리 동네 건물, 우리나라의 유명 건물(예 63빌딩, 광화문 등) 사진
- 세계 여러 나라의 고유한 건물(예 이탈리아의 콜로세움, 프랑스의 노트르담 성당 등) 사진

② 필요한 도구

- 디지털카메라
- 다양한 종이
- 다양한 그리기 도구들
  - 볼펜, 연필, 크레파스, 색연필, 사인펜, 매직펜, 가는 수성펜 등
- 블록
  - 유닛 블록(나무로 만들어진 블록), 우레탄 블록 등
  - 블록 소품들
- 다양한 크기의 폐품 상자
- 성냥개비, 소독저 등
- 찰흙

이 활동을 할 때는

① 유아와 함께 지역사회 견학을 하거나 미술적으로 멋진 건물이나 의미 있는 건물(예 우리 유치원·어린이집, 예전에 방문했던 기관 등)을 디지털카메라로 찍어 온다. 혹은 다른 목적의

견학을 가는 중 멋진 건물이 있으면 찍어 온다. 이때 앞면뿐 아니라 뒷면과 옆면도 찍는다.

- (사진을 보면서) 여기는 어디일까?
- 이 건물은 무엇처럼 생겼니?
- 이 건물은 무엇을 이용해서 만들었을까?(벽돌, 유리 등)
- 이 건물이 다른 건물과 다른 점이 있다면 무엇일까?

② 유아들이 각자 좋아하는 건물을 정하고 그 건물을 그림으로 그려 본다.

- 이 건물이 왜 좋았니?
- 이 건물과 비슷한 건물을 본 적 있니? 어디에서 보았니?
- 사진을 잘 보고, 견학 나가서 직접 본 것도 잘 기억해서 그려 보자.

③ 유아가 그린 그림을 바탕으로 입체로 만들어 본다.

- 그림이 아니라 실제로 만들어 보려면 무엇으로 하면 좋을까?
- 여기 있는 재료들 중 적절한 것을 골라서 해보자(예 찰흙, 빈 폐품 상자, 성냥개비, 소독저, 블록 등).
- 너희들이 만든 것을 사진으로 찍어 보자. 진짜 사진이랑 비교도 해보자.

사후 활동

우리나라와 세계 여러 나라의 건물을 찾아서 비교하는 활동으로 진행해도 좋다.

| 개선문

| 광화문

| 건물 감상 후 유아가 만든 건물

색과 느낌_마티스의 '붉은 방'

이 활동을 통해

- 사물의 여러 가지 형태를 안다.
- 색이 주는 느낌을 감상해 본다.
- 익숙한 실내 풍경도 색깔에 따라 어떻게 달라지는지 탐색해 본다.

이 활동을 하려면

① 마티스(Henri Matisse, 1869~1954)의 '붉은 방' 그림이 있는 미술 도감 혹은 동화책

② 필요한 도구

- OHP 기계, 셀로판지(노랑, 빨강, 파랑, 초록), OHP 용지, 유성 매직, 네임펜

이 활동을 할 때는

① 유치원·어린이집의 활동실 및 자료실 등을 둘러보고 서로 이야기를 나눈다. 자유놀이 시간을 이용하여 유치원·어린이집 방들의 전체적인 색의 느낌을 탐색해 보도록 한다.

- 이 방은 색이 어떠니? 느낌이 어땠니?(예 화장실-하얀색, 시청각실-검은색, 마당-초록색 등)

② 마티스의 '붉은 방' 그림을 감상한다.

- 어떤 그림이니?
- 이 방은 주로 어떤 색으로 그렸니?
- 붉은색 방으로 그리니까 어떤 느낌이 드니?
- 왜 빨간색으로 그렸을까?
- 어느 곳을 그린 그림일까? 왜 그렇게 생각했니?
- 그림을 보니 어떤 느낌이 드니?
- 그림의 제목은 무엇일까?(제목과 작가를 소개하기)

③ '붉은 방' 그림을 OHP 용지에 흑백으로 복사한다. 그래서 OHP를 이용해 색을 바꾸어 감상해 본다(연하게 복사해서 선 위주로 복사가 나오도록 한다).

- 만약 '붉은 방'이 아니라 '노란 방'이라면 느낌이 어떻게 달라질 것 같니?(OHP에 복사한 그림을 놓고, 위쪽 전구 쪽에 셀로판지를 대서 전체적인 색깔을 변화시킬 수 있다.)

- 노란 실내의 느낌은 어때?
- 파란 실내의 느낌은 어때?

유의 사항

- 사후 활동으로 OHP에 유아들이 그리고 싶은 실내 풍경을 그려볼 수 있다.
  - 한 명씩 OHP 기계에 자기 그림을 비추고 설명해 보자.
  - 셀로판지로 색을 바꾸어 가면서 느낌을 이야기해 보자.
  - 가장 마음에 드는 방의 색깔과 이유를 이야기해 보자.
  - 가장 마음에 들지 않는 방의 색깔과 이유를 이야기해 보자.
- 주제가 '계절'인 경우, 호안 미로(Joan Miro: 1893~1983)의 '두 인물'을 함께 감상하며 따뜻한 느낌과 차가운 느낌에 대해 이야기를 나눈 후에 종이를 구겨 물감 찍기를 할 수 있다.

천 위에 같은 계통색의 아크릴 물감으로 찍기를 한 후에 전시

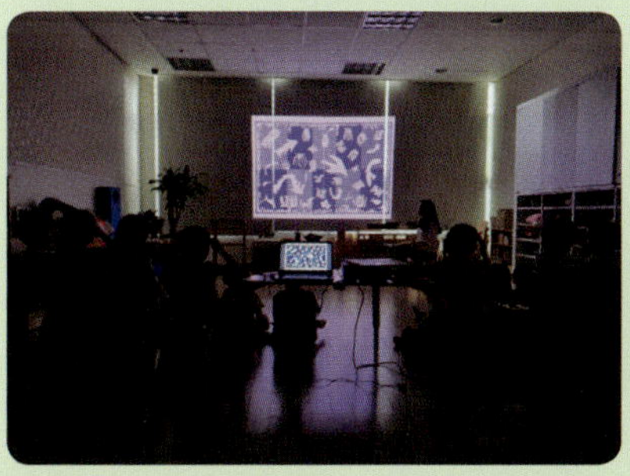

'붉은 방' 감상 후 다양한 색의 느낌을 살펴보는 유아

다양한 색을 대조하여 느낄 수 있도록 전시한 작품

색과 느낌_색상 탐색하기

이 활동을 통해

- 색깔을 살펴보고, 색깔의 느낌을 감상해 본다.
- 색깔의 미묘한 차이를 느껴보고, 색의 어울림에 대해서 알아본다.
- 명화에 나타난 다양하고 아름다운 색깔을 탐색해 본다.

이 활동을 하려면

① 화려하고 특이한 색깔의 그림들

- 르누아르(Auguste Renoir, 1841~1919)의 '춤추는 여인', '로맨느 라코 양의 초상'
- 드가(Edgar De Gas, 1834~1917)의 '발레 수업'
- 피카소(Pablo Picasso, 1881~1973)의 '모자 쓴 여인'
- 반 고흐(Vincent van Gogh, 1853~1890)의 '해바라기'
- 잡지, 홈쇼핑 등의 광고 전단지
  - 패션 화보 중 색이 두드러진 옷이나 드레스의 사진

② 필요한 도구

- 색상표, 수채화 물감이나 포스터물감, 파스텔, 종이, 붓, 팔레트(대용으로 사용할 수 있는 넓은 접시 등), 물통

이 활동을 할 때는

① 고흐의 '해바라기'에 나오는 해바라기의 꽃잎 하나에 구멍을 낸다(약 2×3cm 정도의 정사각형).

- 이 그림은 무엇을 그린 것일까?
- 어떤 색으로 보이니?

② 원래 그림의 꽃 색깔과 같은 색을 찾아 본다.

- 함께 가서 이 구멍에 대보고 같은 색을 찾아보자.
- 같은 노란색인데 왜 다르게 느껴질까?
- 잡지에도 이런 색깔이 있는지 찾아보자.
- 색상표에서도 찾아보자.

③ 드가의 '발레 수업' 그림 중 등에 달린 리본만 도려내어 제시한다.
- 여기에 리본이 어떤 색이면 어울릴까?
- 어울리는 색깔을 색상지 조각 종이 중에서 골라보자.
- 친구들이 찾아온 색깔도 같이 대어보고, 어떤 느낌인지 말해보자.

④ 빈 도화지에 그림물감이나 파스텔을 이용하여 최대한 같은 느낌의 색깔을 만들어 본다.
- 해바라기와 가장 비슷한 노란색은 어떻게 만들었니?
- 피카소의 '모자 쓴 여인'의 주황색 옷과 가장 비슷한 무늬색은 어떻게 만들었니?

교사의 Tip

- 같은 색이라도 서로 어울리는 색이 있다. 예를 들어, 같은 노란색이라도 약간 붉은 계열이 첨가된 노랑도 있고, 약간 푸른 계열이 첨가된 노란색도 있다. 유아와 함께 어울리는 색이나 비슷한 색을 찾아보고 색에 대해 탐색해 본다.
- 색은 전체적인 느낌을 좌우하는 큰 요소이다. 명화 그림 중 일부분(예 드가의 그림 중 리본 부분)만 달라져도 전체적인 느낌이 달라진다. 유아와 좋아하는 색을 찾아본 후 전체적인 느낌도 감상해 본다.
- 이 활동은 다양한 색상을 느끼고 탐색하고 비교해 보며 자유롭게 색이 주는 효과를 탐색해 보기 위함이다. 따라서 색 이름 외우기나 똑같은 색깔 찾아내기식으로 진행하는 것은 바람직하지 않다. 색이 주는 느낌을 충분히 감상한다.

| 초록 계열 색 탐색

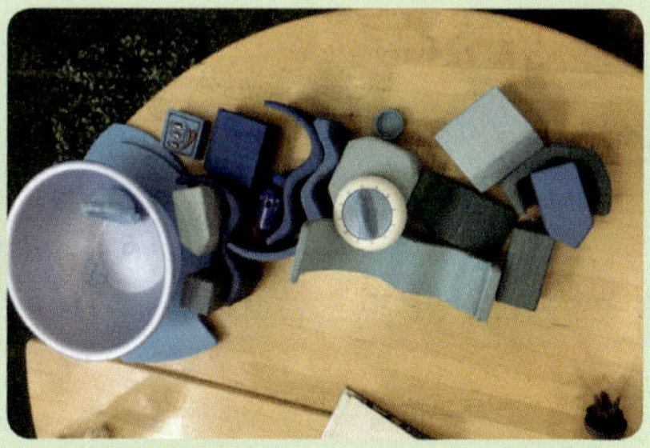
| 푸른 계열 색 탐색

| 다양한 색이 조합된 느낌을 탐색하도록 자석판에 붙인 색상판

| 푸른 계열 색상판으로 자석판 위에 만든 새

색과 느낌_몬드리안 '직선 그림'

이 활동을 통해

- 직선을 이용한 대칭과 수직의 작품을 감상한다.
- 직선의 정의를 알고 직선으로 작품을 구성해 본다.
- 직선이 주는 특유의 차가운 느낌을 감상해 본다.

이 활동을 하려면

① 몬드리안(Piet Mondrian, 1872~1944)의 '빨강, 파랑, 노랑의 구성'

② 다양한 재질의 종이

- 도화지, 골판지, 주름 종이, 복사지, 습자지 등

③ 그리는 도구들

- 볼펜, 연필, 크레파스, 색연필, 사인펜, 매직펜, 가는 수성펜 등

④ 다양한 크기와 모양 자

- 15cm, 30cm, 50cm 길이의 자
- 모양 자(삼각형 자, 다양한 도형의 자 등)

이 활동을 할 때는

① 몬드리안의 '빨강, 파랑, 노랑의 구성' 작품을 함께 감상한다.

- 이것은 무엇을 그린 그림일까?
- 다른 그림과 무엇이 다르니?
- 주변에서 직선으로 된 것은 어떤 것이 있을까?

② 몬드리안 그림의 느낌을 이야기해 본다.

- 느낌이 어떠니?
- 이 그림을 집에 걸어두고 싶니? 왜 그렇게 생각했어?
- 이 그림을 걸어두면 어울리는 곳은 어디일까? 왜 그렇게 생각했니?

③ 유아들과 직선 긋기를 함께 해보고 그림으로 그려 본다.

- 그림에 있는 까만 선은 어떻게 그린 것일까?
- 이렇게 곧은 선을 무엇이라고 부를까?
- 한번 직선을 그어 보자. 그냥 그으면 직선이 어떻게 되니?
- 직선을 잘 그릴 수 있는 방법은 무엇이 있을까?
- 자를 이용하여 직선을 그리면 그냥 그릴 때와 어떻게 다르니?
- 몬드리안의 그림처럼 직선으로 생긴 빈 곳에 적절히 색칠도 해보자.

직선으로 그리는 유아(5세)

개별 활동 작품을 공동 작품으로 만들어 전시

색과 느낌_ **같은 피부, 질감 찾기**

이 활동을 통해

- 사물의 표면 느낌을 관찰하고 탐색해 본다.
- 표면 느낌을 그림으로 표현해 본다.
- 질감을 표현할 수 있는 다양한 방법을 탐구해 본다.

이 활동을 하려면

① 촉감 그림책

- 『곤충들과 함께하는 촉감놀이: 딱정벌레와 곤충 친구들』(글·모리스 플래저, 번역·U & J, 키즈덤: 2006)
- 『동물들과 함께하는 촉감놀이: 숲 속에서』(글·모리스 플래저, 번역·U & J, 키즈덤: 2006)
- 『동물들과 함께하는 촉감놀이: 바다에서』(글·모리스 플래저, 번역·U & J, 키즈덤: 2006)
- 『동물들과 함께하는 촉감놀이: 도마뱀과 파충류 친구들』(글·모리스 플래저, 번역·U & J, 키즈덤: 2006)
- 『야옹이들(Kittens)』(글·W. 피오나 & W. 레이첼, 번역·신주영, 키즈덤: 2002)

② 동물과 관련된 명화 그림책

- 『명화와 함께하는 숨은 그림 찾기: 동물을 찾아라』(글·루시 믹클레스웨이트, 베틀북: 2006)

③ 동물에 관련된 명화 그림이나 사진 자료

- 소와 양 그림

– 줄리앙 뒤프레(Julien Dupre, 1851~1910): 프랑스의 자연주의 화가. 농촌에서 소와

양을 기르고, 우유를 짜는 장면의 그림을 많이 그림

- 소 그림
  - 이중섭(1916~1956)의 '소'
- 강아지 그림
  - 얀 반 에이크(Jan van Eyck, 1390년경~1441)의 '아르놀피니의 결혼': 결혼식 하는 신랑 신부 앞에 강아지 한 마리가 있는 그림
  - 르누아르(Pierre Auguste Renoir, 1841~1926)의 '뱃놀이하는 사람들의 점심': 앞 테이블에 앉은 여자가 안고 있는 강아지
- 개구리 그림
  - 신사임당(1504~1551)의 '초충도', '원추리와 개구리', '오이와 개구리', '어승이와 개구리' 등의 개구리 그림(한국화)
- 말 그림
  - 페르낭 레제(Joseph Fernand Henri Léger, 1881~1955)의 '대행진'
  - 김기창(1913~2001)의 '군마도'

④ 그리기 도구

- 크레파스, 파스텔, 크레용, 색연필, 연필, 사인펜
- 겉면이 오돌토돌한 도화지: 도화지, 골판지, 와트만지 등
- 붓, 물감(수채화 물감, 포스터물감, 템페라 물감 등)

⑤ 점토

- 점토판(혹은 하드보드지 자른 것)
- 점토, 점토 용구, 밀대 등

⑥ 다양한 천

- 느낌이 다양한 천(면, 견, 타월, 한복 천 등)
- 비닐 종류(부드러운 비닐, 단단한 비닐, 에어지 등)
- 털이 많은 직물(바닥 깔개 등)

이 활동을 할 때는

① 동물 피부를 만져볼 수 있는 촉감 그림책을 읽어 준다. 읽고 나서 동물 사진과 비교해 보

아도 좋다.

- 이 동물 피부의 느낌은 어떠니?
- 눈으로 보는 것과 만져본 것은 비슷하니? 아니면 다르니? 왜 그럴까?
- 이 동물 피부의 느낌과 비슷한 것에는 어떤 물건이 있을까?

② 동물을 그린 명화 그림이나 동물 그림의 명화가 담겨져 있는 책을 살펴본다.

- 이 그림에는 어떤 동물이 있니?
- 이 동물의 피부는 어떠니?
- 같은 동물을 그렸지만 한국화(신사임당의 작품, 김기창의 작품 등)와 유화 그림(줄리앙 뒤프레 작품, 이중섭 작품 등)은 어떻게 다르니?
- 어떤 그림이 더 동물의 피부와 비슷하니? 왜 그렇게 생각했니?

③ 동물 피부의 느낌을 그림, 콜라주나 부조 등으로 표현해 본다.

- 너희들이 그리고 싶은 동물(혹은 기관에 있는 동물)을 정해 보자. 그 동물의 피부를 잘 표현하려면 무엇으로 그리면 좋을지 골라보자.
- 동물의 피부를 나타낼 수 있는 종이나 비닐, 천 등을 골라서 콜라주로 꾸며 보자.
- 하드보드지에 점토를 붙이고 점토로 피부 느낌을 표현해 보자.

솔방울과 나뭇가지로 표현한 곤충의 질감

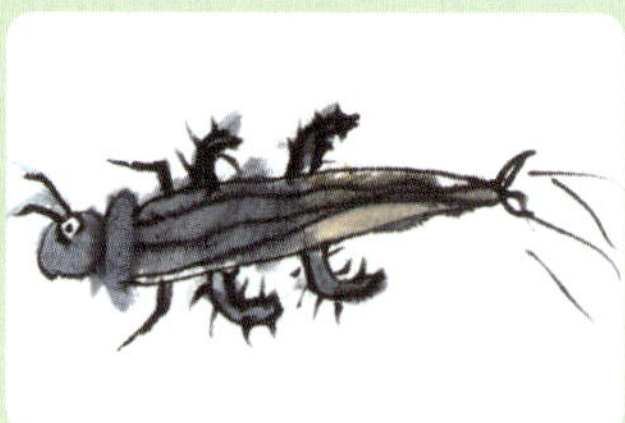

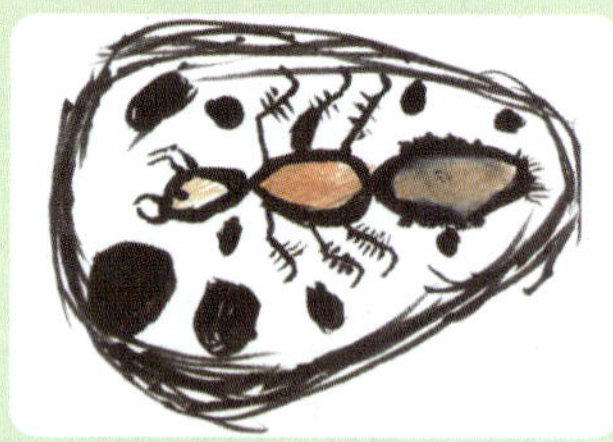

한국화 채색 물감과 먹으로 표현한 곤충 다리의 느낌

교사의 Tip

■ 질감

물감이나 붓 터치, 화구의 종류, 도화지나 캔버스의 느낌 등이 만들어 내는 화면 대상의 느낌

색과 느낌_도자기

이 활동을 통해

- 우리나라 도자기와 세계 여러 나라 도자기의 고유한 특성과 아름다움을 감상한다.
- 다양하고 아름다운 모양과 색을 가진 도자기에 관심을 가진다.
- 아름다운 모양으로 도자기를 만들어 본다.

이 활동을 하려면

① 분청사기 조화어문편병, 고려청자 매병 등 우리나라 도자기 사진

② 세계 여러 나라 도자기 사진

③ 필요한 도구

- 찰흙, 찰흙판
- 찰흙 도구들
  - 찍기 틀, 밀대, 칼 등
- 화보들
  - 꽃, 물고기, 참외 등

이 활동을 할 때는

① 도자기 사진을 함께 감상한다.

- 이것을 본 적이 있니?
- 이것은 무엇으로 사용하던 물건 같니?
- 모양이 어때? 모양이 무엇을 닮았니?
- 색은 어떠니?
- 어떤 무늬가 있니?

② 도자기 만드는 방법, 제작 시기 등을 설명한다.

- 이것의 이름은 무엇일까?
- 도자기는 무엇으로 만들었을까?
- 도자기는 어떻게 만드는 것일까?

• 이 둘 중 어느 것이 마음이 드니?
• 왜 둘이 색깔이 다를까?

③ 함께 찰흙으로 만들어 본다.

• 우리 찰흙으로 빚어보자.
• 무늬를 만들려면 어떻게 하면 좋을까?
• 꽃무늬, 물고기 무늬 이외에 어떤 무늬가 어울릴까?
• 참외의 골이 진 부분을 표현하려면 어떻게 만들어야 할까?

작은 그릇

도자기 만드는 유아(5세)

도자기 모형과 작품의 공동 전시

색과 느낌_한국화 중 채색화 그리고 서양의 수채화와 비교하여 감상하기

Tip
우리나라와 세계 여러 나라: 한국화의 채색화와 서양의 수채화를 비교하여 감상해 본다.
동식물과 자연: 다양한 곤충과 동물, 식물 등을 자세히 관찰하고 한국화의 기법으로 표현해 본다.

이 활동을 통해

- 농담을 이용해 채색화를 그려 본다.
- 한국화의 채색화 기법과 서양의 수채화 기법을 감상해 본다.

이 활동을 하려면

① 한국화 중 채색화 그림

- 신사임당(1504~1551)의 '초충도병'(가지와 방아깨비, 수박과 들쥐, 어수리와 개구리, 산차조기와 사마귀, 맨드라미와 쇠똥벌레, 원추리와 개구리, 오이와 개구리 등)
- 장승업(1843~1897)의 '앵무도'
- 심사정(1707~1769)의 '화조도'
- 윌리엄 터너(Joseph Mallord William Turner, 1775~1851)의 '노럼성과 일출', '디에프항' 등

② 필요한 도구

- 붓
- 한국화 물감
- 화선지, 신문지
- 먹물, 벼루
- 깔개나 담요
- 넓은 접시(먹의 농담을 조절할 수 있도록 팔레트 역할을 하는 접시)

이 활동을 할 때는

① 한국화 중 채색화 그림을 감상해 본다.

- 무엇으로 그린 그림 같니?
- 어떤 종이에 그린 것 같니?
- 도화지에 물감으로 그린 그림(수채화)과 느낌이 어떻게 다르니?

② 붓 그림의 기법을 살펴본다.

- 흐린 색을 만들려면 어떻게 해야 할까?
- 한 번에 흐리고 진한 색을 동시에 그리려면 어떻게 해야 할까?
- 두껍고 얇은 선은 어떻게 그려야 할까?

③ 붓에 먹을 묻혀 함께 그려 본다.

- 붓을 물에 충분히 담갔다가 접시의 색과 조금 섞어 보자. 그려 보니 어떤 색깔이 나오니?
- 붓의 끝에만 진한 색을 묻혀보자. 그려 보니 어떻게 되니?
- 붓 전체에 묻힌 연한 색과 끝에 묻히는 진한 색을 다른 색으로 해서 그려 보자. 느낌이 어떠니?

유의 사항

- 붓에 물을 충분히 묻힌 후, 접시에 한국화 물감을 약간 떨어뜨려 붓 전체에 흐린 색을 충분히 머금도록 한다. 그다음에 붓의 끝 쪽에만 진한 색을 묻힌다. 붓에 농담이 나타나도록 묻힌 다음, 화선지에 지그시 눌러 나타난 색깔을 감상한다. 원형으로 빙 둘러서 표현하면 꽃잎 모양을 쉽게 그릴 수 있으며 줄기나 잎의 모양도 그릴 수 있다.

상상과 생각_앤디 워홀 '수프 깡통'

이 활동을 통해

- 일상적인 사물을 미술적으로 아름답게 창조하는 것에 관심을 가진다.
- 다양하고 아름다운 패턴을 표현한다.
- 일정한 패턴 속에서 변형과 창조의 과정을 경험해 본다.

이 활동을 하려면

① 앤디 워홀(Andy Warhol, 1928~1987)의 '100개의 캠벨 수프 깡통', '세 개의 코카 콜라병', '꽃', '매릴린 먼로': 앤디 워홀 박물관(http://www.warhol.org)

② 필요한 도구

- 여러 가지 일상적인 물건, 폐품들
- 그리기 도구들
- 디지털카메라
- 물건 전단지(마트 전단지, 홈쇼핑 카탈로그, 백화점 홍보지 등)
- OHP 용지, 매직, 네임펜, 셀로판지 등
- 도장(모루 도장, 고무도장 등)

이 활동을 할 때는

① 앤디 워홀의 '캠벨 수프 깡통'(수프 깡통이 여러 개 패턴을 이루고 있는 작품)을 감상한다.

- 이건 무엇을 그린 그림일까?
- 이런 깡통을 본 적이 있니?
- 작가는 왜 우리가 늘 볼 수 있는 깡통을 이용하여 만들었을까?
- 하나만 있었을 때와 여러 개 줄지어 있을 때 느낌이 어떻게 다르니?

② 유아와 함께 일상적인 물건으로 패턴을 만들어 본다.

- 우리 주변의 물건이나 폐품을 가지고 이렇게 반복하면서 아름답게 줄지어 보자.
- 하나만 있을 때와 줄지어 있을 때의 느낌이 어떻게 다르니?
- 똑같은 물건이 아니고 비슷한 물건으로 일정한 규칙을 가지고 줄지어 보자.

③ 전단지나 카탈로그 등을 이용해서 도화지에 패턴 그림을 만들어 본다.

- 도화지에 만들어 보자. 그려도 좋고 그림을 오려서 붙여보자.
- 모루 도장이나 고무도장을 찍어서도 만들어 보자.

④ 앤디 워홀의 '매릴린 먼로' 그림을 감상하고, 사진이나 인물화도 느낌을 다르게 패턴으로 만들어 본다.

- 이 그림은 어떤 느낌이 드니?
- 같은 사람일까 다른 사람일까?
- 같은 사람이라면 느낌이 왜 다 다를까?
- 자기 사진이나 친구 사진에 색깔만 다르게 해서 배치하면 느낌이 어떻게 다를까?

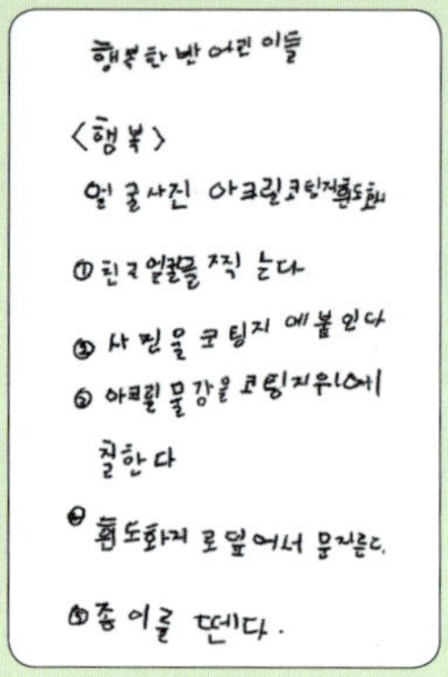

앤디 워홀의 실크스크린 '매릴린 먼로'를 감상한 후 표현한 작품(5세)

유아가 쓴 활동 방법

상상과 생각_피카소 그림 감상하기

이 활동을 통해

- 보는 사람의 관점에 따라 달라지는 사물의 시점 이동을 경험해 본다.
- 피카소의 그림을 감상하고 비슷한 기법으로 콜라주 작업을 해본다.

이 활동을 하려면

① 피카소 그림

- 미술 도감, 미술 관련 서적 또는 화보(피카소 그림이 실린 것)
- 『피카소 20세기가 낳은 천재화가(내가 처음 만난 예술가 3)』(글·실비 지라르데, 번역·신동준, 길벗어린이: 2010)

② 필요한 도구

- 다양한 종이
- 인물 사진 및 그림이 있는 잡지, 신문, 그림 등
- 그리기 도구: 색연필, 사인펜, 연필 등
- 풀, 가위
- 디지털카메라, 프린터

이 활동을 할 때는

① 피카소(Pablo Picasso, 1881~1973)의 그림 중 '너쉬 엘뤼아르의 초상화'를 보여 준다.

- 어떤 그림이 있니? 무엇을 그린 것 같아?

② 유아가 그린 인물화와 비교해 본다.

- 우리가 그린 사람과 어떻게 다를까?

③ '너쉬 엘뤼아르의 초상화'의 얼굴을 한쪽씩 가리며 보여 준다.

- 이쪽만 보여주니까 어떻게 보이니? 다른 쪽은 어떠니?
- 그림을 보고 난 느낌을 질문한다.

④ 그림을 보고 나니까 어때?

• 왜 피카소가 이런 그림을 그렸을까?

⑤ 유아도 이런 식으로 그림을 어떻게 그릴 수 있을지 이야기 나눈다.

• 어떻게 그릴 수 있을까?

⑥ 그릴 수도 있고 잡지에서 오려내어 그릴 수도 있음을 이야기해 준다.

• 여기 잡지를 준비했으니 너희가 보고 나서 오려서 붙여도 좋아.

• 얼굴 외에 여러 가지 사물을 가지고 해보아도 좋겠구나.

⑦ 자신의 얼굴을 가지고 입체적으로 재구성하기 위하여 디지털카메라로 친구의 얼굴을 서로 찍은 후 프린트하여 그려 볼 수도 있다.

⑧ 완성된 작품을 가지고 피카소의 원본과 비교하여 전시한다.

⑨ '너쉬 엘뤼아르의 초상화' 원본은 현재 어디에 보관되어 있는지 알아보고, 이런 작품을 우리가 어떻게 아끼고 보존해야 하는지도 이야기 나누어 본다.

상상과 생각_백남준의 '다다익선'

이 활동을 통해

• 주위에서 볼 수 있는 소재가 미술 작품에 사용될 수 있음을 안다.
• 생활 도구를 이용하여 자신의 생각을 표현할 수 있다.

이 활동을 하려면

① 백남준(1932~2006)의 '다다익선'(국립현대미술관, http://www.moca.go.kr/index.htm)에서 제공하는 동영상 및 자료

② 로버트 라우센버그(Robert Rauschenberg, 1925~2008)의 '침대', '코카콜라 플랜', '암시장' 등

③ 뒤샹(Marcel Duchamp, 1887~1968)의 '샘(소변기)', '부러진 팔의 앞에서(눈삽)' 등

④ 아트 나비 도서관(http://www.nabi.or.kr/)의 일상용품을 이용한 현대 설치 작품들

⑤ 주변의 기계와 도구들(망가진 것들을 중심으로)

이 활동을 할 때는

① 다다익선 작품을 보여주고 함께 이야기 나눈다.
• 무엇처럼 보이니?
• 무엇으로 만들었니?
• 보통 탑이랑 TV로 만든 탑이랑 느낌이 어떻게 다르니?
• 왜 TV로 만들었을까?
• 이 작품의 제목은 무엇일까?(작자와 제목을 소개한다.)

② 백남준 작품 외에 다양한 현대 미술 설치 작품을 함께 찾아 본다.
• 이 작품들은 어떤 것으로 만든 것 같아?
• 어떤 느낌이 드니?
• 정지해 있는 그림과 움직이는 설치물들의 다른 점은 어떤 것들이 있을까? 느낌은 어떻게 다르니?

③ 자신의 주변에 있는 생활 도구 등을 이용하여 작품을 만들어 본다.

• 주변에서 볼 수 있는 생활 도구에는 무엇이 있을까?
• 그것을 이용하여 무엇을 만들 수 있을까?

④ 유아들의 작품을 한곳에 전시하여 볼 수 있게 하고, 디지털카메라로 찍어 두어도 좋다.
• 유아가 매우 흥미 있어 할 경우, 가정에서도 백남준의 작품이 있는 곳을 가보도록 권유한다. 혹은 기관에서 견학이나 소풍을 갈 때 잠시 들려 본다.
- 다다익선: 과천 국립현대미술관
- 포스코 빌딩 1층
- SK 광화문 빌딩 1층

백남준의 '다다익선'을 감상하는 유아

상상과 생각_액션 페인팅

이 활동을 통해

- 전신을 활용하여 자유롭게 선을 표현하는 방법을 이해한다.
- 물감의 흐름과 움직임을 느끼며 창의적으로 표현한다.

이 활동을 하려면

① 잭슨 폴록(Jackson Pollock, 1912~1956) 작가의 작품 이미지

- 'Number 1A(1948)', 'Autumn Rhythm(1950)', 'Convergence(1952)' 등

② 필요한 도구

- 전지, 테이프(종이 고정용)
- 물감(다양한 색), 물통, 붓, 스포이트, 칫솔 등 다양한 도구
- 앞치마, 활동복 혹은 물감이 묻어도 되는 옷, 신문지나 깔개(바닥 보호용)
- 스피커(배경음악 감상용)

이 활동을 할 때는

① 잭슨 폴록의 그림을 감상해 본다.

- 이 그림을 보면 어떤 기분이 드니?
- 색이 사방으로 튀고 여기저기 흩뿌려진 것 같다고 생각했구나.

② 신체 드로잉 기법을 살펴본다.

- 이 그림은 어떻게 그렸을까?
- 작가는 앉아서 붓으로 그림을 그린 게 아니라, 물감을 뿌리고 떨어뜨리고 흔들면서 그렸대.
- 이런 그림을 '액션 페인팅'이라고 해. 마치 춤추듯이, 몸을 움직이며 그리는 거야.

③ 액션 페인팅으로 그림을 그려본다.

- 물감을 위에서 뿌려보니 어떤 모양이 생겼니?
- 칫솔에 물감을 가득 묻혀서 튕겨보는 것도 재미있다.

유의 사항

- 사전에 가정에 안내하여 물감이 묻어도 괜찮은 복장을 착용하도록 지원한다.
- 유아가 지나치게 흥분하지 않도록 교사가 적절하게 지원한다(예 사전에 신체 활동을 할 수 있도록 일과 운영하기, 적절한 표현 범위를 안내하기 등).
- 완성된 작품을 복도나 벽에 전시하여 함께 감상하며, 서로의 표현을 존중하는 시간을 가진다.

옥상에서 액션 페인팅을 하는 유아와 완성된 작품

상상과 생각_오브젝트 아트

이 활동을 통해

- 일상에서 사용하는 다양한 사물을 관찰하고, 상상을 더해 새로운 형태로 표현한다.
- 창의적 사고와 자유로운 표현을 시도한다.

이 활동을 하려면

① 참고 이미지 및 영상

- 오브젝트 아트의 예시 이미지 혹은 관련 기사
  예) 오누리(2018. 6. 8.). [생활, 예술이 되다] '오브젝트 아티스트' 허선재: 생각을 바꾸면 손톱깎이·칫솔도 작품이 될 수 있어요!. 어린이조선일보. https://www.chosun.com/kid/kid_literacy/kid_sisanews/2018/06/07/QYXJHLW34XPP53UJJKNTGTQGAI/

② 필요한 도구

- 연필, 사인펜, 매직, 색연필 등 다양한 그리기 도구
- 양면테이프(사물 고정용)
- 주변의 일상적인 사물 혹은 폐품 등(가정이나 기관에서 더 이상 사용하지 않는 물건이나 폐품을 한곳에 모아 놓았다가 준비)
- 도화지(유아가 선택한 사물이나 그리고 싶은 것에 따라 알맞은 크기의 도화지를 직접 선택할 수 있도록 다양한 사이즈로 준비)

이 활동을 할 때는

① 다양한 사물과 폐품의 색과 형태 등을 살펴본다.

- 이건 뭐지? 평소에 어디서 봤던 물건이니?
- 이 단추가 눈이 된다면, 누구의 눈이 될 수 있을까?

② 오브젝트 아트에 대해 알아본다.

- 우리 일상에 있는 물건을 색다르게 바라봐서 그림을 이어 그리는 것을 '오브젝트 아트'라고 해.
- 이 물건들로 오브젝트 아트를 한다면, 어떤 물건을 선택하고 싶니?

③ 오브젝트 아트를 시도한다.

- 물건의 모양에서 무언가를 떠올려보자. 사람 얼굴, 로봇, 동물, 나무 뭐든 좋아.
- 여기 있는 물건이 꼭 아니더라도, 다른 물건을 가지고 와도 좋아.

유의 사항

- 정답이 없는 그림이므로, 유아의 자유로운 상상 표현을 존중한다.
- 폐품의 경우 오염이 된 것은 미리 깨끗이 씻어 준비하도록 한다. 뾰족하거나 날카로운 부분은 없는지 미리 확인하도록 한다.

오브젝트 아트를 감상하는 유아

소음 매트를 잘라 표현한 고슴도치의 가시

주스 뚜껑을 활용하여 표현한 선풍기

상상과 생각_낙서화

이 활동을 통해

- 사이 톰블리의 작품을 감상하며, 자유로운 선과 형태의 표현이 있음을 안다.
- 낙서처럼 보이는 표현을 통해 감정과 생각을 자유롭게 표현하는 경험을 갖는다.

이 활동을 하려면

① 사이 톰블리(Cy Twombly, 1928~2011) 작가의 작품 이미지

- 'Untitled[New York City](1968)', 'Nini's painting[Rome](1971)' 등

② 필요한 도구

- 4절 이상의 도화지
- 크레파스, 색연필, 사인펜, 연필, 지우개 등
- 배경음악(자유로운 분위기의 음악, 즉흥 연주곡 등)
- 빔 프로젝터 또는 작품 인쇄물(작품 감상용)

이 활동을 할 때는

① 사이 톰블리의 작품을 감상한다.

- 이 그림을 보면 어떤 기분이 드니?
- 글씨처럼 보이기도 하고, 장난스럽게 선을 휘갈긴 것 같기도 하네.

② 낙서화의 표현 방식을 이해한다.

- 작가는 '낙서도 그림이 될 수 있다!'라고 생각했대.
- 화가 난 기분, 즐거운 기분, 슬픈 기분도 선으로 나타낼 수 있지.

③ 자유롭게 낙서화를 표현해 본다.

- 손이 가는 대로 선을 그려볼까?
- 한 손으로도 그리고, 두 손으로도 그리고, 눈을 감고 그려볼 수도 있어.
- 선을 길게, 짧게, 빠르게, 천천히 그릴 때마다 모두 느낌이 다르지?
- 그림을 그리며 어떤 기분이 들었니?

유의 사항

- 정해진 형태 없이 그리는 활동이므로, 유아의 표현 자체를 존중한다.
- 작품을 반드시 완성된 그림으로만 보기보다는 '흔적', '기록', '표현'의 과정으로 바라볼 수 있도록 언어적으로 격려한다.

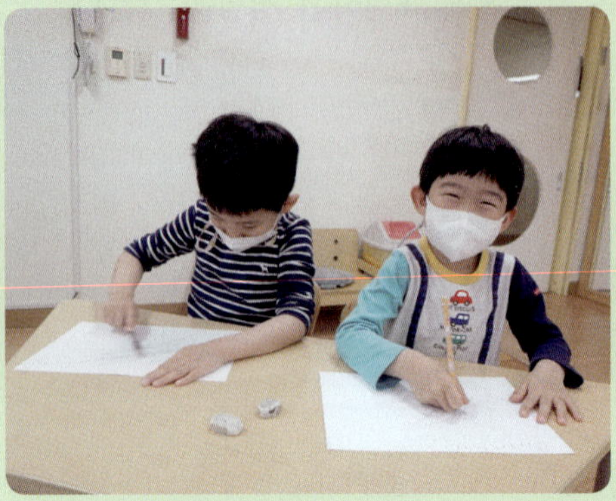

낙서화를 그리는 유아

낙서화 작품

참고문헌
reference

교육부, 보건복지부(2019). 2019 개정누리과정(해설서).

김현주(2019). 개정누리과정에 따른 진짜 놀이를 위한 놀잇감. 서울: 사단법인 아이코리아.

김희진, 박은혜, 김현주 외(2017). 교육지원자로서의 환경. 서울: 파란마음.

박혜훈, 조형숙(2015). 동시대 미술 감상활동에서 나타난 유아 경험의 교육적 의미. 유아교육학논집, 19(4), 135-171.

서울교대 미술교육 연구회(2008). 미술교육학. 서울: 교육과학사.

손지현, 김수진(2012). 미술 비평 교수학습 모델 적용을 위한 발문 연구. 초등교육연구, 25(3), 181-206.

이정욱, 임수진(2017). 탐색 표현 감상의 통합적 미술교육. 서울: 정민사.

이정환, 김희진(2013). 영유아를 위한 미술활동. 서울: 파란마음.

Arnheim, R., Houston, M. S., Ivashakevich, O., Thompson, C. M., & Fineberg, J. (2006). *When we were young: New perspectives on the art of the child*. Berkeley: University of California Press.

Barbe-Gall, F. (2005). *How to talk to children about art*. Chicago: Chicago Review Press.

Barnes, R. (2002). *Teaching art to young children 4-9* (Ed.). New York: Routledge.

Beal, N., & Miller, G. B. (2001). *The art of teaching art to children: In school and at home*. New York: Farrar, Straus and Giroux.

Csikszentmihalyi , M. (2008). Flow: *The psychology of optimal experience*. NY: Harper Perennial

Coholic, D. (2010). *Arts activities for children and young people in need: Helping children to develop mindfulness, spiritual awareness and self-esteem*. London: Jessica Kingsley Publishers.

Cutcher, A., & Boyd, W. (2018). Preschool children, painting and palimpsest: Collaboration as pedagogy, practice and learning. *International Journal of Art & Design Education, 37*(1), 53-64.

Edwards, C., Gandini, L., & Forman, G. (2012). *The hundred languages of children: The Reggio Emilia experience in transformation* (3rd Eds.). Santa Barbrara, CA: Praeger.

Fox, J. E., & Schirrmacher, R. (2011). *Art and creative development for young children* (What's new in early childhood) (7th Eds.). Belmont, CA: Wadsworth.

Fu, V. R., Stremmel, A. J., & Hill, L. T. (2002). *Teaching and learning: Collaborative exploration of the Reggio Emilia approach*. Upper Saddle River, NJ: Pearson Education.

Galuski, T., & Bardsley, M. E. (2018). *Open-ended art for young children*. MN: Redleaf Press.

Gandini, L., Hill, L., & Schwall, C. (2005). *In the spirit of the studio: Learning from the atelier of Reggio Emilia* (Early Childhood Education Series). New York: Teachers College Press.

Isbell, R. T., & Raines, S. C. (2007). *Creativity and the arts with young children* (Ed.). Clifton Park, NY: Delmar Learning.

Jalongo, M. R., & Stamp, L. N. (1997). *The arts in children's lives: Aesthetic education in early childhood*. New York: Pearson.

Koralek, D. (2005). *Spotlight on young children and the creative arts. Washington*, DC: NAEYC.

Korn-Bursztyn, C. (2012). *Young children and the arts: Nurturing imagination and creativity*. Charlotte, NC: Information Age Publishing.

Koster, J. B. (2005). Growing artists: *Teaching art to young children*. Albany. NY: Delmar Publishers Inc.

Koster, J. B. (2011). Growing artists: *Teaching the arts to young children* (What's new in early childhood) (5th Eds.). Belmont, CA: Wadsworth.

Leo, J. (1996). *Young children and their drawings*. New York: Routledge.

Mayesky, M. (2005). *Creative activities for young children* (8th Eds.). Belmont, CA: Wadsworth.

Meier, D. R. (2007). *Learning from young children in the classroom: The art and science of teacher research*. New York: Teachers College Press.

Mulcahey, C. (2009). *The story in the picture: Inquiry and artmaking with young children* (Early childhood education series). New York: Teachers College Press.

Park, H., & Schulte, C. M. (2021). *Visual arts with young children: Practices, pedagogies, and learning*. New York: Routledge.

Pelo, A. (2007). *The language of art: Reggio-inspired studio practices in early childhood settings*. St. Paul, MN: Redleaf Press.

Probine, S. (2022). How young children come to vaue and engage in the visual arts: Examining the impact of bi-directional interactions on children as imaginative visual researchers. *Early Childhood Education Journal, 50*(5), p795-809. Doi: 10.1007/s10643-021-01204-2

Reggio Children (2004). *Children, art, artist: The expressive languages of children, the artistic language of Alberto Burri*. Reggio Emilia: Reggio Children.

Stevens-Ballenger, J., & Jeanneret, N. (2024). Young children as artistic co-constructors. *Research in Drama Education 29*(1), 63-79 DOI: 10.1080/13569783.2023.2247337

Striker, S. (2011). *Young at art: Teaching toddlers self-expression, problem-solving skills, and an appreciation for art*. New York: Holt Paperbacks.

Temple, K. (2005). *Art for kids*. New York: Lark Crafts.

Vecchi, V. (2010). *Art and creativity in Reggio Emilia-Exploring the role and potential of ateliers in early childhood education*. NY: Routledge.

Wenzel, A. (2009). *13 artists children should know*. Muenchen: Prestel.

Wright, S. (2002). *The arts, young children, and learning*. New York: Pearson.

Wurm, J. P., & Genishi, C. (2005). *Working in the Reggio way: A beginner's guide for american teachers*. St. Paul, MN: Redleaf Press.

Youngs, C. (2012). *My first art activity book: 35 fun and easy art projects for children ages 7 years*. New York: CICO Books.

김 희 진

이화여자대학교 사범대학 교육학과(학령전교육 전공) 학사
University of Illinois at Urbana-Champaign 유아교육전공 석사
Purdue University 유아교육전공 박사
이화여자대학교 사범대학 부속 이화유치원 교사
이화어린이연구원 원장
현, 이화여자대학교 사범대학 유아교육과 교수
관심 분야: 부모교육과 지원, 부모-유아 상호작용, 유아의 사회적 관계, 영아교육프로그램

김 혜 경

이화여자대학교 유아교육과 학사
이화여자대학교 일반대학원 유아교육과 석사
University of Florida 유아교육전공 박사
Towson University, University of Texas at Brownsville 유아교육전공 교수
현, 서울여자대학교 사회과학대학 아동학과 교수, 서울여자대학교 아동연구원 원장
관심 분야: 유아예술교육, 문화다양성, 지속가능발전교육, 세계시민교육, 교사학습공동체

제3판 **영유아를 위한 미술교육**

초판 1쇄 인쇄 2008년 2월 26일
초판 5쇄 발행 2012년 8월 25일
제2판 5쇄 발행 2021년 8월 26일
제3판 1쇄 발행 2026년 1월 10일

지은이_ 김희진 · 김혜경
펴낸이_ 황호철
펴낸곳_ 도서출판 파란마음
주소_ 10097 경기도 김포시 김포대로926번길 88-27, 227동 1401호
전화_ (031) 992-7679 | 팩스_ 0508-900-2212
홈페이지_ http://paranmaum.co.kr/
등 록_ 2006년 4월 24일 · 제409-3020000251002006000024호

ISBN 979-11-90935-60-9 93370
값 25,000원